図6-1 （本文115ページ参照）

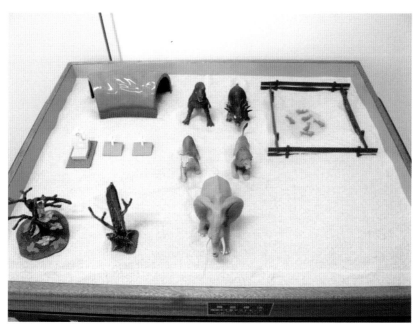

図7-1 ＃8 箱庭作品（本文134ページ参照）

図 7 - 2 ＃20 箱庭作品 （本文136ページ参照）

図 7 - 3 ＃35 箱庭作品 （本文140ページ参照）

大学院文化科学研究科

学校臨床心理学特論

倉光　修

臨床心理学プログラム

学校臨床心理学特論（'21）

©2021　倉光　修

装丁・ブックデザイン：畑中　猛

まえがき

　放送大学の科目制作は通常3年がかりで行われる。初年度は主任講師を中心に執筆者を選び，2年目に印刷教材を執筆，3年目に放送教材を作成して，4年目の春から放送を始める。各科目は，4年または6年ごとに改定されるものが多い。本科目は，2019年まで『学校臨床心理学・地域援助特論('15)』として開講されてきた科目を2科目に分けて，バージョンアップしたものである。実は，その科目は2015年以前は『学校臨床心理学特論('09)』と『臨床心理地域援助特論('09)』に分かれていた。したがって，この科目は2科目が統合され，再び分割されたという歴史をたどっていることになる。このような変遷は，臨床心理士や公認心理師の資格試験のためのカリキュラム編成に伴う影響も受けてきた。

　さて，学校臨床心理学は，学校を中心とするフィールドにおいて臨床心理学の実践・研究を行う学問であると言ってよいだろう。ここで，研究よりも実践を先に書いたのは，この分野では，研究よりも実践に強い関心を向けるプロフェッショナルが多いような印象を受けるからである。実験心理学者の主たる関心はより精緻な理論に向けられがちであるが，臨床心理学者の主な関心はより妥当な実践に向けられることが多いように思われる。

　欧米では，大学の分野が日本のように理系と文系ではなく，サイエンスとアートに分けられる場合が多いと聞く。日本の実験心理学者はたいてい自分をサイエンティストと思っているようだが，臨床心理学者は，とりわけ，この分野で実践を行うセラピストやカウンセラーのなかには，自分をアーティストだと思っている人が多いかもしれない。

　臨床心理学のなかには，パブロフのように健康な犬のほほを手術して条件付けの実験をするといったことに抵抗を感じる人がいるに違いない。餌をやるたびにベルの音を聞かせれば，ベルが鳴った時の唾液の量を測らなくても，ベルと餌がむすびつけられて（イメージされて）いることは，たとえば，犬がこちらを見て激しくしっぽを振る様子を見れば

容易に想像できる。なにも，理論を証明するために実験をする必要を感じないのである。むしろ，セラピストやカウンセラーのなかには，飼い主が亡くなった日から食欲がなくなった犬がいたら，そばにいって背中を撫でていたいと言う人が多いかもしれない。そして，その行為によって，イヌが元気を回復するかどうかを統計的に証明できなくても，ともかく何日か付き添って食欲が少しずつでも回復すれば，それをよしとするだろう。

　本書の印刷教材の校正と放送教材の収録を進めてきた2020年は，いわゆるコロナ禍によって世界中に動揺が走った年である。わが国では非常事態宣言に伴って多くの小中学校が一時期休校になり，かなりの大学では学生たちの登校が制限された。放送大学大学院においても，とりわけ，面接授業という名の実習を非常に重視してきた臨床心理学プログラムでは，専門家になるための実践的能力（スキル・ディシプリン・アート）をこのような環境でどのように伝えていけばよいかと苦心惨憺してきた。幸いにも学生諸君の志と教職員の想いがこの困難を乗り切るために結束し，ある程度は「元気を回復してきた」と言えるかもしれない。

　しかし，世界は「強きを助け，弱きをくじく」勢力に圧倒されているようにも見える。深い苦しみを味わう子どもたちと共に，そして，心ある保護者や教員たち，さらには関係性を大切にする人々と力を合わせて，真に「臨床の知」を育み，互いの精神性を高め深めて，心理的問題に取り組んでいこうとするならば，その前に大きな壁が立ちはだかっていることに気づかざるを得ないだろう。

　それでも，できることはある。そして，私たちのささやかな営みに応えるかのように雲間から光が漏れることもある。互いに一隅を照らす燈をもちより，このひとときのコミュニケーションを創造できれば誠に幸いである。

ときおり木々に触れて
倉光　修

目 次

1 │ 学校臨床心理学の照射領域

倉光　修

　本科目は，これまで『学校臨床心理学・地域援助特論（'15）』として開講されてきた科目を分割し，前半の領域を『学校臨床心理学特論（'21）』として独立させたものである。学校臨床心理学は，学校を中心とするフィールドにおいて臨床心理学の実践・研究を行う学問であると言ってよいだろう。以下の各章では，専門的訓練を受けたカウンセラーが幼稚園，小学校，中学校，高等学校，大学においていかに活動しているかを創作事例なども描写しながら解説し，今後の課題についても考えたい。

《キーワード》　カウンセリング，プレイセラピー，コンサルテーション，臨床心理士，公認心理師，スクールカウンセラー，学生相談，保育カウンセラー，心理教育，緊急支援

1. さまざまな学校におけるカウンセリング

（1）小・中・高等学校に勤務するスクールカウンセラー

　ここでは，はじめに，小・中・高等学校におけるスクールカウンセリングについて，述べることにしよう。

　わが国の学校に心理カウンセリングというサービスが紹介されたのは戦後数年してからのことで，友田不二男，伊藤博，正木正らがその先鞭をつけている。とくに，ロジャーズ派のカウンセリングは，1948年から1952年まで，全国の教育長や指導主事を対象として開催された講習会以後，多くの教員たちに広がり，1960年代後半ころは，「学校カウンセリングブーム」が巻き起こったという（氏原・谷口・東山，1991）。現在でも，教員に「カウンセリングマインド」を涵養する研修会やワークショップはさまざまな形で開催されており，2020年現在まで，このような研修において，カウンセリングの基本を学んだ教員は多数に上り，

実際に教育相談担当教諭や生徒指導担当教諭になって，研修で学んだ知識や技能を活かしている者もいる。

　しかしながら，教員の業務の中心となるのはやはり学習指導であり，その上さらに，心理的問題に対するカウンセリングを行うことにはどうしても限界がある。とくに，1980年代以降，不登校やいじめに対しては「心の専門家」による対応が必要であるという認識が広がったこともあって，1995年，当時の文部省は，公立の小・中・高等学校にスクールカウンセラーを配置することを決めた。初年度の配置校は，小学校29校，中学校93校，高等学校32校，計154校であったが，以後，配置・派遣校は中学校を中心にして増加の一途をたどり，1997年度には1000校を，1999年度には2000校を，2006年度には10,000校を越え，その後，教育委員会等への派遣も含めて2013年度には20,000箇所を越え，2019年度には29,411箇所に至っている。

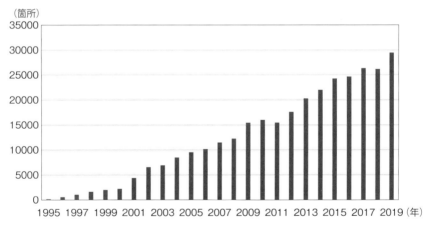

図1-1　スクールカウンセラー配置校（箇所）の推移
（文部科学省資料より倉光作成）

　スクールカウンセラー配置に要する費用は2000年度までは「スクールカウンセラー活用調査研究委託事業」として国が全額を負担したが，2001年度からは「スクールカウンセラー活用事業補助」として実施され，2007年度までは国が1/2，2008年度以降は1/3を負担し，残りは都道府県・政令指定都市が負担している。

　スクールカウンセラーの勤務時間は，当初，一校につき週 8 時間以上
12 時間以内とされたが，2009 年度より弾力化が図られ，一校あたりの
勤務時間の条件はなくなった。学校によってはスクールカウンセラーに
対して高いニーズがあり，週 5 日，来てほしいという声も聞かれる。

　ちなみに，地方自治体の中には，独自のシステムを作って，地域の公
立の小中学校や高等学校にカウンセラーを配置・派遣しているところが
ある。

　では，次に，スクールカウンセラーがいかなる仕事をしているかにつ
いて，やや詳しく述べよう。スクールカウンセラーの業務としては，以
下のものがあげられる。

　①子どもたちに対するカウンセリング
　②保護者に対する相談
　③教職員に対するコンサルテーション（相談）
　④心理教育
　⑤緊急支援
　⑥他の専門家との連携

　①には，プレイセラピーの技法が含まれることが多い。②や③は子ど
もにどう接したら良いかという相談が主であるが，②では保護者自身の
問題についてカウンセリング的な関わりが求められることも少なくな
い。④から⑥の業務は，近年「チーム学校」という捉え方がなされるよ
うになったこともあって，急速に拡大してきたように思われる。以下の
各章では，そのような事例も描写されている。

　このような職務を遂行する者の選考に際して，文部省・文部科学省は
2017 年度まで，適任者の第一番目に日本臨床心理士資格認定協会にか
かる「臨床心理士」をあげていた。この資格は河合隼雄らによって作ら
れた民間資格であるが，同協会は 1990 年に文部科学省に認可を受けた
財団法人になり，2013 年に総務省から公益財団法人として認可された。
このような経緯もあって，臨床心理士を養成する専門職大学院が設置さ
れたり，厚生労働省や防衛省等の職員採用に当たって専門的知識や技能
が求められる場合は臨床心理士資格を有することが条件として記載され

たりするなど，臨床心理士の社会的認知が高まり，ある程度，公的な資格と捉えられるようになったと言ってよいだろう。ちなみに，この協会は 2020 年 4 月現在で約 37,000 人の臨床心理士を認定しており，少なくとも，そのうちの 5,000 名はスクールカウンセラーとして勤務していると思われる。

　スクールカウンセラー事業が始まった当初から，日本臨床心理士資格認定協会，日本心理臨床学会，日本臨床心理士会の 3 団体は，この事業の重要性に鑑みて，村山正治を代表とする「学校臨床心理士ワーキンググループ」を創設し，臨床心理士の資格を持つスクールカウンセラー（学校臨床心理士）を支援してきた。とくに，上記 4 団体が都道府県の臨床心理士会と連携して，1996 年から毎年開催してきた「学校臨床心理士全国研修会」は重要な研鑽の機会を提供してきた。また，いくつかの地方自治体では，スクールカウンセラーのスーパーヴィジョンのシステムを整備しており，その資質の維持向上に努めている。

　一方，周知の如く，2015 年 9 月に心理職の国家資格である「公認心理師」を規定する法律が誕生し，2018 年度にその有資格者が誕生した。公認心理師の業務は，①心理に関する支援を要する者の心理状態を観察し，その結果を分析すること　②心理に関する支援を要する者に対し，その心理に関する相談に応じ，助言，指導その他の援助を行うこと　③心理に関する支援を要する者の関係者に対し，その相談に応じ，助言，指導その他の援助を行うこと　④心の健康に関する知識の普及をはかるための教育及び情報の提供を行うことである。これらは，学校においてスクールカウンセラーが関わる業務をおおむねカバーしており，2018 年度からは，スクールカウンセラーの選考にあたって対象とされる者のリストの第 1 番目は公認心理師となり，臨床心理士はその次に挙げられるようになった[注1]。しかしながら，この選考に当たっては，従来の「実績を踏まえ」る旨が示されており，公認心理師の資格取得者が臨床心理士の資格取得者よりも常に優先されることはないと思われる。

　ちなみに，公認心理師と臨床心理士には国家資格かどうか以外にもいくつかの違いがある。たとえば，臨床心理士の資格を取得するには，指

定された大学院の修士課程で臨床心理学関連の科目の単位を取得することが必要であるが，公認心理師は必ずしも修士課程を修了する必要がない。また，公認心理師の資格取得のための必修科目には，一般心理学や医学関係が多く，「臨床」と冠されている科目は，学部の「臨床心理学概論」のみである。また，公認心理師の場合は，医療機関における実習が非常に重視されており，大学院に併設された「心理教室相談室」などにおける実践的訓練は必修とされていない。[注2]

　また，臨床心理士は必要に応じて医師と連携するが，公認心理師はクライエントの主治医の指示を受けることが法的に規定されている。ほかにも資格試験に面接が課されるかどうか，資格の更新制があるかどうかといった点でも違いがある。このような違いがあるので，臨床心理士はスペシャリスト，公認心理師はジェネラリストであるといった認識を示す人もいる（たとえば，工藤，2016）。

　スクールカウンセラーの地位や業務については，近年，さまざまな法や規則が整備されてきた。それらについては，第15章でより詳しく述べることにしよう。

注1）　文部科学省（2018）は，スクールカウンセラーを「次の各号のいずれかに該当する者から，実績も踏まえ，都道府県又は指定都市が選考し，スクールカウンセラーとして認めた者」としている。
　1．公認心理師
　2．公益財団法人日本臨床心理士資格認定協会の認定に係る臨床心理士
　3．精神科医
　4．児童生徒の心理に関して高度に専門的な知識及び経験を有し，学校教育法第1条に規定する大学の学長，副学長，学部長，教授，准教授，講師（常時勤務をする者に限る）又は助教の職にある者又はあった者
　5．都道府県又は指定都市が上記の各者と同等以上の知識及び経験を有すると認めた者
注2）　放送大学大学院臨床心理学プログラムは，2020年度現在まで，学内にこうした実習施設を持たないため，第二種の指定校となっているが，面接授業における実習と医療機関をはじめとする実習施設における「臨床心理実習」によって，実践的訓練を行っている。

（2）大学における学生相談

　わが国では，大学にカウンセラーが配置されるようになったのは，戦後，アメリカの Student Personnel Services（厚生補導）が，アメリカの使節団によって紹介されたことに端を発する。この使節団によってカウンセリングの意義が認識され，1953 年，東京大学に日本で初めて「学生相談所」が設置された。以後，多くの大学で，学生相談室やカウンセリングセンターが創設され，1987 年には日本学生相談学会も設立されて，学問的基盤も形成されてきた。学生相談室の活動は，当初はガイダンス的な色彩が強かったが，次第にロジャーズ派のカウンセリングや，フロイト派の精神分析療法，ユング派の夢分析や箱庭療法，認知療法や行動療法，森田療法や動作法，集団療法や統合的心理療法など，非常に多様なアプローチが取り入れられ，それぞれの現場やクライエントのニーズに応じて実践されている。

　学生相談のカウンセラーの多くは教員として，すなわち，教授，准教授，助教，ないし，非常勤講師などの職名で採用されているが，ごく一部の科目を除いて学部・大学院の授業は持たず，通常，論文指導などは行わない。また，私立大学などでは，事務組織の中に「専門相談員」などとして心理カウンセラーを配置しているところも少なくない。とくに後に述べるハラスメント相談室や留学生のための相談室，発達障害のある学生や LGBT の学生のための相談室などでは，その問題に特化した相談員が置かれることも多い。

　大学のカウンセラーの大半は，先に述べた臨床心理士の資格または日本学生相談学会で認定している「大学カウンセラー」の資格を持っている。また，学生支援に当たる教職員のために，近年，この学会によって「学生支援士」という資格も創設された。今後は，公認心理師資格取得者も増えていくであろう。

　学生相談が担ってきた業務の一部は，近年，とくに大規模校において，いくつかの施設で分化して対応されるようになった。名称は大学ごとにさまざまだが，たとえば，大学職員があらゆる相談に応じて専門施設につなげる「何でも相談コーナー」，発達障害に関する相談に応じる「コ

ミュニケーション・サポートルーム」，留学生に対応する「国際セン
ター」，セクシュアルハラスメントやアカデミックハラスメントに対応
する「ハラスメント相談所」，就職に関する情報を提供したり採用面接
の練習をしたりする「キャリアサポート室」などが開設されている。ま
た，学生相談室のスタッフは，グループカウンセリングや，宿泊研修，
心理教育，ピアカウンセリングの支援なども行っている。

　たいていの学生相談室においては，カウンセラーの主な業務は学生に
対する個別カウンセリングであるが，彼らは，ケースに応じて，大学・
大学院の教職員や研究室の仲間，学内の保健センターや近隣の医師と連
携・協働をはかっている。とくに，自殺の危険性のある学生や犯罪行為
を行った学生などの対応では，たいてい，教員と保護者の協力を得るこ
とが不可欠である。大学生・大学院生のカウンセリングでは，カウンセ
ラーに一般的な守秘義務が課せられるが，自傷他害行為については例外
である。多くの大学では，面接開始時に守秘義務が解除される場合につ
いての説明がなされ，同意書にサインが求められる。同意が得られなけ
れば，カウンセリングを始められないのである。

（3）幼稚園におけるカウンセリング

　最近になって，東京都日野市や大阪府・京都府などでは，臨床心理士
資格を持つ「保育カウンセラー」や「キンダーカウンセラー」を導入す
る幼稚園が増えてきた（保育園や認定こども園にカウンセラーが置かれ
るところも出てきている）。彼らは，子育てに不安を抱く母親に対して
支援を行ったり，発達障害の特徴を示す子どもたちを園で観察したり，
担当する教諭にコンサルテーションを行ったりしている。本書では，こ
のような活動についても触れる。

2．学校における心理臨床活動の実際

　上述のような歴史的変遷を見ると，今後，あらゆる学校や教育施設に
おいて，子どもたちに対する心理臨床の専門家によるカウンセリングや
プレイセラピー，保護者や教職員に対するコンサルテーション，さらに

は，心理教育や研修会など，さまざまな取り組みが展開されていくのではないかと思われる。このような活動にとり組むにあたって一人ひとりのカウンセラーは不断の研鑽を積み，先達や仲間の実践を事例研究などを通して学んでいくことが非常に重要であろう。

そこで，本書のいくつかの章では，種々の教育現場でカウンセラーとして活躍してこられた方々に実践経験を踏まえて事例を創作していただき，そこから臨床的に意味のあることを見出そうと試みた。以下にその概略を記すことにしよう。おそらく，受講生の多くは，理論よりも実践から多くを学ばれるであろう。

第2章と第3章では，小学校におけるスクールカウンセラーの活動を描写する。第2章では，プレイセラピー的な要素を含んだスクールカウンセリングについて，廣澤愛子先生に創作事例に基づいて解説していただいた。スクールカウンセリングにおいて標準的なプレイセラピーを行うことは難しいけれども，セッションの中で，絵画療法や造形活動，箱庭療法や人形遊びなど，非言語的媒体を用いて内界の苦悩や願望を表現できるようにすると，子どもたちの心が開かれていくケースはかなり多いように思われる。

第3章では，坂上頼子先生に動作法や呼吸法を援用して行われたストレスマネジメント教育の実践例を紹介していただいた。とくに，小学生には紙芝居を用いたアプローチが効果的だったようである。筋緊張と筋弛緩は，心理的ストレスとリラクセーションにしばしば対応する。こうしたアプローチは，フォーカシングやマインドフルネスと通底するところがあるかもしれない。

第4章と第5章では，中学校におけるスクールカウンセリングを紹介する。第4章では，不登校の事例について，良原惠子先生に描写していただいた。クライエントのA子さんは，教員の強引な対応に傷ついてひきこもり状態に陥ったが，スクールカウンセラーによる家庭訪問や教員との連携が奏功し，やがて，再登校できるようになる。『北風と太陽』を彷彿させるケースである。

第5章では，同じく良原先生に，いじめや非行などが見られた女子中

学生たちの事例を臨床経験に基づいて創作していただいた。この事例では，スクールカウンセラーが教員たちに受け入れられるまでの歴史，プレイセラピー的要素を含んだカウンセリングへの導入，守秘の範囲，自らも困難を抱えた保護者のカウンセリング，教員たちのコンサルテーション，ケース会議を踏まえた医療や地域との連携など，さまざまな関わりが有機的に展開していくプロセスが鮮明に描かれている。

　第6章では，高等学校のスクールカウンセリングについて，近森聡先生に記述していただいた。ここで紹介される創作事例では，リストカットを繰り返した女子生徒が箱庭を作るのだが，そこから郷里や祖母のイメージに象徴される母性的ケアへの希求が推察された。カウンセラーの支えもあって，クライエントは母親と義父にその想いを伝え，新たな家族の統合が導かれて症状は消失する。心の傷と体の傷の関連が偲ばれるケースである。

　第7章と第8章では，大学でカウンセラーとして経験を積んでこられた中島正雄先生に，学生相談の事例を創作していただいた。第7章では，大学入学後に目標を見失い，ひきこもり状態になり，希死念慮も抱いた学生の事例が描かれる。また，第8章では自閉症スペクトラム障害があり，多様な困難に直面し，さらに指導教員からハラスメントにつながりかねない言動を受けて苦悩する学生の面接過程がリアルに描かれる。ここで紹介された創作事例では，カウンセラーによって内的状態がありのままに受容され，クライエントの内省が深まるとともに，周囲の人々にもクライエントの状況がより分かり，苦悩が分かち合えて，共に生きる関係が醸成されていったように思われる。

　第9章と第10章では，教員に対するコンサルテーションと保護者に対する面接の事例を豊かな経験を持っておられる香川克先生に執筆していただいた。第9章では，心因性の頭痛や手足の疼痛を訴えて保健室に来ていた女子中学生の事例が描かれる。彼女が教師に反抗的な態度をとったことから，優しく接しようとする養護教諭と厳しく規律を守らせようとする生徒指導主事の見解が平行線をたどるような状況が生まれたが，スクールカウンセラーがどのような心理力動でこうした症状や問題

行動が生じているかを「見立て」，それに基づくしかるべき「手立て」を講じ，教員たちに，それらを専門用語を使わずに説明したところ，両者は共通理解に達し，きわめて適切な対応がなされていく。本章では，とりわけ「学校教育と心理臨床」について詳述されているので，他の章を読む際にも参照されたい。

　第10章では，保護者に対する面接において，子どもに先天的な特性がある場合でも，その成長には，しばしば保護者の関わり方が影響することが納得しやすい形で説明される様子が描かれる。とくに，この事例では，母親が自分の親との葛藤が子育てに影響していたことを認識するようになって，子どもへの対応が柔軟になっていくプロセスが描かれている。

　第11章では，再び廣澤先生にお願いして，いじめを防止する心理教育について解説していただいた。ここで提示された事例では，授業のようなアプローチでは効果がなかったけれども，教員やスクールカウンセラーとともに，子どもたちによる「いじめ解決隊」が関わっていくことによって，問題が克服されていったプロセスがありありと描かれている。

　第12章では，学校や児童・生徒が災害や犯罪などの危機に直面した時，スクールカウンセラーにどのような関わりが望まれるかについて，佐々木誠先生に記述していただいた。はじめに，緊急支援の枠組みと活動過程，続いて緊急支援に関わる諸理論，支援者のメンタルヘルスについての記述があり，最後に佐々木氏が関わられた東日本大震災後の危機介入について詳述されている。

　第13章では，東京都日野市において保育カウンセラーとして幼稚園などで活動しておられる坂上頼子先生にその歴史や現状について解説していただいた。同様の試みは京都府のキンダーカウンセラーから始まり，兵庫県にも広がっている。今後，このような施策が発展していくことが期待される。

　第14章では，アメリカ，韓国，フィリピン，香港といった海外でのスクールカウンセリングのシステムが伊藤亜矢子先生によって紹介されている。いずれの国でも，学校においては，教科指導だけでなく，生活

指導や心理教育，キャリアガイダンスやソーシャルワークなどが必要な
ことが認識されている。わが国のシステムを改善していく時に，こういっ
た情報も役立つに違いない。

　最後に，第15章では，それまでの全章を振り返り，私（倉光）が学
校臨床心理学の実践において重要だと思われる視点を再検討し，さらに，
良原先生に最近のスクールカウンセリングに関する法律の制定や規則の
改正などに伴う社会的要請や，それを受けてスクールカウンセラーとし
てどのように対応しているかを具体的に記していただいた。

3．学校においてカウンセリングを行う際の留意点

　では，ここで，学校臨床心理学領域で実践を深めていく上での留意点
を筆者の臨床経験を踏まえていくつか列挙しておこう。

（1）カウンセリングにおける実践においては，特定のアプローチをマニュアル通りに行うのではなく，クライエントの状況や現場の要請に応じて，臨機応変に対応することが大切である。

　臨床心理学においては，心理的問題の発生と克服について，さまざま
な理論が提起されており，それらを参考にして多様なアプローチが実践
されている。アプローチの中にはその有効性が実証されているとされる
ものもあるが，統計的なエビデンスを出すことが難しいものもある。効
果が実証されたという研究でも，その要因を厳密に統制することはなか
なか難しいし，厳密な二重盲検法を用いることもできない。また，同じ
学派のアプローチを実践しているという人々でも，個々のカウンセラー
によって技能の差があることも事実だろう。したがって，エビデンスの
有無はアプローチを選択する際の絶対条件ではなく，1つの参考にすべ
きデータとして取り扱うべきではなかろうか。実際，アメリカ心理学会
（APA）の見解では，実証的知見によって支持された特定の治療法（Em-
pirically Supported Treatments：ESTs）を「個々のクライエントに対
してどの治療法を用いるかの判断に用いることは誤用だとしている」の
である（斎藤，2012）。どのアプローチを選択するかを医師や上司が指

示・命令し，カウンセラーが唯々諾々とそれに従うだけでは，クライエントに真に利するアプローチを実践することが難しくなるケースもあるに違いない。

　したがって，この領域では，理論は仮説のレベルを超えないことを認識し，実践においては，特定の理論に固執してマニュアルを常に画一的に用いるとか，医師や上司の細かい指示を受けてロボットのように動くのではなく，クライエント一人ひとりの状況や現場のニーズに応じて，ある程度，臨機応変にアプローチできる資質を磨き，その専門性が医師や上司にも認められるようになることが望ましいだろう。

　ただし，やや逆説的に聞こえるかもしれないが，カウンセリングや心理療法においては，多くのアプローチに共通する要因もあるように思われる。（以下，心理療法はカウンセリングに含み，セラピストはカウンセラーに含む）

　共通要因として第一にあげたいことは，カウンセラーがクライエントの内的世界を言語的・非言語的媒体を通してできるだけありのままに受け止め，とくにその苦悩をできるだけ共感的に理解（追体験）しようとする姿勢を保つことである。

　一般に，心理的問題，とりわけ，心の病の症状や問題行動は，心の傷やストレスに対する一種の反応として顕現することが多い。心の傷の深さやストレスの強さは，ストレッサーの強さと，クライエントの身体的・生理的状態，そして，これまで体験してきた心の傷などによって決定されると考えられる。脳機能に脆弱さがあれば，幼少期から傷つき体験も起こりやすく，比較的弱いストレッサーでも，強いストレスを引き起こすだろう。また，脳が正常に機能していても，非常に強いストレッサーに曝されると，心の傷となるようなストレスが生じ，それに対して適切な対処がなされないと，やはり，症状や問題行動が発生しやすくなるだろう。そして，どの要因がどれくらいの重みを持つかは個々のケースによって多少なりとも異なるだろう。したがって，それらをケースに応じてできるだけ的確に捉え，クライエントの苦しみを共に体験しようとする姿勢が常に必要になるのである。

　また，多くのケースでは，そうした症状や問題行動の多くは，基本的欲求を一時的・部分的に満たす機能を持っているので，その点も認識しておく必要がある。たとえば，不登校になり自室でゲームに没頭していると，いじめに遭わずにすみ，優越感を感じられるかもしれない。リストカットや覚醒剤は日常の苦痛をマヒさせ，一種の快感を引き起こすこともあるだろう。このようなケースでは，症状や問題行動を解消することは，現実生活の苦痛に直面することを意味する場合がある。「治りたい気持ちと治りたくない気持ちの両方が起こる」と言うクライエントもいる。この点は身体的な病と対照的である。したがって，このような苦境にあるクライエントに対して，頭ごなしに「嫌なことは忘れろ」とか「ともかく，学校に行け」などと言ってもたいていは効果がないのである。

　ところで，クライエントの内的世界（感覚・知覚，イメージ・思考，感情・欲求，意志など）は，概念的言語で十分に表現できるとは限らない。とりわけ，子どもたちの場合は，苦しみや願望を伴うイメージ（回想や予想・空想）を絵画やゲーム，人形遊びや箱庭，表情や動作など，非言語的媒体によって表現することが多い。カウンセラーが言語だけでなくこのような諸媒体を通して，クライエントの苦しみを追体験（共感的に理解）しようとする時，やや不思議なことであるが，クライエントがカウンセラーに自分の苦しみが「分かってもらえている（understood）」「分かち持たれている（shared）」と感じて，心の重荷が幾分軽くなるように感じたり，苦しみが吐露されてその体験と内的距離が取れるようになったりすることが多い。カウンセラーがクライエントをより深く分かることは，たいてい，クライエントがカウンセラーを分かることでもある。すなわち，相互作用によって，「分かることは変わること」にもなるのである。

　いずれにせよ，クライエントがいかなる状態であってもカウンセラーが自分を理解しようとし，肯定的関心を向けてくれていると感じることは，カウンセリングの第一歩であり，かつ最後の一歩でもあるように思われる。「同行二人」という言葉があるが，カウンセラーがクライエントのそばに寄りそう存在（presence）になろうとすることは，カウンセ

リングのあらゆるプロセスで決定的な重要性を持つように思われる。

　ちなみに，相手の苦しみが分かることはただ単に「君の気持ちは分かるよ」などと言うことではない。「愛している」と言うことが愛しているということを必ずしも意味しないことと同様である。言葉は必ずしも内界を的確に表すわけではないことをカウンセラーは常に銘記すべきであろう。

（2）クライエントを受け入れがたいと感じた時には，自分の価値観を大切にしながらも，相手を評価したり責任を問うたりするよりも，まずは現状を把握し，当面，なすべきことを共に考えるように努める。

　クライエントを自分の価値観に照らして心の中で評価することは，避けがたいことかもしれない。しかし，クライエントに対して「それはいけない」「そういう時は，こうすべきだ」などと告げることは，一般に役に立たないばかりか，カウンセラーも教師や警察官と同じだと思われて，カウンセリングが拒否されることにつながりかねない。

　こうした時の対応としては，いろいろの工夫があるだろう。たとえば，私は，クライエントに腹立ちを覚えた時には「怒りは理解の最前線」と捉えて，現時点での自分の限界を認識したり，クライエントの見解が自分の見解と対立したときには「It is true（自分の意見），but（相手の意見）」という通常と逆の形の文章を作って，クライエントの内界をそのまま受け止めようとしたり，「A：B＝C：D（クライエントにとってこのような反応が出るような環境は，私にとってはどんな環境だろう。クライエントにとってこの課題は私にとってどんな課題と匹敵するくらい難しいのだろう）」と考えてみることがある。こうした工夫は，多くの実践書を読んで各自で模索されたい。

（3）心理アセスメントにおいては，診断名や分類名よりも，クライエントの詳細な特徴を把握することを第一の課題とする。
　スクールカウンセリングや学生相談では，教員や保護者からクライエントの医学的な診断名や行政的な分類名について問われることがある。

学校に勤務するカウンセラーは，心理テストを行えなくても，クライエントのさまざまな反応や行動からこうした診断・分類名について考えることがあるだろう。

　ただし，このような場合に，カウンセラーが診断や分類を行う主体になることはしばしば越権行為であることを充分認識する必要がある。たとえば，「この子は学習障害です」「A先生のしたことはアカデミックハラスメントです」といった発言は，医師やハラスメント防止委員会に対する越権行為であり，厳に慎むべきであろう。

　しかし，スクールカウンセラーや学生相談のカウンセラーがクライエントの特性について「見立て」を行い，それを保護者や教員に理解しやすい言葉で伝えることは，むしろ，望ましい。たとえば，自閉症スペクトラム障害が疑われる子どもについて，「この子は，特定の感覚がとても過敏で，自閉症スペクトラム障害と診断される可能性があると思います。たとえば，雑音がとても不快に聞こえて，話されると分かりにくいので，文字にして伝えるとよいかもしれません」「この母親は夫や舅からの要求が強くていわば心理的虐待にあってきたので，そのストレスのはけ口として，子どもに辛く当たってしまうのかもしれません。そこで，まずは，母親自身の苦しみに耳を傾けることから始めた方が良いような気がします」「この学生のうつ状態は競争原理のみが強調される世界で将来の希望が持てないことと関係が深いと思います。そこで，能力の高低とは独立した温かい人間関係を感じられるような配慮から始めてみたらどうでしょう。昼食を共にしたり，ペットの話をしたりするのもよいかもしれませんね」などと，「見立て」と共に，「手立て」（香川，2015）を告げるともっと納得されやすいだろう。ただし，手立てを述べる時は，それが奏功しなかった時のことも予想して，その時の対応も考えておく必要があるだろう。

　また，スクールカウンセラーの業務においては，学級や学校を1つの単位としてアセスメントすることも重要である。この点については，各章の事例の中で言及されるだろう。

**（4）一般の心理相談室や医療機関におけるインテーク面接で得られる
ような情報はスクールカウンセリングにおいては，プロセスの中で
徐々に得ていく。**

　一般の心理相談室や医療機関では，初回のインテーク（受付）面接で
クライエントないしその保護者からクライエントの成育歴や問題歴を含
め，かなり細かい情報を集め，その情報に基づいて今後のアプローチを
クライエント（あるいは保護者）に提案し，同意が得られたら，以後の
面接を始めるというシステムになっているところが多いだろう。

　しかし，スクールカウンセリングにおいては，通常，このようなイン
テーク面接を行うことができない。むしろ，担任や養護教諭などから得
られたごく僅かの情報だけで子どもとのプレイセラピーやカウンセリン
グを開始しなければならないことも多い。このような状況では，まるで
パズルのようにいくつかのピース（情報）を置いていく過程で徐々に全
体像が見えてくるのを待つか，あるいは，1つのピース（クライエント
の一挙手一投足）から，クライエントを取り巻く世界全体を推測するし
かないだろう。もちろん，各時点で立てた仮説は後のあらゆる時点で修
正できる柔軟性を持たねばならない。

　また，スクールカウンセリングにおいては，重要な情報について子ど
もや保護者に質問することが躊躇される時がある。たとえば，交際して
いる相手と性的な関係があるのか，両親が離婚した事情は何か，家庭の
経済状態はどれほど逼迫しているのかといったことを聞きたいと思って
も，クライエントや保護者にその点について質問すると相手が不快に感
じて，以後の面接に来なくなるのではないかという心配が起こってくる
ことがある。

　このような場合は，話の流れでそのことに触れるのが自然な時が来る
まで聞かずにいるか，あるいは，「少し立ち入ったことをお聞きしたい
のですが，よいでしょうか。もしも，今答えにくいようであれば，答え
られる時まで待っても良いのですが……」などと前置きしてから質問す
るとよいだろう。

　カウンセリングは尋問ではない。事情を「聞き出す」のではなく，「内

界表現がしやすい場を提供する」ことが本意である。内界表現を強制しないことは，災害地での緊急支援などでは今日では常識になってきた。子どもたちに無理に話させたり，絵に描かせたりすると，症状や問題行動が悪化することがしばしばある。強制は心の傷をもう一度えぐることになりかねないのだ。

（5）短期間のコンタクトの意義

　一般のカウンセリングにおいては，数ヶ月ないし数年の期間をかけて，クライエントとの間に信頼関係が形成され，クライエントがカウンセラーにありのままの苦しみを表現し，カウンセラーがそれを深く理解していく過程で，望ましい道が見えてくるケースが多いだろう。しかし，スクールカウンセリングや緊急支援においては，実際にクライエントに関われる期間が限られていて，その間に期待されるような成果が出ないことも少なくない。そのような場合，カウンセリングの意義をどう考えればよいだろうか。

　このような条件では，限定された期間の範囲内での目標設定をする方がよいかもしれない。あるいは，入学時や進級時には健常な子どもを含めて全員に心理教育を行い，少したったころには心配な子どもや希望者にカウンセリングを行い，その過程で深刻な症状や問題行動を呈している人がいればより濃密なカウンセリングを行う（医師などとも連携する）といった対応をとってもよいだろう。

　一方，やや矛盾したことを言うようであるが，たとえ，数回の面接でも，あるいは，たった一回の心理教育の授業でも，クライエントや受講者に内的変容が引き起こされることもある。いったん深いレベルの関係（アタッチメント）が成立すれば，それ以後，物理的に会えなくても，カウンセラーのイメージ（内的ワーキングモデル）との対話によって，心理的成長が促される人もいる。したがって，カウンセラーとしては，現在の一瞬に過去と未来が凝縮されているような感覚でもって，クライエントに接していけばよいのではなかろうか。

（6）他の専門家との連携・協働　─境界線より中心点を大切にする─

　スクールカウンセリングでは，保護者はもとより，教師や他の専門家と連携することが非常に大切になる。教師には，クラス担任，教科担任，学年主任，生徒指導主事，養護教諭，管理職，特別支援教育担当教諭，部活の顧問などがおり，他領域の専門家には，医師，スクールソーシャルワーカー，スクールロイヤー，弁護士，児童保護司，適応指導教室のスタッフ，教育委員会のスタッフなどがいる。このような連携において最も大切なことは，互いの専門性＝中心点は尊重しながらも，互いの仕事の間の境界を面積ゼロの線で区切るのではなく，むしろ，豊かな境界領域を形成し，現場やクライエントの状況に合わせて臨機応変にアプローチすることではないだろうか。ここでは，教師とスクールカウンセラーの仕事の中心点の違いを図1-2で示してみよう。

　すなわち，教師は主として子どもたちの知識や技能の向上を目標にするが，スクールカウンセラーはクライエントの心理的問題の克服を主な目標にする。教師は集団を対象として一斉授業や同じ問題からなるテストをするのに対し，スクールカウンセラーは個々の子どもに応じて（少なくとも細部においては）異なった対応をする。前者はもっぱら指示し

　　　　　教　師　　　vs　スクールカウンセラー
　　　　　　　　　　　　【目標】
　　　知識や技能の向上　vs　心理的問題の克服

　　　　　　　　　　　【対象】
　　　　　　　　集団　vs　個人

　　　　　　　　　　　【対応】
　　　　　　画一的　vs　個別的
　　　　　指示・命令　vs　提案・示唆
　　　　　話す仕事　vs　聴く仕事

　　　　　　　　【問題に対する答え】
　　　　　　　　既知　vs　未知

図1-2　教師とスクールカウンセラーの仕事の中心点の違い

たり命令したりするが，後者はたいてい提案をしたり示唆したりするに
とどまる。一方は話す仕事で，他方は聴く仕事である。授業やテストで
呈示される問題には唯一の解答があり，それは教師には既知であるが，
カウンセリングでは，クライエントが直面する問題がどうすれば解決す
るかについての唯一の答えは見い出せず，答えがあるとしても，それは
カウンセラーにとっても未知である。

　概念的に見ればこうした中心点の違いがあるのだが，実践の現場にお
いては，教師とカウンセラーの仕事を厳密な境界線によって分けること
は有益ではない。教師が生徒の心のケアをすることもあるし，カウンセ
ラーが子どもに知識を教えることもある。教師が個別指導をすることも
あれば，スクールカウンセラーが授業のように心理教育をすることもあ
る。教師が生徒の声に耳を傾ける場面も，スクールカウンセラーがもっ
ぱら話す場面もあるだろう。連携や協働においては，一方が他方を支配
したり，互いの中心領域まで侵入したりしないように留意しながら，豊
かな境界領域を形成し，さまざまな角度から援助できるようにした方が
望ましい成果が得られるのではないだろうか。[注3]

　本章の紙数が尽きたので，これらのポイントを含めて，重要と思われ
る留意点については，第15章で再度触れることにしよう。

研究課題

1. スクールカウンセラーは，学校に束縛されない「外部性」が担保さ
　れることが重要であるという意見があるが，「チーム学校」という考

注3）両者の視点の違いについては，広瀬と渡辺（2010）がきわめて興味深い報告
　　をしている。すなわち，臨床心理士らが，授業中の教室に入り込んで生徒を観
　　察し，その経験を踏まえて教員と話し合ったところ，教員にとって気になる子
　　どもとスクールカウンセラーが関心を寄せる子どもが微妙に異なっていて，ま
　　た，両者にはそれぞれ「見えていない」子どもがいたという。この研究は，教
　　師とカウンセラーがお互いの視座から学びあえることを示唆している。

え方では，情報共有の重要性も強調されている。この2つの捉え方の
バランスについて調べてみよう。
2．「発達障害」という概念の変遷について調べてみよう。
3．臨床心理士と精神科医の仕事の中心点と境界線について考えてみよ
　う。
4．スクールカウンセリングにおける守秘義務について，調べてみよう。

参考文献

Asay, T. P. and Lambert, M. J. (1999). The empirical case for the common factors in therapy : quantitative findings, in M. Hubble, B. L. Dunkan and S. D. Miller (Eds), *The Heart and Soul of Change : What Works in Therapy*. Washington, DC : American Psychological Association, pp.33-55.

学校臨床心理士ワーキンググループ　村山正治・滝口俊子（編）(2008)．河合隼雄のスクールカウンセリング講演録．創元社.

広瀬真紀子・渡辺あさよ (2010)．授業観察における「わたしの視点」に焦点を当てた教師支援．心理臨床学研究，28，445-455.

本間友巳 (2001)．保護者から見た学校臨床心理士（スクールカウンセラー）活動の評価—全国アンケート調査の結果報告—．臨床心理士報，12(2)，12-27.

本間友巳 (2002)．保護者から見た学校臨床心理士（スクールカウンセラー）活動の評価その2—全国アンケート調査の結果報告—．臨床心理士報，13(1)，29-42.

伊藤美奈子 (2000)．学校側から見た学校臨床心理士（スクールカウンセラー）活動の評価　—全国アンケート調査の結果報告—．臨床心理士報，11(2)，21-42.

工藤智規 (2016)．臨床心理士と公認心理師．臨床心理士報，27(1)，38-40.

倉光 修 (2011)．カウンセリングと教育．誠信書房.

松原達哉 (2011)．日本の学生相談活動の歴史．現代のエスプリ293　キャンパスカウンセリング，至文堂．61-86.

村山正治 (2014)．公立学校臨床心理士の活躍と発展　—日本臨床心理士資格認定協会の役割を巡って．臨床心理士報，46，11-17.

村山正治・滝口俊子（編）(2012)．現場で役立つスクールカウンセリングの実際．創元社.

斎藤清二 (2013)．事例研究というパラダイム—臨床心理学と医学を結ぶ．岩崎学術出版.

氏原 寛・谷口正己・東山弘子 (1991)．学校カウンセリング．ミネルヴァ書房.

2 | 小学校でのスクールカウンセリングI
―プレイセラピー的な要素を生かした支援―

廣澤愛子

　現在，日本の小学校におけるスクールカウンセリングにおいて，いわゆるプレイセラピー（遊戯療法）がそのまま実施されているところは極めて少ない。プレイセラピーを行う場所やカウンセラーの確保，さらにプレイセラピーで使用する玩具の準備など，さまざまな点で課題がある。また，学校という日常の場でプレイセラピーを実施することへの抵抗感や難しさもあるだろう。そこで本章では，従来のプレイセラピーそのものではないものの，「遊びの要素」を取り入れた事例を通して，小学校のスクールカウンセリングにおいて，いかにプレイセラピー的な要素を生かすのかについて述べる。
《キーワード》 小学校におけるスクールカウンセリング，遊びの要素，スクールカウンセラーの役割と態度

1. はじめに

　本章では，プレイセラピーについて概観した後（第2節），スクールカウンセリングにおいて「プレイセラピー的な要素」を生かした事例を紹介し（第3節），その後スクールカウンセリングにおいて「プレイセラピー的な要素」を生かすコツについて明らかにする（第4節）。

2. プレイセラピーについて

　プレイセラピーとは，「遊びを媒介として行われる心理療法」（弘中，2002）を意味する。子どもにとって遊ぶことは，ごく自然な行為であり，何らかの悩みや不適応行動が見られる場合にも，それについて言葉で説明するよりも，遊びを通して表現するほうがスムーズにいく場合が多い。では，なぜ遊ぶことが子どもの不適応行動の改善に繋がるのであろうか。ここでは，プレイ（遊び）の意義とその機能，プレイセラピーを担当す

るカウンセラーの係わりのポイント，さらに学校現場でどのようにプレイセラピー的な要素を生かすことができるのかの3点について述べる。

（1）遊ぶことの意義

　遊戯論に関する古典的名著『ホモ・ルーデンス』を記したホイジンガは，「人間文化は遊びの中において，遊びとして発生し，展開してきた」（Huizinga，1938＜ホイジンガ，1973＞）と言い，遊びを人間の根源的な営みと捉えている。そして，遊びは何か生産的な目的をもって行われるものではなく，その本質にあるのは「面白さ」であり，「無条件に根源的な生の範疇の一つ」として，遊びを論じている。安島（2010）も，遊戯療法における遊びの機能の一つとして「『いのち』の力」に触れており，「遊び行為の中で人の『いのち』は刻々と生まれ働いている」と言い，その「いのち」が，「癒す力」や「浄化する力」「幸いに導く力」「変容をもたらす力」「和らげてくれる力」「積極的になる力」など，さまざまな力の様態を持つと述べている。つまり，遊びとは，理性的・論理的に考えて行われるものではなく，気持ちの赴くままになされる行為であり，その行為の中で，その人自身が持つ自己治癒力が自ずと働くと考えることができる。

　これに関連することとして，プレイセラピーの大家として知られているアクスラインは，「各個人の内部には自己実現を完全に成し遂げようとして絶え間ない努力を続けている，ある強い力がある」（Axline，1947＜アクスライン，1972＞）とし，プレイセラピーにおいて子どもがカウンセラーとともに遊ぶ時，子ども自身の内部にあるそのような力が発現し，自己実現が促されると言う。そして遊ぶことを繰り返す中で，自然と，自らの内的な欲求や意図を十分汲み取りながら，同時にそれを外的な環境との折り合いの中で実現していくようになり，こころの適応力が増すと言う。このように，「遊ぶ」という行為を繰り返すことそのものに，こころの健康さを取り戻す力が宿っていると言え，子どもの精神分析医として名高いウィニコットが，「遊びこそが普遍的であり，健康に属するものである。すなわち，遊ぶことは成長を促進し，健康を増進す

る」（Winnicott，＜ウィニコット，1979＞）と述べていることとも合致
する。

（2）遊びの機能

　前節で，遊ぶことそのものに本人の自己治癒力を引き出す作用がある
ことを述べたが，より細やかに，遊びがなぜそのような作用を有してい
るのか，遊びの機能について弘中（2002）の論考に基づいて考える。
　遊びの持つ治療的機能について弘中（2002）は，以下の8つを挙げて
いる。①遊びを通してカウンセラーと子どもとの間に信頼関係ができる
「関係の絆としての遊び」，②カウンセラーが遊びを大切に扱い，見守る
ことで子どもの受容感が増す「自分が大切にされる場としての遊び」，
③子どもの抱えている悩みや問題の核になる対人関係（両親との関係な
ど）が遊びの中に登場し，遊びの中でその問題が扱われる「人間関係の
投影の場としての遊び」，④子どもの抱えている悩みや問題の核になる
感情（怒りや悲しみ，無力感や罪悪感など）が放出され，情緒的緊張の
解放を促す「カタルシスとしての遊び」，⑤子どもの抱えている悩みや
問題の核になる出来事（たとえば両親の離婚など）について，遊びや空
想の中では，両親が仲良く暮らしており，大切に育てられている子ども
の物語を作るなどして満足を得ようとする「代償行動としての遊び」，
⑥冒頭にも述べた通り，大人にとっての言語は子どもにとっての遊びで
あり，遊びやイメージを通して自己表現を行う「表現としての遊び」，
⑦このような自己表現の中に，子どもの抱えている悩みや問題の核にな
る出来事や対人関係が現れ，遊びの中でその問題を解決しようとする「こ
ころの作業の＜場＞，＜手段＞としての遊び」，⑧最後に，このような
遊びが，あくまで「遊び」であり，現実場面とは一線を画しているから
こそ，安心して表現できる「守りとしての遊び」である。
　これらのうち，「⑦こころの作業の＜場＞，＜手段＞としての遊び」が，
前節で述べた遊びの意義に繋がる遊びの本質的な癒しの力と言えるが，
そのようなこころの作業は，遊びが持つ様々な機能―カウンセラーとの
信頼関係の形成や，安心して自己表現できる守られた場の形成，さらに

図2-1　遊びの持つ治癒的機能（弘中（2002）をもとに筆者が作成）

カタルシス効果など—によって下支えされていると言える。これら8つの機能をまとめたのが図2-1である。そして図2-1において忘れてはならないのが、このような遊びの機能がいかんなく発揮される時、子どもの傍らにはカウンセラーがいるという点である。プレイセラピーにおいてカウンセラーはどのように子どもと係わればよいのであろうか。次節で、プレイセラピーにおけるカウンセラーの役割と態度について述べる。

（3）カウンセラーに求められる役割と態度

　先にもふれた遊戯療法の大家であるアクスライン（1947/1972）は、カウンセラーが遊戯療法場面においてどのように係わるとよいのかについて、8つの原理を挙げている（表2-1）。弘中（2002）は、これら8つの原理を4つに分類している。最初の3つの原理はカウンセラーのクライエントに対する受容的態度に関するもの、第4の原理はカウンセラーのクライエントに対する共感的理解に関するもの、そして第5から第7の原理は、子ども自身が自己治癒力を有していることに全幅の信頼を置き、子ども主導でカウンセリングを進めていくという治療的態度、最後に、第8の原理は時間や場所の厳守や過度に破壊的な行動の禁止な

表2-1　カウンセラーの役割と態度

弘中（2002）の分類		アクスライン（1972）の8つの原理
受容的態度	第1	カウンセラーはできるだけ早く，子どもとの間に暖かく親密な関係（＝ラポール）を形成する。
	第2	カウンセラーは，子どもをあるがままに受け入れる。
	第3	カウンセラーは，子どもが自分の気持ちをあますところなく自由に表現できるよう，大らかな雰囲気を作り出す。
共感的理解	第4	カウンセラーは，子どもが表現している気持ちを鋭敏に感受し，感受したものを，子どもが自分の言動について洞察が得られるよう適切に伝え返す。
子どもの主体性を尊重する姿勢	第5	カウンセラーは，適切な機会さえ与えられれば子ども自身が自分で自分の問題を解決する力を持っていることを信頼し，その力を尊重する。選択したり，変化させたりする責任は子どもにある。
	第6	カウンセラーは，いかなる方法でも子どもの言動に指示を与えようとはしない。子どもが先導し，カウンセラーはそれに従う。
	第7	カウンセラーが治療の過程を早めようとしない。治療は徐々に展開するプロセスであることを認識する。
制限を設ける	第8	カウンセラーは，治療が現実の世界から遊離するのを防ぐために，また，子どもがカウンセラーとの関係において持つべき責任を自覚するために，必要な制限を設ける。

アクスライン（1972）の8つの原理と弘中（2002）の4つの分類を踏まえ，筆者が作成

ど，治療場面における制限に関するもの，である。一方，安島（2010）は，アクスラインの考え方に通奏するのは，「子どもに責任を持たせる」という点であり，「子どもが責任をもって自分自身の内部（self）の指示を外在化しようとするところに，遊戯療法において遊ぶ意義がある」と述べている。これらを踏まえると，問題を解決していく力や方向性は子ども本人が有しており，それらがいかんなく発揮され，子ども自身によって主体的に問題が解決されるよう，カウンセラーが，「受容的態度」や「共感的理解」，さらに「子どもの主体性を尊重する姿勢」や「制限を設ける」といった係わりを通して，子どもの心の作業を支えていくのがプレイセラピーと言えるだろう。

（4）学校現場でどのように「プレイセラピー的な要素」を生かすのか

　冒頭にも述べた通り，プレイセラピーを学校現場でそのまま実施することは難しい面がある。しかし，これまで述べてきたことを踏まえると，子どもが何らかの心理的課題を抱えている時，プレイセラピーは極めて

有効と言える。したがって，プレイセラピーそのものを実施することが難しい場合においても，子どもとの間に「遊びの要素」を取り入れることは重要である。たとえば，スクールカウンセラー（以下，SC）が子どもと相談室や保健室で過ごす時，折り紙や描画，粘土細工，ちょっとしたごっこ遊びなどをすることがある。そのような時にSCが，遊びを通して子どもと信頼関係を築き，子どもが表現したものを大切に扱い，そして遊びの中に，子どもの抱えている悩みや問題の核になる出来事や対人関係が現れたならば，子ども本人が遊びの中でその問題を解決することを後方から支援すればよい。具体的には，カウンセラーの態度として先に述べた「受容的態度」・「共感的理解」・「子どもの主体性を尊重する姿勢」・「制限を設ける」の４つを保持しながら，子どもが遊びに没頭できるよう支援するとよいだろう。また，子どもの悩みや問題が遊びの中に表現されなくとも，遊ぶことで情緒的緊張が解放され（カタルシス効果），気持ちが落ち着いていくこともあれば，「ただ楽しむ」ことを通して気持ちが満たされ，安定した学校生活を送ることに繋がることもあるだろう。

　さらに，難しいとはいえ学校現場でプレイセラピーを実施している例も少数ながら存在する。たとえば安島（2010）は，深刻なトラウマ体験を抱えた生徒への支援を，描画や箱庭を用いて行っている。また海外では，学校現場でプレイセラピーを行う事例も多い（Drewes, Carey and Schaefer, 2001＜ドゥルーズ・キャリィ・シェイファー，2004＞）。加えて，近年は学校などの現場に出向くアウトリーチ型の支援の一つとして，災害の現場や難民キャンプ，貧困や犯罪が横行する不安定な地域など，極限状態に置かれている子どもへの危機介入として箱庭療法が行われ，大きな成果を上げている（Zoya, 2012,＜ゾーヤ，2018＞）。このような動向からは，描画や箱庭をはじめ遊びの要素を含んだプレイセラピーが，深い傷を負った人のこころを癒す力を持つことが示唆される。したがって，子どもの虐待や貧困といった問題が増加しつつある日本においても，SC事業が定着しつつある今，児童生徒へのより有効な支援の一つとして，学校などの現場で「遊びの要素」を取り入れたカウンセ

リングを実施できる体制を整えていくことは，非常に意味のあることと思われる。

　次節では，スクールカウンセリングの中で実際に行われた事例を通して，「プレイセラピー的な要素」がどのように生かされているのかを具体的に明らかにする。但しこの事例は，個人が特定されないよう，いくつかの事例を組み合わせて創作した模擬事例となっている。

3.「プレイセラピー的な要素」を取り入れた事例

(1) 事例の概要 (10歳女児, Aちゃん)

　Aちゃんは，スポーツも勉強も得意で，年下の児童への面倒見も良い，元気な女の子であった。しかし2学期に入ってすぐの頃から，自分の机で伏せっていたり，授業に集中できずボーっとしていることが続いていた。心配した担任がAちゃんに声をかけるが，Aちゃんからはとくに返答がなく，また家庭にも連絡したが，Aちゃんは家庭では普段と変わりなく過ごしているようで，原因が分からなかった。困った担任は，SCにAちゃんの様子を観てほしいと依頼し，SCが係わることとなった。

(2) 事例の経過

　約半年間の支援経過を5期に分けて記す。また，Aちゃんの言葉は「　」の中に，SCの言葉は＜　＞の中に記す。

Ⅰ期：Aちゃんとの出会い (第1回)

　担任の依頼を受け，SCは早速，授業場面や休み時間の参与観察に何度か入り，Aちゃんを中心に複数の児童の学習をサポートしたり，友人関係を観察したりした。Aちゃんは理解力が高く，学習面ではむしろ優れていると感じられたが，学習に身が入らずボーっとしていることがたびたびあり，休み時間も，友人に誘われたら断らずに遊んでいるが，どこか元気がなく，ふとした瞬間にぼんやりと考えごとをしているように見受けられた。SCはそのようなAちゃんと何度か言葉を交わし，ある程度の信頼関係ができたあと，＜わたしがいる相談室に遊びに来ませんか＞と誘ってみた。するとAちゃんは，「少し興味がある」と言い，SC

がいる相談室に，休み時間に遊びに来ることとなった。

Ⅱ期：Ａちゃんと少しずつ信頼関係を深める―折り紙制作を通して― 　　(第2回〜第5回)

　週1回のペースで休み時間に遊びに来るようになったＡちゃんは，相談室にある折り紙をする。この時間帯は，Ａちゃん以外の人は相談室に入らないようセッティングし，二人でもくもくと折り紙をしながら，時おり，ポツポツと話をする。たとえば，出来上がった鶴を見て，「なんか，曲がってる」と笑ったり，「鶴と言えば，亀？」と言って亀を折り紙で作ったりした。はじめは，目の前の作品の話に終始していたＡちゃんであったが，来室3回目あたりから，「これ，昔よく作ったなあ」といい，「新聞紙でこの入れ物を作って，その中に甘栗の皮とかを捨てながら，家族で食べた」と自分のエピソードを話し始めた。SCは＜なるほどー。確かに，新聞紙で入れ物を作ったら大きいのができるし，いい考えだね＞と返す。家族について深く踏み込むような会話はなかったが，来室5回目に，Ａちゃんの弟（4歳年下）が，甘栗が好きなことを教えてくれた。またこの頃SCは，担任の先生より，Ａちゃんのご両親が数年前に離婚しており，現在はお父さんと父方祖父母，そして弟と5人で暮らしていると聞く。

Ⅲ期：Ａちゃんの心の作業がはじまる―ごっこ遊びを通して― 　　(第6回〜第10回)

　引き続き，折り紙をしながら，学校生活全般―友達のこと，勉強のこと，学校行事のこと―について語る。たとえば，「算数のテストが100点だった！」とか，宿泊学習で行うオリエンテーションの行程について「道，間違えたらどうしよう。でも，○○ちゃんがしっかりしてるから大丈夫そう」などと語る。非常に生き生きと語る一方，担任の先生によると，授業場面や休み時間のＡちゃんの様子は依然変わらず，ぼんやりしていることが多いと言う。

　すると8回目の来室あたりから，折り紙で女の子と男の子，そしてお

母さんとお父さんの人形を作り，ごっこ遊びを始める。「ここに家族4人が暮らしていて，お母さんは美味しいご飯を作ってくれて，お父さんも手伝いをしてて，家族4人でご飯を食べる」などと語りながら，食事場面，就寝場面，学校に出かける朝の場面など，さまざまな場面で家族が仲良く暮らしているという物語が展開していく。SCはAちゃんに，「はい，お母さん人形動かして」と指示されることが多く，Aちゃんが『子ども思いの母親』を期待しているように感じられたので，一生懸命食事を作ったり家の掃除をしたり，子どもたちに優しく接している母親を，人形を使って演じた。Aちゃんは主に，子ども二人（女の子と男の子）とお父さん人形を動かしながら遊びに没頭し，遊び終わると満足そうな顔をして帰っていった。

　担任の先生によると，この頃からAちゃんは，学級で少しずつ生気を取り戻し，学習面への集中力も増し，友達とも元気よく遊び始めたとのことであった。SCは，Aちゃんが遊びの中で，自らが望む「母親イメージ」や「家族イメージ」を作り，現実では満たされなかった思いを満たしていると同時に，自らが作った肯定的なイメージを通して，自分も確かに，両親に愛情深く育てられたのだとこころの底から感じ，自己の基盤を築き直しているようにも感じられた。

Ⅳ期：Aちゃんのもう一つの思い―ごっこ遊びの展開―
（第11回〜第16回）

　Aちゃんは，11回目の来室でこの4人家族の物語を一旦休止し，赤ちゃん人形を折り紙で作り始める。そして赤ちゃん人形をかわいがったり，逆に，赤ちゃん人形を床に落としたりすることを繰り返す。SCは，＜赤ちゃんかあ。かわいいなあ＞と返したり，＜赤ちゃん，落ちたの？＞と驚いたりする。Aちゃんは，「赤ちゃんが床に落ちちゃった」と締めくくり，遊びを終える。12回目以降の来室でも，赤ちゃん人形をケアしたり落としたりする遊びを何度か繰り返した。SCは，この遊びに何か意味があるように直感したので，赤ちゃんを落とすという行為を咎めるようなことはせず，Aちゃんの行為をあくまで遊びの中の出来事とし

て扱い，＜赤ちゃん，落ちちゃった＞などと遊びを実況中継するような形で係わった。

　すると赤ちゃんを落とす遊びにある程度満足したのか，14回目の来室あたりから赤ちゃんを落とす遊びが徐々に消褪していき，代わりに4人家族の物語が復活する。物語では，「この家族は4人で幸せに暮らしていたけれど，お母さんが，訳の分からない病気になってしまって，病院に入院することになりました」と新しい展開が生まれる。残された3人（父，女の子・男の子）は，「自立しなきゃ」と奮起して，食事作りやお風呂掃除などを協力してやり，「どんどんたくましくなっていった」と言う。Ａちゃんは，「みんな，すごく寂しくてつらかったけど，つらいって感じる間もないくらい，大変だったから」と話した。SCはこの言葉に，お母さんが家を出た後のＡちゃんの実体験が託されているように感じ，胸が痛んだ。「それで女の子は，お母さんと同じ病気になったらどうしよう？って不安になったり，お母さん死んじゃったらどうしよう？っていう不安もあったり，普通，こんな小さな子どもを置いて入院なんかする？と思っちゃったり，いろいろした」と，子どもなりの複雑な感情を懸命に語り，SCは深く頷いた。

　そして物語は，家族3人が自分の役割を果たしながら，それぞれに楽しむという話で展開していき，「お父さんは仕事をがんばって，休みの日は子どもたちのために良きパパになることに満足している（笑）。女の子と男の子は友達と遊んだり，ピアノのレッスンを頑張ったり，野球でヒット打ったりする」というように，家族が仲良く暮らすことに縛られるのではなく，家庭を基盤にそれぞれが自分のやりたいことをする話としてまとまっていった。また，物語の中の母親については，「お母さんは退院できたけど，これからも病気と付き合っていかなければいけないから，お母さんはお母さんの新しい家で暮らすことになって，お父さんと女の子と男の子は3人で暮らすことになった」と締めくくった。

　またこの頃，個人面談があり，担任の先生がＡちゃんの父親から，Ａちゃんの母親が少し前に再婚して近々出産予定であり，そのことをＡちゃんも知っていると聞く。この話を担任の先生から伝え聞いたSCは，

Aちゃんの赤ちゃん人形の遊びの意味が，ようやく理解できた。Aちゃんにとっては，母親が新しい家庭を築き，新しい命が生まれようとしていることをどのように受け止めれば良いのか戸惑い，複雑な感情を抱いたのであろう。赤ちゃん人形をケアしたり落としたりする遊びには，これらの出来事に対するAちゃんの言葉にならない思いが託されていたようにSCには感じられた。

V期：カウンセリングの終了に向けて（第 17 回～第 19 回）

　17 回目の来室（ごっこ遊びで，お母さんが新しい家で暮らすという話でまとまった後）から，ごっこ遊びをすることがほとんどなくなり，折り紙をしたり，雑談をしたりするが，担任に来室を促されても，休み時間に友達と遊びたいと言い，相談室に来ない日もあった。日常場面でも，Aちゃんは生気を取り戻しており，むしろ以前よりもしっかりした雰囲気を有するようになっていった。

　カウンセリングの終了を意識し始めたSCは，19 回目の来室の際に，＜来たい時に来ればいいから，一旦，休み時間にここに来ることは終わりにする？＞と尋ねると，「そうします」とあっさり答える。そして，自分が作った折り紙の人形（女の子・男の子・お父さん・お母さん）を丸い円状に配置し，「これで写真撮りたいな」と言う。しかし，しばらく考えて，「やっぱりいいわ。覚えとく」と言い，お母さん人形だけを取り外し，そっと離れたところに置く。それから赤ちゃん人形を取り出し，お母さん人形が取り外されて空白になっていた場所に代わりに置き，女の子・男の子・お父さん・赤ちゃんの 4 人が円状に置かれる。そして全ての人形（お母さん人形も含む）に対して，「みなさん，お元気で！」と別れを言い，退室する。

　SCはこの遊びを通して，Aちゃんが，母がいない 3 人家族を受け入れ肯定しているように感じた。また，ここで 3 人家族の中に招き入れられた赤ちゃん人形は，母親のお腹に宿っている命を意味しているのではなく，赤ちゃんというものが象徴的に表す『新しい可能性』や『ケアを必要としている幼い命』などを意味しているようにSCには感じられ，

Aちゃんが，家族に対する複雑な感情を昇華しながら，最終的には幼い命を大切に思う気持ちや新しい家族への肯定的感情を有するに至ったことが表現されているように感じられた。

これ以降，SCとAちゃんは校内で会うと少し話をするものの，Aちゃんが相談室に来ることはなかった。学校生活においては，生き生きと活発に過ごすAちゃんの姿が見られ，担任やSCはじめ他の教職員の間でもAちゃんの安定した姿が確認された。

（3）事例のまとめ

Ⅰ期では，SCは，授業や休み時間にAちゃんと接して少しずつAちゃんと信頼関係を築き，相談室に誘う。Ⅱ期に入り，相談室で折り紙制作をしながらともに時間を過ごし，Aちゃんは相談室に徐々に慣れると同時にSCとの信頼関係も深まってゆく（関係の絆としての遊び・自分が大切にされる場としての遊び）。

そしてⅢ期に入り，いよいよAちゃんの心の作業が始まる。折り紙で作った人形を使ってごっこ遊びを行い，家族4人が仲良く暮らすという物語には，Aちゃんの願望が託されている面（代償行動としての遊び）と，遊びを通してそのような家族イメージを自ら作り出し，遊びを通してAちゃんの心の基盤が形成されている面（心の作業の＜場＞，＜手段＞としての遊び）の両方が感じられた。

さらにⅣ期には，Aちゃんの心の作業が一層深まり，赤ちゃん人形をケアしたり落としたりする遊びや，病気で入院した母親に対する女の子のセリフ：「お母さんと同じ病気になったらどうしよう？って不安になったり，お母さん死んじゃったらどうしよう？っていう不安もあったり，普通，こんな小さな子どもを置いて入院なんかする？と思っちゃったり」からは，母親に対するAちゃんの複雑な思いが表出されているように思われた（カタルシスとしての遊び）。また，父親・女の子・男の子の3人の物語では，家庭を基盤にしながらそれぞれが自分の楽しみを見出すというストーリーになっており，今の自分の家族に対する肯定的な意味づけが認められ，自らの家族や自分の在り方を受容し，心におさ

めていったように感じられた（心の作業の＜場＞，＜手段＞としての遊び）。

　最後のⅤ期には，これらの人形に対して「お元気で」と声をかけて別れを告げ，ごっこ遊びをあくまでプレイセラピーの場における心の作業として捉え（守りの場としての遊び），振り返ることなく学校生活場面へと戻っていった。学校生活場面におけるＡちゃんは，以前のぼんやりした様子はなく，生き生きとしており，教職員の間でもそのようなＡちゃんの姿が確かに共有された。

4．プレイセラピー的な要素をスクールカウンセリングに生かすコツ

　本事例を通して，プレイセラピー的な要素をスクールカウンセリングに生かしていくためのコツやポイントをまとめる。

（1）「遊び」に表現される子どもの心的現実を理解する

　Ａちゃんの事例においては，主にごっこ遊びにおいて，心の作業が行われている。この「ごっこ遊び」は，あくまでＡちゃんが制作した物語であり，現実のＡちゃんの家族について事実そのままに語られているわけではない。プレイセラピーにおいては，このように事実そのままではない物語が語られることの方が圧倒的に多い。実際，Ａちゃんは祖父母もともに暮らしているし，母親が病気であるという事実もない。

　しかしだからといって，このような物語が無意味であるということではなく，また，事実と異なるからと言って，この物語が完全にＡちゃんの実体験から乖離しているわけでもない。むしろ，Ａちゃんの心の現実としては，母親が家を出てその後新しい家庭を築くという事実は，「母親が訳の分からない病気にでもかかってしまった」かのような理解し難さや，母親に会えないつらさ・寂しさが入り混じった，複雑な体験だったのではないだろうか。そして「普通，こんな小さな子どもを置いて入院なんかする？」という言葉には，母親への憤りも表現されていると言えるだろう。心が生み出すこのような物語は，事実そのままではないからこそ，当人の心的現実を的確に表していることが多いように思われる。

また，事実そのままではないからこそ，自分なりに納得のいく物語へと
発展し，それがこころの基盤となり，自らの人生を受け入れていくこと
に繋がると思われる。

　たとえば本事例においても，Ⅲ期でAちゃんが作った家族4人の暖か
い物語は，自ら肯定的な家族イメージを作り出し，こころの基盤を形成
することに繋がっている。さらにⅣ期における家族3人の物語でも，家
族が仲良く暮らすことに縛られるのではなく，家庭を基盤にそれぞれが
自分のやりたいことをするというストーリーが，現在の自分の在り方や
家族を肯定することに繋がっている。したがって，子どもが作り出す物
語やごっこ遊びなどに対しては，事実との一致・不一致を探り，その整
合性を問うのではなく，あくまで遊びとして捉え，その遊びの中に本人
のこころの現実が表現されており，遊びを継続する中でそれらがこころ
に収まる形へと本人主導でまとめられていくのを，見守ることが肝要と
言える。Ⅴ期で女の子・男の子・お父さん・赤ちゃんの4つの人形を円
状に置いた遊びからは，Aちゃんが確かに今の自分や家族を肯定し，こ
れからの未来（新しい可能性）に開かれていること，さらに，幼き命を
大切に思う感情を抱くに至っていることが感じ取れ，Aちゃんのこころ
の成熟が確認できた。

（2）子ども主導を徹底的に保障する

　アクスライン（1947/1972）も強調している通り，プレイセラピーで
最も重要な点は，子ども主導ですすめていくことである。本事例におい
ても，Aちゃんが折り紙制作からごっこ遊びへと少しずつ心の作業を深
めていくのを，SCはAちゃんの思いや考えを受け止めつつ，時に必要
な合いの手を入れながら（ごっこ遊びで母役を演じるなど），Aちゃん
に伴走した。このようなSCの姿勢はプレイセラピーにおいてとくに強
調される点であるが，子どもの主体性や子どものペースを尊重すること
は，スクールカウンセリング全体に当てはまる，カウンセラーの必要不
可欠な治療的態度と言えるだろう。

（3）学校という場におけるカウンセリングの特性を生かす

　Aちゃんの事例は，相談室で週1回20分程度の時間で行われており，一般的なカウンセリングの時間（50分）より，かなり短い。また，相談室は誰でも来ることのできる場であるため，本事例では，この休み時間は他の児童の入室を制限するなど，少し工夫が必要であった。このように，学校という場の制約の中で行われるカウンセリングでは，通常のカウンセリングの常識が通用しないことも多く，工夫が必要である。とくに，プレイセラピー的な要素を取り入れたカウンセリングを行う場合は，カウンセリングの場が守られるよう，可能な限り時間と場所を決めて，じっくり心の作業が行えるようマネジメントすることがSCに求められる。

　一方，学校現場におけるカウンセリングでは，日常場面におけるAちゃんの様子が丁寧に観察でき，また自分以外の教職員が日々Aちゃんや保護者と係わっているため，Aちゃんの家庭での様子や学校での様子など，さまざまな情報が得られる。このような日常との強い結びつきや他職種との協働性・同僚性はスクールカウンセリングならではの強みと言える。そしてこれらの強みを十分生かすためには，SCが，カウンセリング場面におけるAちゃんの変化を，守秘義務を保ちつつ他の教職員にも伝わるような一般的な言葉で説明し，Aちゃんを教職員らが協働して支えていく関係性を作っていくことである。そのようなチーム支援体制を構築することが，Aちゃんへのより良い支援に繋がると言えるだろう。

5．おわりに

　本章では，「プレイセラピー的な要素」をスクールカウンセリングにいかに取り入れるのかについて，遊びの意義や遊びの機能，さらにカウンセラーの態度などに触れたのち，事例を通して具体的に明らかにした。昨今の日本の学校現場において，スクールカウンセリングにプレイセラピーをそのまま導入することは難しいと思われるが，本事例を通しても明らかなように，「プレイセラピー的な要素」は子ども自身が持つ自己治癒力を引き出すのに最も有効な方法の一つである。

始=44

したがって，学校という場が有する制約と利点の双方を踏まえた，学校現場に合ったプレイセラピーを考案・実施していくことが，スクールカウンセリングにおけるこれからの重要な課題の一つと言える。そしてそれを実現するためには，カウンセラー自身の，学校現場におけるプレイセラピストとしての専門性を高めるとともに，少子化によって増えつつある空き教室などを利用して，プレイセラピーを実施できる物理的環境を整えることも喫緊の課題である。

研究課題

1. 一般的なプレイセラピーでは，どのような物理的環境が準備されているのか調べてみよう。
2. 一般的なプレイセラピーにおいて，子どもの心の作業がどのように行われているのか，いくつかの事例を調べてみよう。
3. もしあなたがスクールカウンセラーとして，学校現場で「プレイセラピー的な要素」を取り入れた支援を行うなら，どのような物理的環境を準備するかについて，考えてみよう。
4. 現在の日本の学校において，スクールカウンセラーの仕事の中に，児童生徒へのプレイセラピー的な支援が少ないのはなぜか。また，どのような工夫や取り組みがあれば，そのような支援が増えるのだろうか。まとめてみよう。
5. プレイセラピーという枠組みに限らずスクールカウンセリングの中で児童生徒への支援を行う時，カウンセラーの係わりにおいて大切なポイントは何か，考えてみよう。

参考文献

Axline, V. M.（1947）. *Play Therapy*. London UK : Churchill Livingstone. 小林治夫（訳）
（1972）. 遊戯療法. 岩波学術出版社.

安島智子（2010）. 遊戯療法と子どもの「こころの世界」. 金子書房.

弘中正美（2002）. 遊戯療法と子どもの心的世界. 金剛出版.

Drewes, A. A., Carey, L. J., Schaefer, C. E.（2001）. *School-Based Play Therapy*. John
Wiley & Sons.　安東末廣（監訳）（2004）学校ベースのプレイセラピー——現代を
生きる子どもの理解と支援——. 北大路書房.

Huizinga, J.（1938）. *Homo Ludens. Proeve eener bepaling van het spel-element der cultuur*.
H. D. Tjeenk Willink & Zoon.　高橋英夫（訳）（1973）. ホモ・ルーデンス. 中公文
庫.

Winnicott, D. W.（1971）. *Playing and Reality*. Tavistock Publications Inc, London.　橋
本雅雄・大矢泰士（訳）（2015）. 遊ぶことと現実（改訳）岩崎学術出版社.

Zoja, E. P.（2012）. *Expressive Sandarbeit : Eine Methode psychologischer Intervention in
Katastorophengebieten und extremen sozialen Notlagen*.　河合俊雄（監訳）小木曽由
佳（訳）（2018）危機介入の箱庭療法——極限状態の子どもたちへのアウトリーチ.
創元社.

3 | 小学校でのスクールカウンセリングⅡ
―ストレスマネジメント教育―

坂上頼子

　本稿では，小学校でスクールカウンセラーが実践している多様な活動の中でも，予防啓発的な取り組みのひとつである「ストレスマネジメント教育」を中心に解説する。小学校に入学した１年生たちは６年間の学校生活の中で各教科の膨大な内容を学習し，その成果を発表する体験学習を積み重ねて，心身ともに大きく成長する。しかし，人前に出ると緊張して，ふだんの力を出し切れない姿もある。

　学級日直で教卓の前に立った途端にからだがこわばり言葉が出なくなったことがきっかけで休みがちになった４年生の児童に会った。「言葉が出なくなるほど緊張したのは心もからだも頑張っていた証拠」とねぎらい，「頑張り過ぎない頑張り方を練習しよう」と提案した。動作課題「肩の上げ下ろし」を行うと，肩を上げるのに必要以上に力み過ぎていた。その不要な力みを取りながら肩を上げる動作ができるようになると，次の日直にチャレンジした。この児童との出会いから，大事な場面で落ち着いて自分の力を発揮することを応援する「動作を用いたストレス対処法」を学級で実施できればと考えた。

　この取り組みは児童のストレス問題への教育援助に留まらず，中学や高校，大学や社会に出てからのストレス対処をも見越した教育効果が期待できる。そのためにも，人生初期の学齢期に行うストレスマネジメント教育では，発達段階に合わせた実践を工夫することが課題になる。ストレスとの上手なつきあい方を応援している小学校でのスクールカウンセリングの実践を中心に紹介する。

《**キーワード**》　予防啓発，ストレスマネジメント教育，ストレス対処法，動作法，教員研修

1. はじめに

　2013年度，東京都教育委員会は全国に先駆けて全ての公立学校にスクールカウンセラー（以下SC）を配置した。2012年度の1,058校（小

学校 327 校，中学校 621 校，高校 100 校，都立学校 10 校）から，2013
年度は 2,117 校（小学校 1,299 校，中学校 620 校，高校 188 校，都立学
校 10 校）に，週一日（年間 35 日）一校に一人が終日勤務する体制で SC
を配置した。2019 年度の都 SC 配置状況は 2,149 校（小学校 1,278 校，
中学校 612 校，高等学校 192 校（全日制），高等学校 56 校（定時制），
都立中等教育学校 11 校）で，年間 38 日勤務である。

　2013 年 4 月，筆者は東京都教育委員会からの依頼を受け，校長連絡
会において「ストレスマネジメント教育」の実践例を紹介した。1996
年度から公立学校 SC として活動する中で，問題が生じてからの個別対
応のみならず，「ストレスマネジメント」による予防啓発を実践の柱と
し，教員研修「ストレスマネジメントとメンタルヘルス」，保護者講座
「子育てストレスへのリラックス法」，中学 3 年生への「進路を応援する
ストレスマネジメント」，小学生へのストレスマネジメント紙芝居『イ
ライラしたときどうする？』の読み聞かせなど，学校状況や学年の課題
に合わせて取り組んできたことが評価されたのかもしれないが，学校に
おける SC 活用例としての「ストレスマネジメント教育」が東京都の校
長会に周知された。以下に，小学校におけるストレスマネジメント教育
の実践を紹介する。

2．学校におけるストレスマネジメント教育

　カウンセリングと聞けば，一対一の相談場面をイメージする人が多い
が，学校生活という日常の場におけるスクールカウンセリングにおいて
は，個別相談の他に学級や学年全体を対象にした予防啓発的・健康促進
的な実践が期待されている。「学校におけるストレスマネジメント教育」
は，学校生活のさまざまな場面でプレッシャーやストレスを乗り越えて
成長する児童・生徒を応援することを目指し，集団を対象にした心理教
育とストレス対処法の体験学習を含む取り組みである。

（1）ストレスは人生のスパイス

　ストレス学の父と言われているカナダの生理学者ハンス・セリエは

48

「ストレスは人生のスパイス」という言葉を残した。ストレスとは，悪い面だけではなく，自分を向上させていく活力にもなりうるという考え方であり，ストレスマネジメントとは「ストレスとの上手なつき合い方」という意味である。ストレスの仕組みを学び，ストレス対処法を豊かに工夫して，プレッシャーやストレスと上手につき合い乗り越えていこうという発想である。

（2）ストレスの3つのキーワード

　ストレスの3つのキーワード「ストレッサー，ストレス反応，ストレス対処法」について児童・生徒に問うてみた（図3-1）。試合や発表の大事な場面で(ストレッサー)，プレッシャーで心臓がドキドキして，からだが固まり，冷汗が出た，などのストレス反応を誰もが経験していた。そのストレス反応があまりにも大きいと大事な場面でミスを招いてしまい，次回もまたこのような失敗をするのではないかと予期不安が高まり悪循環に陥る（図3-2）。そこで，ストレス反応を軽減するためにストレス対処法を工夫することになる。その対処法の一つとして，ストレス場面で生ずるからだの過度な力みを取り最適緊張に整え，好循環のサイクルにみちびく「動作を用いたストレス対処法」が有効である（図3-3）。リラックスしてストレス場面を好循環に切り替えることができれば，自信や達成感を得て，次のストレス場面に立ち向かう心を育む好機となる（図3-4）。大事な場面で最適緊張にからだを整えるには，平常時にこそ，リラックス法を練習して習慣化することが望まれる。

（3）児童・生徒が行っているストレス対処法

　児童・生徒にストレス対処法について問うと，いろいろな答えが返ってくる(図3-1)。運動・スポーツ・カラオケ・遊ぶ(アクティベーション)，寝る・深呼吸（休息)，ゲーム・音楽・読書（好きな活動)，水を飲む・甘いものを食べる（気持ちを切り替える)，人に話す・相談する（人との良いかかわり）などの望ましい対処法が多い半面で，数は少ないものの望ましくない言動でストレスを発散している場合も見られた。

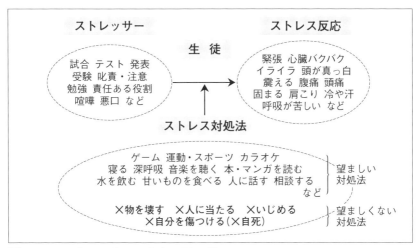

図3-1　ストレスの3つのキーワード

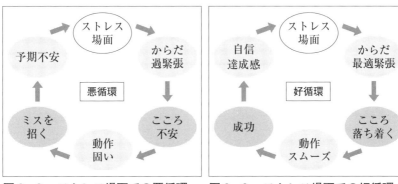

図3-2　ストレス場面での悪循環　　図3-3　ストレス場面での好循環

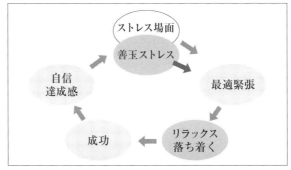

図3-4　ストレス場面でリラックスして落ち着くと
　　　　善玉ストレスに

物や人に八つ当たりするなど外に向かう暴力も，自傷など内に向かう暴力も，いずれもストレスが関連している。

　したがって，子どもたちには事態が深刻化する前に望ましいストレス対処法を体験的に伝えることが望ましいだろう。生きづらさを抱えて生きている子どもたちは，無意識にからだに力を入れて身を固めて対処している。その過度の筋緊張を少しでもゆるめてから動かすと，からだの可動域が広がる。からだがいい方向に変わり得る体験は新鮮で，このポジティブな体験がクラスの雰囲気に反映することもある。その結果として，いじめ未然防止の土壌が育まれる可能性さえあるかもしれない。

3．紙芝居『イライラしたときどうする？』

　ストレスマネジメント教育を小学校低学年に伝えるために作成した紙芝居を紹介する。これは，筆者が主宰するストレスマネジメント研究会で作成した教材である。紙芝居は低学年の子どもたちには親しみがあり教室や保健室でも使いやすく，教師やSCに広く活用されるようになった。また，こうした試みは東日本大震災や熊本地震の際には，災害後の小学校において子どもたちの安心感を回復する一助になったように思われる。

『イライラしたときどうする？』のはじまり，
はじまり。

（以下，やり取りをしながら対話的に進める）

　イライラしたことがある人？（演者が大きく
手を挙げて，子ども達に挙手を促す）
　全員ですね！　誰でもイライラすることがあ
りますよね。
　どのような時にイライラしましたか？（挙手
の何人かに聞く）
　なるほど，みんな大変ですね。そう，イライ
ラしますね。でも，そのイライラを，ため込む
のは，よくないのです。
　みなさんはイライラした気持ちをどのように
静めていますか？
（挙手の何人かに聞く）なるほど，いろいろあり
ますね。
遊んだり，運動して，いい汗をかいたり
猫や犬をかわいがったり，
好きな音楽をきいたり，ダンスをしたり
友だちと話をしたり，みんないい方法です。
（ストレス対処法）

でも，こういう意見もありました。
（「わー，犬がかわいそー」という声があがる）
そう，イライラして暴力をするのは，
（「ダメ」と声があがる）
そう，暴力はストップしたいですね。
自分で暴力をストップできるコツがあるので，
これから一緒にやってみましょう。

まず，椅子に座ります。
そして，つぎに……。

肩に注意を向けて，ゆっくり上げて行きます，
どうぞ。
そう，ゆっくり，自然に止まったところで待ち
ます。
では「せーの」の合図で，肩の力を抜きます。
「せーの，ストーン」そうです，そのまま動か
ないで，今の肩の，ふわっとした感じに，注意
を向けます。
そう，その感じ，これをあと2回ゆっくり繰り
返します。

次は腹式呼吸法です。1・2・3で，おなか一
杯に息を吸い，4で止めて，5・6・7・8・9・
10と，ゆっくり息を吐きます。
ゆっくり吐く息でおなかの風船がしぼんでいく
感じです。
そう，これをあと2回，繰り返します。ゆっく
りです。
上手にできました。（10秒呼吸法）

なんだか気持ちが落ち着いてきましたね。
気持ちが落ち着いてから，
イライラした訳を，誰かに話せるといいなと思
います。
みなさんは，誰にお話ししますか？
（挙手の何人かに聞く）

みなさんの周りにいて話を聞いてくれる人たちです。
おうちの人，友だち，先生，（ソーシャルサポート），
大好きな犬や猫に話す人もいましたね。
友だちという声が多かったですが
今度はその友だちのためにできることです。
（ピアサポート）

イライラしている友だちがいた時に
みんなができることが３つありましたね。
最初に？　そう，椅子に座らせてあげます。
次に？　そう，肩を上げてストーンとゆるめます。
そして？　そう，ゆっくり息を吐く方法です。
落ち着いたら？　そう，話を聴いてあげます。
これが，大切な友だちのためにできることです。
どうぞよろしくお願いします。　お・し・ま・い

　この紙芝居は担任や養護教諭が使いやすい教材であるが，SCが教室に出向いて朝の学活や終わりの会で読み聞かせることもできる。担任が児童と一緒に紙芝居の中のやり取りに加わると，子どもたちが喜び楽しい時間になる。また，忙しい担任が子ども達のノートに丸をつけたり，連絡帳の返事を書きながらでも，SCと子ども達のやり取りを観察することができる。

　加えて，望ましいストレス対処法を日常的に目にすることの効果を期待して，紙芝居の題材を用い，内容がひと目でわかるような掲示用ポスター「イライラしたとき　こうするといいよ」（図3-5）を作成して，教室や保健室，廊下や相談室に掲示した。子どもたちからは「これやってるよ」「先生もやってたよ」との声が届くようになった。

54

「イライラしたとき　こうするといいよ」

だれだってイライラするときはあるんだね

イライラしたっていいんだよ。

でも，イライラしたときに，友だちやものや，自分を傷つけちゃったら大変！

そんな時は，こうするといいんだよね。

まずは，いすにすわります。
かたを上げて，ストーンとかたの力を抜く方法です。

手をよこにブラーンとたらして
かたをゆっくり上にあげます。
そこで一度とめて，ストンと力をぬきます。
動かないで，かたのフワっとした感じにちゅういをむけます。そうです。これを3回くらい‥‥。

次ぎに，ゆっくり息をはく方法をしましょう。
10秒呼吸法です。

まず，1，2，3で鼻から息を吸って
おなかをふくらませ4で止めて
口から細く，長～く，5，6，7，8，9,10,と
息をはくとおなかがしぼんでいく‥‥
こんな呼吸です。

大丈夫。上手にできますよ！

そうするとなんだか，気持ちが落ちついてきます。
気持ちが落ちついたら，次は‥‥

気持ちが落ちついたら，だれかにそのわけを話せるといいですね。

みんなの周りにいて話しを聞いてくれる人
先生や友だち，帰ってからお家の人にはなしをするのもいいですね。

これは，大切な友だちのためにもできることですね。
友だちがイライラしたら，教えてあげましょう。

みんな楽しく！
みんないい感じだね！

かけはしストレスマネジメント研究会

図3-5　ポスター「イライラしたとき　こうするといいよ」

4．紙芝居『イライラしたときどうする？』の活用例

次に紙芝居を用いた子どもと SC とのやりとりの例を示す。

（1）個別面接でのエピソード（「　」内は子ども，＜　＞内は SC の発言）

A君（小3）は，教室内でケンカすることが多かった。対応に困った担任からSCの筆者に相談があり，ある日，A君と会うことになった。A君は担任に連れられて涙目で来室した。相談室に入るとすぐに棚の紙芝居を指差し「これ読んで」と言うので，さっそく読み始めた。＜イライラしたことありますか？＞「さっきイライラした」＜そうだったの，どんな時に？＞「B君がうるさくて言ってもやめなかったから」＜なるほど，うるさいB君にイライラして？＞「B君をぶん殴った」＜あらまあ，それで？＞「ケンカになって先生が止めにきて僕が叱られた」＜そうだったの＞「僕だけ叱られて腹立って泣いた」＜この紙芝居と同じだね，イライラして相手をぶん殴って，叱られてもっと腹が立って泣いたのね。ぶん殴るのをストップできる方法があります。一緒にやってみましょう＞

紙芝居の「肩の上げ下ろし」と「腹式呼吸法」を二人で一緒にていねいに行った。「肩の上げ下ろし」では，肩を強く速く上げる動作に，A君の腹が立った気持ちが表れており，自分の肩に注意を向けることも難しかった。二度目は＜今の半分の力でゆっくり肩を上げていきます，そう，ゆっくりです＞と力を入れすぎないようにサポートした。三度目も＜さらに今の半分の力でゆっくりと肩を上げます。そう，ゆっくりです＞と，A君が肩の動きに集中できるように教示した。肩を下ろしきった時に＜今の肩の感じに注意を向けます。目を閉じてもいいです。そう，その感じに注意を向けます＞とそのまま静かに待つと，A君は落ち着きを取り戻したようである。

「今度は僕が読みたい」＜いいですね，お願いします＞。読み手のA君は，自分の教示通りに動作をする筆者とのやり取りを楽しんだ。紙芝居を読み終えたA君は満足そうな表情で「僕は自分でコントロールしないといけないんだね」と言った。＜なるほど＞とA君の言葉に感動した筆者は，＜読んでくれてありがとう＞とA君に頭を下げた。

　翌週，来室したＡ君は折り紙でヘラクレスオオカブトを作り，「ここに飾っといて，来週もまた来るね」と満面の笑みを見せた。その後のＡ君は，相変わらず授業中の私語はあるようだが，学校で友だちに殴りかかることはなくなった。

（2）　グループ面接でのエピソード

紙芝居の読み手になりたい子どもたち
　職員室で給食を済ませて相談室に戻ると，「相談室開けて！」と，Ｃさんが扉の前でＳＣを待ち構えていた。それを見たやんちゃなＤ君とＥ君は「何だ何だ？」と興味津々な表情で相談室に入ろうとした。Ｃさんが「別にいいよ」と言うので３人一緒に相談室に入ることになった。Ｃさんが「Ｆちゃんと仲良くしたいのにＧちゃんが遠ざけようとする」と言うと，Ｄ君は「お前らいつもそんなことやってんじゃん」と言い返した。そして，いきなりＤ君が「これ読もう」と棚の紙芝居を取り出してＣさんに向けて読み始めた。Ｄ君が「どんな方法でイライラした気持ちをしずめていますか？」と読んだところで，＜どうしてますか？＞とＳＣが３人に問いかけると，読み手のＤ君が顔を上げた。そして，まさか紙芝居で質問されるとは思っていなかった様子のＣさんもＥ君も何だか嬉しそうな表情でそれに答え始めた。そのタイミングでＣさんが「私が読む！」と紙芝居を男子２人に向けて読み始めた。すると「イライラした時？　そいつをぶん殴る！　何だよこの絵！」とふざけるＥ君に対して，Ｄ君は「お前うるせぇよ！」とＥ君を注意した。Ｃさんが一生懸命に最後まで読み終えると男子２人が拍手をした。ちょうど昼休み終了のチャイムが鳴り「ヤバッ，次体育だ！」と慌てて飛び出した。Ｃさんが急いで紙芝居を差し出し「ねぇ，イライラしたらまた読んで」と言うので＜また読みっこしようね＞と受け取ると，安心した表情でクラスに戻った。
　一生懸命に紙芝居を読むＣさん，ふざけたＥ君を一喝するＤ君，子ども達の姿に圧倒されながらもＳＣはどこか好感を覚えた。一週間後，Ｃさんは友だちを連れて来室し「じゃあ読むね！」と張り切って紙芝居を披露した。＜今度はクラスで読んでみる？＞と言うとＣさんは少し嬉しいような表情を浮かべた。

> この様子を担任に伝えると，教室では見られない子どもたちの姿に
> 驚かれ，担任と連携していく一歩となった。

　このエピソードを語る若いSCの生き生きした表情が印象的であっ
た。集団の中ではどうしても注意される場面が多い子どもたち，そして，
その子どもたちを叱る教師の声を聞き，姿を見ている子どもたち，緊張
をはらんだクラスの雰囲気など，子どもたちはそれぞれに多様なストレ
スと向き合いながら学校生活を送っていたようである。その子どもたち
の日常にある相談室で，昼休みのほんのひと時をこのように過ごしてい
る。D君とE君の乱入とも言えるこうした偶然の出来事に若きSCは戸
惑いながらも，紙芝居の読み手と聴き手をさりげなくサポートしながら
子どもたちの心を支えている。こうしたSCの対応が子どもたちにひと
ときの安心の居場所を提供したと言える。
　翌週，Cさんは友達を連れて来室し紙芝居を読み聞かせている。＜今
度はクラスで読んでみる？＞というSCの提案に，筆者は，子どもによ
る子どもへの読み聞かせへと，この紙芝居の活用が今後も展開していく
希望を抱いた。

（3）PTA保護者向け講座でのエピソード

　保護者講座「子育てストレスへのリラックス法」の導入に紙芝居を
用いた。＜イライラしたことがある方？＞と挙手を求めると全員の手
が挙がる。＜どんな時にイライラしましたか？＞とインタビューして
回ると，「言うこと聞かない時」「宿題をしない時」「ゲームをやめな
い時」「片付けない時」「朝なかなか起きない時」「忘れ物をした時」
「ご飯を食べるのがおそい時」「のろのろしてる時」「うそをついた
時」など，エンドレスに続きそうな勢いである。その時の母親たちの
対応は，「怒鳴ってます」「食事抜き」「ゲーム機を隠した」「ゲーム
機を捨てた」「TVの電源コードを切った」など，その激しさに共感
の笑いが起こる。
　慢性的な肩こりに悩みながらも自分のことは後回しにして奮闘して
いる保護者のために，ねぎらいの気持ちを込めて行う動作を用いたリ

ラックス法は好評である。「今日は笑顔で『おかえり』と言えそうです」「家族に教えてあげたい」など，家庭にねぎらいの輪が広がるような感想を聞くことができた。

　クラスで紙芝居『イライラしたときどうする？』を体験した子どもたちは，日常的にポスターを見ることで，セルフ・ケアの方法を思い出し，友だちへの望ましい関わりのきっかけになれるかもしれない。また，気持ちの切り替えや，緊張場面で生じる「あがり」のコントロールにも役立つ可能性もある。

　また，災害・事件・事故などの危機的な状況において，自分自身を落ち着かせ，眠れない夜にも活用できるなど，今後の生活にも生かせるのではないだろうか。

（4）福島県緊急 SC 等派遣事業への後方支援

　東日本大震災による地震・津波・原発事故の被害により，東北地方，とりわけ福島県の学校環境は激変した。福島県臨床心理士会 SC 委員会は児童・生徒の心のケアを行うために福島版「学級ミーティング」と動作法による「肩の上げ下ろし」を支援の柱として実施しており，県外から支援に入る SC にも福島版支援への理解と協力を求めていた。福島県への派遣 SC に応募する東京都 SC は多かったが，動作法を用いたグループワークの経験を持つ者は少なかった。そこで，筆者は緊急派遣される SC への後方支援を申し出た。

　このときも紙芝居『イライラしたときどうする？』を用いて「肩の上げ下ろし」と「腹式呼吸法」の実技練習を行い，学級集団への指導法を習得するワークショップを実施した。「動作を用いたストレス対処法」を習得した SC たちは，その後，子どもたちに紙芝居による動作体験を届けることができた。

5．ストレスマネジメント教育の成り立ちと発展

　ここで改めて，わが国における「学校におけるストレスマネジメント教育」の成り立ちを振り返ってみたい。

（1）第1回ストレスマネジメント教育研修会

　1998年3月22日，阪神淡路大震災（1995年1月）後の学校復興に奮闘してこられた教師を応援するために企画された研修会「授業に活かせる教師のためのストレスマネジメント教育」が神戸で開催された。わが国のストレスマネジメント教育は，この研修会が発端となり発展してきたと言える。

　その後，学校で起きた事件・事故後の心のケアの必要から，各地でストレスマネジメント教育研究会が発足し発展した。

（2）東京での教員研修「ストレスマネジメント教育」

　1998年8月，東京都立教育研究所夏季研修会で「ストレスマネジメント教育」を初めて紹介した。筆者が教師役で「ストレスマネジメント教育」の模擬授業を行い，30名の教師は生徒役を体験した。ストレスの仕組みを学ぶ心理教育と「動作を用いたストレス対処法」を体験する内容である。参加者の感想には「教育相談研修では傾聴訓練が多かったが，このようにクラス集団で使えるものを求めていた」「さっそく学校で取り入れたい」「もっと学びたい」「まずは自分のために行いたい」「今のこの気分なら子どもに優しくできそう」「疲れている同僚に教えてあげたい」など，評価は高かった。同時に，教師自身のストレス対処の必要性も高いことが分かった。

　子どもの傍らにいる大人には心のゆとりが大切になるが，学校現場は忙しくなる一方で，児童・生徒とゆっくり関わるゆとりがなくなりつつある。「早く」「ちゃんと」「きちんと」と子どもを急かせる保護者にもゆとりのない様子が伺える。子どもを取り巻く大人たちにゆとりがなくなりつつある環境の中で，子どもだけが健やかに育つのは難しいことで

あろう。学校の中で働いてみて改めて教師の忙しさにふれてからは，研修を担当する際には教師をねぎらう思いで「動作を用いたストレス対処法」を紹介している。教師は常にクラス全体に目を配り注意の矢印を外に向けているせいか，自身のからだの感じへと注意の矢印を内に向けること自体が難しく，対処法は新鮮な体験だという。ストレスマネジメント教育を教師や養護教諭とのチームで行うことで，児童・生徒だけではなく教師自身も心身のゆとりを取り戻すことができる。このような効果をねらって，筆者は教員研修や養護教諭研修を行っている。

（3）教員研修や保護者講座で実践する「動作を用いたストレス対処法」

　教員研修や保護者向け講座など，大ホールの固定イスでも体験できる動作は，「肩の上げ下ろし」，「腹式呼吸法」，「質の良い眠りのためのリラックス法」（漸進性弛緩法を簡便にした方法）である。参加人数が多くても主体的にセルフで動作を行う工夫として，3つのコツ「①からだに注意を向ける，②ゆっくり動かす，③力を抜いた部位に注意を向けてその感じを味わう」をスクリーンに示し，次の教示例のように実施する。

・セルフで行う動作を教示する時のコツ

1．動作者が動作を始めたタイミングで「そう」という言葉を添えながら教示する。自分の動きを「そう」と承認されることで安心して動作に集中することができる。
2．「肩を上げます」と主体語で教示する。動作者が主体的・能動的に動作を行う援助となる。
3．「肩を上げて下さい」は援助者主体の丁寧な命令文による教示であり，動作者は言われた動作を受動的に行うことになるので，「〜下さい」の教示は用いない。

・イス座位で行う「肩の上げ下ろし」の教示例

> 　姿勢を気持ちよく整えて肩に注意を向けます。左右どちらか，凝っている方の肩から始めます。その肩に注意を向けてゆっくりと上の方に上げて行きます，どうぞ。そう，動く感じを味わいながらゆっくり上げていき，止まったところでそのまま5秒待ちます。では，肩を上げているその力をゆっくり抜いていきます，どうぞ。そう，ゆっくりと肩を下ろしていき，止まった所で楽にして，腕と肩の感じに注意を向けます。そう，その感じを味わいます。同様に，あと2回繰り返します。（中略）今動かした方の肩の感じと，まだ動かしていない肩の感じと比べてみます。
> 　（何人かに，比べてみた感じを聞いてみる）
> もう一方の肩も同様に3回繰り返します。

　一人でできる「肩の上げ下ろし」動作では，肩にていねいに注意を向けて，ゆっくりと上げていき，可動域一杯のところで姿勢を保持して待ち，その後ゆっくり力を抜いて肩を下ろしていくことを繰り返す。ふだん無意識に入れている肩の力みを意識して抜くことで肩のふわっと軽い感じが明らかにわかり，もう一方のいつもの肩は角張って硬い感じが浮き彫りになり，左右差を実感することになる。自分で肩こりを軽減できたという達成感を得て，セルフ動作を行う意欲につながる。

・イス座位で行う「10秒腹式呼吸法」の教示例

> 　背もたれに寄りかかりゆったりと座ります。鼻から深く息を吸い，吐く息は口から細く長くゆっくり吐きます。吸う息が緊張で，吐く息でその緊張をゆるめます。落ち着きたい時には吐く息を長くするのがコツです。下腹部に手を置いて行うと，吸う息でふくらみ，吐く息でしぼんでいくおなかの動きがよく分かります。3秒で吸って，1秒止めて，6秒かけて静かに吐く10秒呼吸法を練習します。鼻から吸います。「1・2・3・止めて・5・6・7・8・9・10」で吐き切ります。そうです，では，これを3回繰り返します。（「　」を3回繰り返し）自然呼吸に戻り，楽にします。

　就寝前に自分のペースで腹式呼吸をゆったりと行ってから眠るように
すると質の良い睡眠をとることができる。呼吸法の練習を習慣づけるこ
とにもなり，危機場面で活用できるストレス対処法となる。ふだんは無
意識に行っている呼吸が，ストレス場面では早く，浅くなる。そのよう
な時に，腹式呼吸を行うことで落ち着きを取り戻すことができる。

・イス座位で行う「質の良い眠りのためのリラックス法」の教示例（漸
　進性弛緩法を応用）

　　背中を気持ちよく立てて，足裏を床に着けて楽に座ります。腕は体
　側に下げておきます。これから，手首，足首，肩，腰，顔の5か所を
　順番に動かして，筋緊張と筋弛緩の感じに注意を向けます。
　1．両手首をゆっくり屈げていき，自然に止まった所でキープし，腕
　　　の筋緊張の部位に注意を向けます。手首の力を抜いて，腕の筋弛緩
　　　の感じに注意を向けます。
　2．つま先をゆっくり上げて両足首を屈げていき，止まった所でキー
　　　プし，脚の筋緊張の部位に注意を向けます。足首の力を抜いて，脚
　　　の感じに注意を向けます。（図30）
　3．両肩をゆっくり上げていき，止まった所でキープし，肩に注意を
　　　向けます。肩に入れている力をゆっくり抜いていき，下ろしきった
　　　ところで肩の楽な感じに注意を向けます。
　4．骨盤周りを閉める要領で筋緊張をキープします。その力を抜いて，
　　　腰周りの感じに注意を向けます。
　5．酸っぱい顔をして顔の表情筋（目の周り，口の周り，頬）に力を
　　　入れます。そうです。ふわーっとその力を抜いて，眉間の間を広く，
　　　楽な表情です。
　6．次に，この5か所を手首から順にキープしながら続けていき，5
　　　か所全部に入れた力を一度に抜きます。では，始めます。手首をゆっ
　　　くり屈げてキープ，足首をゆっくり屈げてキープ，肩をゆっくり上
　　　げてキープ，骨盤周りを閉めてキープ，お顔を酸っぱい顔にキープ，
　　　せーの，ストン，全ての力を抜いて背もたれにもたれて楽にします。
　　　今のからだの感じにぼんやり注意を向けて，味わいます。
　7．ゆっくりと静かな腹式呼吸を数回行い，3分間安静にします。仕
　　　事をしている時の交感神経が優位だった頑張りモードから，今は副

> 交感神経が優位なリラックスモードへと，生理的変化が起きていま
> す。自律神経のバランスが整い，免疫力が高まり，自然治癒力が活
> 性化して，からだの疲れが回復します。たった3分間の安静タイム
> でも，ゆっくり休んだ気持ちになります。
> 8.　最後に，目覚めの動作を行います。握りこぶしをつくり，開きま
> 　す。もう一度繰り返します。では，大きく背伸びをしてスッキリし
> 　ます。

　この方法はいつでも，どこでも，ひとりでも，少しの時間でできるの
で，セルフメンテナンスの技法として教師や保護者にも活用してもらえ
た。家では就寝前に仰臥位で行うと，質の良い眠りにつくことができ，
翌朝は気持ちよくすっきりと目覚めることができるという反応もあっ
た。

　子どもの傍らにいる教師や保護者は，
日々の仕事に追われて自分のことは後回
しになりがちで，ねぎらいの言葉をかけ
られることも少ない。日常的に子どもと
関わっている保護者や保育者や教師にこ
そ，「動作を用いたストレスマネジメン
ト」などで心のゆとりを取り戻してほし
いものである。

図3-6　「つま先を上げて足首
　　　　を届ける動作」

（4）日本ストレスマネジメント学会の誕生と発展

　2002年8月，全国各地のストレスマネジメント研究会が手をつなぎ，
第1回日本ストレスマネジメント学会が鹿児島大学で開催された。研究
者と実践家で作る日本ストレスマネジメント学会は，学校の教師が参加
しやすい夏休み中の2日間に学術大会と研修会を開催している。

　「学校におけるストレスマネジメント教育」の実践と研究から始まっ
た学会の活動は，18年を経て，乳幼児期から高齢期まで，教育・福祉・
産業・医療・司法・行政の分野へと，ストレスマネジメントの実践と研
究の領域は広がりを見せている。

6. おわりに

　2020年2月頃からの新型コロナウイルス感染拡大により、3月2日から春休みまで，全国の学校が感染拡大を未然に防止する目的で，臨時休校となった。これを受けて，日本ストレスマネジメント学会はHPに特設ページ「新型コロナウイルスに負けるな！　みんなでストレスマネジメント」を掲載した。その一つ，「心と身体の健康を維持するための　あかさたな」（図3-7）は、家庭のなかでも親子で取り組みたくなるようなイラスト入りカルタでストレス対処法を紹介した。プリントアウトできるように広く公開したので，SCや教師が子どもたちの家庭へ配布資料として活用することができた。

　その後，5月25日に緊急事態宣言解除となるまで3ケ月間の休校と外出自粛が続いた。分散登校が始まり，6月からの学校再開後も子どもたちの安心・安全を育むためにSCの活躍が期待される。

図 3-7　心と身体の健康を維持するためのあかさたな

🎸 研究課題

1．自身の小学校時代を振り返り，ストレスの3つのキーワードについて具体的に記述してみよう。また，最近の出来事から，同様に3つのキーワードについて記述し，ストレスの仕組みについて理解しよう。
2．校内研修で「ストレスマネジメント教育」を教員に紹介する場面を想定し，「動作を用いたストレス対処法」の教示例を声に出して読み，その実技を体験的に習得し，セルフ・ケアに活用しよう。
3．2020年3月から，新型コロナウィルス感染防止のため臨時休校となり，外出自粛のまま新学期を迎えた小学校に赴任したSCを想定。子どもたちの家庭に向けて，ストレスマネジメントの視点から相談室便り「4月号」を作ってみよう。便りのタイトル，家庭でできる心身の健康法，SC自己紹介，相談室利用案内などを考えて，A4両面1枚で作成してみよう。
4．予防・啓発的なプログラムについて調べ，低学年用と高学年用の授業案を作成してみよう。

参考文献

坂上頼子（監修）(2010)．イライラしたときどうする？　かけはしストレスマネジメント研究会．遠見書房．

坂上頼子 (2015)．学校の日常におけるストレスマネジメント　子どもの心と学校臨床第13号．遠見書房．

冨永良喜 (2011)．かばくんのきもち〜震災後の心のケアのために〜　絵本で学ぶストレスマネジメント教育①．遠見書房．

冨永良喜・山中寛 (2013)．本番によわいわん太〜しっぱいしたらどうしよう　ああドキドキする〜　絵本で学ぶストレスマネジメント②．遠見書房．

成瀬悟策 (2016)．臨床動作法―心理療法，動作訓練，教育，健康，スポーツ，高齢者，災害に活かす動作法．誠信書房．

藤原忠雄 (2006)．学校で使える5つのリラクセーション技法．ほんの森出版．

松木繁・宮脇宏司・高田みぢわ（編）(2004)．教師とスクールカウンセラーでつくるストレスマネジメント教育．あいり出版．

村山正治・滝口俊子（編）(2012)．学校で役立つスクールカウンセリングの実際．創元社．

山中寛・冨永良喜（編）(1999)．動作とイメージによるストレスマネジメント教育　展開編．北大路書房．

山中寛・冨永良喜（編）(2000)．動作とイメージによるストレスマネジメント教育　基礎編．北大路書房．

4 ｜ 中学校でのスクールカウンセリングⅠ 不登校

倉光　修

　スクールカウンセラーが対応するケースの中で，最も多いもののひとつは，「不登校」であろう。不登校の傾向がある子どもに「なぜ，学校に行かないの」と聞いても納得できる答えが返ってくることは少ないが，心の中には「学校に行くと嫌なことがある」「学校に行ってもおもしろいことがない」「学校に行く意味が感じられない」といった想いが渦巻いていることも多い。この章では，不登校についての概説と共に，女子中学生の創作事例に基づいて，本人の苦悩とその内的成長を支援するアプローチについて考察を加える。
《キーワード》　不登校，別室登校，コンサルテーション，ケース会議

1. はじめに

　文部科学省（2020）による「不登校」の定義は，年度内に 30 日以上欠席した児童生徒のうち，「何らかの心理的，情緒的，身体的，あるいは社会的要因・背景により，児童生徒が登校しないあるいはしたくともできない状況にある者（ただし，「病気」や「経済的な理由」による者を除く）」である。

　不登校の背景にある心理的要因は非常に多様であり，個々の子どもや学生によって心情もそれぞれ異なるであろうが，たとえば，いじめやハラスメントの被害などによる学校に対する恐怖感，学業成績や運動能力が低いことなどによる劣等感や無力感，興味関心の違いなどから生じる孤立感や疎外感，将来の進学や就職などについての不安感や絶望感をあげることができるだろう。

　今日，「不登校」とされる子どもたちは，かつて，「学校嫌い」「学校恐怖症」「登校拒否」などと呼ばれたことがある。また，不登校の少なくとも一部は「怠学（truancy）」だと考える人もいる。しかし，不登校

やひきこもり状態に陥った子どもたちは，勉学を怠けて快適な暮らしをしているように見えても，たいていは周囲の人から否定的に見られているというイメージに苛まれて日々を過ごしているように思われる。彼らの多くは，学校には行ったほうがよい（周囲の期待には沿う）と思っているし，自分でも行きたい気持ちもあるのだが，同時に「行きたくない」という強い気持ちが（あるいは，嫌悪感や恐怖感，さらに，身体症状も）起こってくるので，心理的には「学校に行けない」と感じるのである。あるいは，最近では，「学校に行くのが嫌だから」といった消極的理由による「登校拒否」というよりも，「学校に行く必要性を感じない」「自分はこの学校には行くべきでない」といったより積極的な意思の表明として「登校を拒否する」子どもたちも増えているかもしれない。

　ここで，こうした「不登校」の出現率について述べておこう。旧文部省は 1966 年度から 1998 年度まで，病気や経済的理由によらない年間 50 日以上の欠席者を「学校ぎらい」として調査している。学校ぎらいの発生率は，中学校のほうが小学校よりも数倍高く，1966 年度には 0.22% であったが，1987 年度に 0.54%，1993 年度に 1.01% と急増し，1998 年度には 1.96% に上った。その後，文部省は，1991 年度からは年間 30 日以上の欠席者も調べ始め，1999 年度から（2001 年度以降は文部科学省）は，年間 30 日以上の欠席のみを「不登校」として調べるようになった。図 4 - 1 は，文部科学省の調査の結果の一部であるが，全体として漸増傾向にあり，中学校における発生率だけを見ると，1991年度には約 1 % であったが，1999 年度に 2 %，2016 年度には 3 % を越え，2019 年度には 3.94% と高い水準にある。

　このような変遷にともなって，近年，「不登校は，問題行動として捉えるべきでない」という主張がなされるようになったことが注目される。たとえば，2016 年 7 月，文部科学省の「不登校に関する調査研究協力者会議」は，その報告書「不登校児童生徒への支援に関する最終報告〜一人一人の多様な課題に対応した切れ目のない組織的な支援の推進〜」の中で，「不登校とは，多様な要因・背景により，結果として不登校状態になっているということであり，その行為を「問題行動」と判断して

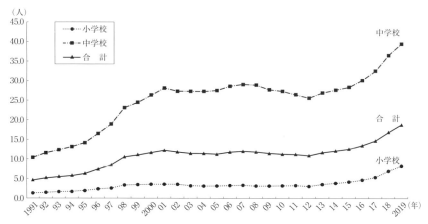

(注) 調査対象：国公私立小・中学校（小学校には義務教育学校前期課程，中学校には義務教育学校後期課程及び中等教育学校前期課程，高等学校には中等教育学校後期課程を含む。）

図4-1　不登校児童生徒の割合(1,000人当たりの不登校児童生徒数)の変遷

（文部科学省（2020）令和元年度 児童生徒の問題行動・不登校等生徒指導上の諸問題に関する調査について）

はいけない」と記している。

　また，同年12月には「教育の段階における普通教育に相当する教育の機会の確保等に関する法律」[注1]が公布されたが，それに先立って衆参両院の該当委員会からこの法律案に対する附帯決議がなされ，そこには「不登校は学校生活その他の様々な要因によって生じるものであり，どの児童生徒にも起こり得るものであるとの視点に立って，不登校が当該児童生徒に起因するものと一般に受け取られないよう，また，不登校というだけで問題行動であると受け取られないよう配慮すること」という記述がある。

　すなわち，不登校は，それだけで問題行動であると受け取られないよう配慮すべきであるという見解が公的に示されたのである。

　このような流れと呼応して，**図4-1**のデータを含む調査の名称が，

注1）この法律では，不登校児童生徒とは，「相当の期間学校を欠席する児童生徒であって，学校における集団の生活に関する心理的な負担その他の事由のために就学が困難である状況として文部科学大臣が定める状況にあると認められるものをいう」とされている。

2016 年度までの「児童生徒の問題行動等生徒指導上の諸問題に関する調査」から，同年度以降「児童生徒の問題行動・不登校等生徒指導上の諸問題に関する調査」に変更された。すなわち，不登校イコール問題行動ととらえて当該児童生徒の行動を変化させようとするのではなく，むしろ，不登校の子どもに対する環境側の認識を改めることが求められるようになってきたと言ってよいだろう。

　このような認識が大切であることは，実はスクールカウンセラー事業が開始された当初から，多くのスクールカウンセラーに共有されており，おそらくそれゆえに，不登校の子どもたちに対するスクールカウンセラーの支援がいっそう有用になっているのではないかと思われる。

　このような捉え方の変容も含めて，本章では，長年，中学校のスクールカウンセラーや彼らのスーパーヴィジョンも手がけてこられた良原惠子先生に模擬事例を創作していただいたので，それに基づいて，不登校を呈した子どもの内界の変容について考えていきたい。

2. 創作事例　A子（放送教材では柿沼ひとみさん）

　A子が在籍している B 中学校区は，かつては閑静な住宅地であった。しかし近年，広い家々の敷地が一旦更地にされたあと分割して分譲されたり，駅周辺にマンションが多数建設されたりして，他地域から移ってきた若い家族の人口比が高くなってきた。B 中学校の 2 年生と 3 年生は3 クラスであるが，A子のいる 1 年生は 5 クラスである。共働き家庭が増え就学支援率は上がり，平均学力は低下，不登校の発生率もここ数年で 1 % 以下から 4 % 台に急上昇した。何人もの保護者がスクールカウンセラー（以下 SC）に，この学校の評判はかつての "落ち着いた文武両道の学校" から "冷たくてザワザワしている学校" に変わったと述べていた。

（1）A子と母親が SC と出会うまで【中学 1 年生 4 月から 9 月まで】

　A子については，X 年 6 月に SC は担任から相談を受けた。担任から得た情報と母親面接から得た情報（9 月以降）をまとめると次のようで

72

あった。

　A子の家族は，父親は45歳（町工場の技術職。職場でも家でも無口），母親は37歳（C国出身。日本語の会話に不自由はない。スーパーマーケットでパートの仕事），小3と小1の妹が2人いる。さらに，48歳の父方伯母（無職，独身）と，75歳の父方祖父（無職，病弱）が同居していて，7人家族である。

　A子の家族は10年前に大都市から移り住んできた。A子は難産の末，低体重児で生まれ，夜泣きがひどく，育てにくい子どもであった。幼稚園時より小学校6年生まで毎年，新年度の4月は学校に行くことを嫌がり，休みがちになる。5月中旬頃より徐々に登校できる日が増え，6月中旬より行き渋りなく毎日登校できるという経過を繰り返していた。

　A子は，小学3年生から地域のソフトボールチームに入った。監督は「A子は，人見知りは激しいが慣れると気が強くて行動的だ」と言っていた。学業成績は，欠席が多いにもかかわらず優秀であった。A子には，読書，習字，折り紙，工作など，一人でできる活動を好む傾向もあり，周囲からも「細かいことや正確さにこだわる」「完璧主義」とよく言われていた。テレビでの野球観戦を欠かさず，試合結果や新聞のスポーツ欄の記事を全てきちんとノートにまとめていた。

　中学校入学当初も，A子は学校に行くのを嫌がった。両親は，中学生になってもこのような状態が続くのはよくないと思い，毎朝，母親がA子を校門まで引きずるように連れていき，担任にバトンタッチするようになった。5月下旬，校医による内科検診があった。その日のA子の登校時，担任は保健室前の廊下で生徒たちを整列させていた。校門には，たまたま他学年の男性教員2人がいて，「中学生にもなって勝手なことをするな」「もうすぐ検診が終わる。急げ」と強い口調で言いながら，A子の腕をつかみ母親と一緒に保健室まで連れていった。A子はパニックを起こして廊下で泣き叫び，担任はその様子に驚き，母親とA子をすぐに家に帰した。以後，A子は家から絶対に出ようとせず，完全な不登校になってしまった。

　担任は母親に連絡を取り，SCに会って今後の対応を検討してはどう

かと何度も勧める。母親は「言葉がうまく伝わるか不安」「仕事が忙し
い」「自分も体の調子が悪い」と断り続けたが，A子が2学期になって
も頑として登校しようとしなかったので，9月下旬にSCの面接予約を
とる。

（2）母親面接の初期（A子1年生9月下旬から11月下旬まで。計6回）

　初回面接で，母親はA子の成育歴や毎日の様子について訥々と語った。
それによると，A子は小学校高学年の頃から，朝なかなか起きることが
できず，起きてもグズグズしていて，頭痛を訴えることが多かった。病
院もいくつか行ったが，医師によって言うことが違い，病名も起立性調
節障害や対人恐怖症等と言われ，意味もよく分からなかった。投薬につ
いても副作用等の説明が一切なかったので，母親は処方された薬を飲ま
せるのが怖くなり，薬局で買った漢方薬を飲ませたこともあった。しか
し，やはり効果はなかった。「本当は病気じゃないのではと思ったり……
…。でも朝の様子を見てたら，やっぱり病気かなあと思ったり。病気だっ
たら，どんどん悪くなったらどうしよう，高校にも行けないんじゃない
かとか，次々に心配になって，じっとしていられなくなるんです」と母
親は述べた。

　また，彼女は自分自身や夫のことも話し始めた。近隣に自分の親戚が
いないことが心細いが，C国にもなかなか帰りにくく，去年も今年も帰っ
ていない。夫の父や姉と同居するのも気を遣う。「夫の会社は経営状態
が悪くて……いつリストラされるか……そうなったら，どうしたらいい
のか……」と涙ぐみながら話す。

　面接終了時に，SCが母親に「今日の面接について学校にどのように
伝えましょうか？」と尋ねると，母親は不思議そうな顔をし，「どうい
うことですか？　今日話したことは先生はたぶん知ってると思います。
でも，中学校の先生は冷たい。学校に行かないと何もしてくれない。もっ
と，この子のことを知ってほしい。5月の時も無理矢理保健室に連れて
行って，学校は信用できない」と言う。学校に対する期待と不信が錯綜
しているようであった。SCが「では，私から学校に伝えてほしいこと，

あるいは，次回の面接までに，私から学校に聞いてほしいことがありますか？」と尋ねると，母親はしばらく考え，「別に何もありません」と言う。SC は「分かりました。では，お母さんが来られたことと，簡単な報告だけします」と伝え，母親の同意を得る。

　その後，SC が担任に簡単な報告をすると，「ああ，そのことは小学校からの引き継ぎで聞いて知っています」という返事であった。

　10月中旬。面接室に入ると，母親は開口一番，「さっき家を出ようとしたら，急にA子が『この頃いつも，毎週同じ曜日の同じ時間に出かけるよね。どこに行ってるん？』と聞くんです。SC の面接を受けていることがばれてしまいました」と焦った様子で話す。母親はSC に会っていることをA子に秘密にしていたのだ。「どうしたらよいでしょう」と途方に暮れる母親に，SC は「A子さん宛に手紙を書きましょう」と応じ，以下のような手紙を書いた。

> ───はじめまして。私は，スクールカウンセラーをしている良原恵子といいいます。あなたのことを心配しているお母さんから，母親としてあなたにどう接したらいいかというご相談を受け，これまでお話をおうかがいしていました。私は今までたくさんの中学生の方やその家族からお話をお聞きしてきました。その経験があなたのお役に立てば，とてもうれしく思います。───

　翌週，母親は「A子はこのまえ書いてもらった手紙を黙って読み，しばらく黙っていたんですが，そのあと，カウンセリングルームは校舎のどの辺にあるのか，スクールカウンセラーはどんな人か……私が先生に今まで何を話し，それに対し先生がどう言ったかなど，うるさいぐらいに細かく質問してきて」と話す。そして，母親が述べたことが事実と少しでも違うと，「それは正確じゃない。次の面接でちゃんと訂正して」と強く主張したということだった。それに対し，SC は再度，A子宛の手紙を書く。

> ───よければ一度，カウンセリングルームに来ませんか？　直接お話しできればうれしいです。一度考えてみて下さい。───

　翌週，母親は「A子は手紙を読んで，『会いたいと思うのなら，そっちから来い』と言うんです」と申し訳なさそうに言う。SCは「おっしゃることはごもっとも。では……」とまた返信を書く。

> ───お母さんから，あなたのお気持ちを聞きました。なるほど，そのとおりですね。では私がお宅に伺います。いつもの時間通りにお母さんにカウンセリングルームに来てもらい，そのあと，一緒にお家に伺います。都合が悪ければ，担任の先生にお母さんから伝えてもらってください。───

　母親は「すみません。自分が来られないくせに，先生に『来い』だなんて……本当に申し訳ありません」と何度も謝りながら，しかしどこか嬉しそうに手紙を受け取った。

（3）家庭訪問の時期（11月下旬から翌年1月下旬まで。母子合同面接：計8回）

　11月第3週。まず母親がカウンセリングルームに来室。すぐにSCは母親と共に，学校から徒歩で数分のところにあるA子の家に向かう。一緒に歩きながら母親が「家を出る時に，A子ったら『私は何もしゃべらないから，お母さんがしゃべって』とさらに勝手なことを言ってきて……。ほんとに，あの子はわがまま」と嘆く。SCは「A子さんの希望通りに」と答える。

　家に着くと，母親がSCにダイニングキッチンのテーブルの席に座るように言う。母親はA子を呼ぶが，A子は隣の和室から出てこない。SCは襖越しにA子に挨拶する。そして，いつものように母親との面接を開始し，この1週間のA子の様子を聞く。「いつものようにお昼過ぎまで寝ていて，午後からしか起きてこない」と母親が言った時，突然，襖の向こうから「嘘つかんといて！土曜日は11時40分ごろ起きたでしょ！」

という声が聞こえる。母親は「そんなん，お昼過ぎてるのと一緒じゃない」と言うが，SC がすかさず「お昼に近いけど，確かに A 子さんの言うとおり，お昼は過ぎていない，午後じゃないねえ」と言うと，A 子が「ほら！お母さんが間違ってる！」と勝ち誇ったように言う。

　20 分程滞在し，襖越しに別れの挨拶をして終了。来週も訪問してよいか聞くと「別にどっちでもいいけど」と言うので，「じゃあ，来させてもらいます」と伝える。

　それから家庭訪問のたびに，A 子が母親の話の間違いを襖越しに指摘することが続く。SC との直接のやり取りは最初と最後の挨拶のみ。

　しかし，12 月中旬，SC が訪問するとすでに A 子がダイニングテーブルの椅子に座っていた。A 子は視線を合わさないが SC のほうを向き，蚊の鳴くような小さな声で挨拶するやいなや，大声で「おかあさん！早く！早く座って‼」と自分の隣の座席をたたく。母親が座るとべったりとしなだれかかるように母親にもたれかかる。

　面接中，A 子は SC のほうをちらちら見るが話は一切せず。言いたいことは母親に耳打ちし，また，母親の言葉に少しでも違うところがあると「も〜う」「ちょっと〜ぉ〜」と母親の話を遮ったり，時には「違うって言ってるやんかあ」「なんで〜よ〜」と母親の頭や肩を叩いたりする。SC は，そのような A 子を穏やかに，しかし黙って見守り，SC のほうを見た時のみ頷く。ところが，ある日，A 子の細かく執拗な抗議に耐えかねた母親が「あんたがそう思うのだったら，直接言えばいいでしょ！」と A 子を叱ると，A 子は「そんなん，いややあ」と甘えたような鼻声で言いながら肩を揺すりながら，ペシペシと母親を叩く。まるで，駄々をこねる幼児のような態度であった。

　母親によると，A 子は SC が帰った後も面接時に母親が話した内容の不正確さを指摘し，拗ねたように母親を責めていたとのこと。しかし 1 月に入ると，A 子は「直接言ったほうが正確だ」と言いだし，SC に直接話す時間が増えだす。A 子の好きな小説，野球，A 子が描いたイラ

ストなどが話題になる。好きな教科である数学と国語の自宅学習ノート
を見せてくれたり，小説を SC に貸し，翌週その感想について 2 人で話
し合ったりもできるようになる。母親はそばで聞き，時には，横の台所
でお茶をいれたりしながら相づちをうつ。

　1 月の面接で，A子が描いたクマのキャラクターのイラスト入りのカ
レンダーが冷蔵庫に貼られているのを SC が発見し，イラストのうまさ
に感心すると，母親は「いつもこんな絵ばかり描いているんですよ」と
言うとA子は「別にいいやんか……このクマのキャラクターが好きなん
やから」と言い，ふと SC に向かって「描いてみようか？」と言う。SC
が「是非」とお願いすると，広告の紙の裏に書き出す。できあがった絵
は持ち帰ってよいというので，SC はそうする。翌週，SC が「先週の
イラスト，カウンセリングルームの壁に飾ったよ」と伝えると，A子は
「どんなふうに飾ったか，見てみたい」と言う。そこでSC は「次回は
学校のカウンセリングルームで会わない？」と聞くと，A子はすぐに承
諾する。

　この時期，担任らは，母親のほぼ毎週の面接来室を，「あんなに来る
のを嫌がっていたのに」と不思議がる。そして，1 ～ 2 週間毎にA子の
家のポストにまとめて入れていた学校からの手紙・プリント類を SC に
手渡し，それをA子に渡してほしいと頼む。SC は了承した。

　この期間，SC が家庭訪問をする時には，出校時と帰校時に必ず担任
か管理職に声をかけるようにした。

（4）A子が母親と共に来室できるようになった時期（1 年生 1 月下旬～
　　2 年生 5 月下旬：計 10 回。SC は学年会議にも参加する）

　1 月下旬，A子が母親と一緒にカウンセリングルームに来室。自分の
描いたイラストが部屋に飾られているのを満足げに見た後，ソファーに
座る。その後は，自宅の時と同じような雰囲気で母親にべったりくっつ
きながら話す。

　2 月下旬の面接で，母親が SC に「相変わらず，朝は起きにくいよう
で，頭痛もあり，不機嫌さもひどい。やっぱりA子を病院に連れて行っ

たほうがいいのでしょうか？」と問う。A子はじっとSCを見ており，SCがA子に「お母さんは，あなたの朝の起きづらいことや頭痛を心配し，病院に一度行ってみたらどうかと思っておられるけれど，あなたはどう思う？」と尋ねると，A子はすんなりと「病院に行く」と言う。そこで，SCは養護教諭が連携している心療内科のクリニックを紹介する。帰宅後，母親は予約を取り，翌週から通院することになる。

　クリニックに母子は自転車で通院する。A子は「自転車だと外出は平気」と言い，診察の帰りには2人で昼食を食べたり，100円ショップに寄ったりする。「すごく楽しいって言うんです」と母親が報告すると，そばにいるA子もニコニコして頷く。診断名はとくにつかず，服薬指示も出なかった。

　担任らは，A子が毎週学校に来て面接を受けていることに驚く。しかし，簡単な報告をSCから聞くだけでA子の様子や面接の内容等を詳しく聞こうとはしなかった。また，母親の希望もあり，SCは担任と相談の上，学校からの書類等はSCが担任から預かってA子に渡すようにした。年度末の担任との3者懇談には，母親のみが担任と懇談。

　4月。2年生の新学期が始まり，A子の担任が替わる。4月初めの面接で，母親は「春休みに3人の子らと久しぶりにC国に帰国した」と話す。しかし，A子は黙ったまま，そばで絵を描いたりジグソーパズルをしたりする。徐々にSCとA子との会話が増え笑顔も出だす。しかし，正門からカウンセリングルームまでの往復時はうって変わって緊張した顔つきで，母親を押すようにして走って移動していた。

　5月上旬，新しい担任がSCに「学年会議に参加して，A子についての助言がほしい」と要望する。学年会議の日はSCの勤務日ではなく，SCは一瞬迷ったがすぐに受諾する。そして「ではA子さんにも，先生方への希望を聞いてみます」と伝える。次の面接でSCがA子に「今，あなたが先生とか学校にしてほしいことってある？」と尋ねると，彼女はしばらく考え，「学校でやっていることで，家でできることがあったらやりたい。そしてやったものはまた，先生に見てほしい。点もつけてほしい」と言う。さらに「カウンセリングルーム内であれば，担任や他の先

生と直接話してもいい」とも言う。母親は驚いた様子でA子を見る。

　その面接の帰り間際，A子は靴を履きながらボソッと「私，身長，何センチになったやろ」と呟く。

　面接後，SCはまず，教育委員会のSC担当指導主事に「勤務日でない日の学年会議に参加してよいか」と尋ねるが，許可を得ることはできなかった。そこで，養護教諭にA子の要望を伝え，具体的に何ができそうか学年会議で検討してもらうようにお願いする。また，次回の面接後に，A子の身長を計ってもらうように頼んだ。

　翌週，A子と母親の面接が終わる時間に，担任がカウンセリングルームに自宅学習プリントを持参して来室，A子に直接手渡し，その後，養護教諭がA子を保健室に招いて身長や体重の計測に誘う。それ以降，美術や家庭科の教員が自宅でできる課題を渡したりして，教員がA子に直接関わりを持つ機会が増える。

　５月下旬，担任より「SCの勤務日の放課後にA子のケース会議を設定したので参加してほしい」という要望が出る。SCは了承し，「A子についての私の感じたことや見立てをお伝えして，A子や保護者に先生方が今後どのように関わっていくかについて検討される時のお役に立てばと思う」と応じる。

　会議では，A子が小さい頃より新しい場面に慣れにくく，人の視線，とくに同級生の視線を非常に怖いと感じていること，新学期になると不登校気味になったのもその現れではないかと思うこと，しかし，最近は母親との外出も増えて活動範囲が広がっていること，好きな教科は国語と数学で，面接ではイラストを描いたり小説の感想を言ったりすることなどを伝え，「彼女のペースを大切にすれば，教科学習を通じて彼女とのつながりを増やせる可能性が大きいと思います。彼女の興味関心のある話を交えながら先生方の担当科目をそれぞれ教えるとか，一人でできる作業を課題として出すというのはどうでしょうか」と提案する。

　すると，学年主任がA子に関わる時間や頻度，課題の量などについて質問したので，「本人は高校進学を希望しているので，それを見据えつつ，今年度はA子が先生方に慣れることを目指し，校内のどこかの部屋

で先生方との関わりを徐々に増やしていくというのはどうでしょう。最初はそれぞれの先生が週に1回，数分でもよいと思います。A子が慣れてきたら徐々に時間や頻度を増やしていくのはどうでしょうか」と提案した。

　この提案は，後日，職員会議で了承され，カウンセリングルームの隣にある小会議室がその部屋に当てられることになった。いわゆる"別室登校"である。このような登校の形を認めることは，この中学校では初めてであった。

（5）面接と別室登校，そして教室へ入る時期（2年生6月上旬～3年生6月上旬。A子のみの面接：計24回，母親のみの面接：計4回，担任らへのコンサルテーション19回，ケース会議11回）

　6月上旬の面接予定日，母親は祖父を病院に連れて行くため，A子を送ったあと，帰宅した。それ以降，A子だけの面接が始まる。2学期に入ると，母親の仕事の都合でSCがA子の送迎をすることになる。やがて，A子は次第に一人で登下校できるようになる。

　面接終了後は，隣の小会議室で担任や他教員に会い，SCの横でプリントや課題をもらいながら説明を受ける。そして，徐々に一人で説明を受けるようになり，A子の分からないところや前週提出したプリントの間違っていたところを教えてもらうようになる。学習時間は徐々に延び，帰宅時間にその日会った教員が正門まで送る。

　ケース会議は，3週間に1回，昼休みの15分間と短時間であったが，担任と参加が可能な教員が校長室に集まり，3週間の状況報告を行い，面接の報告や学習状況等の情報交換と次週からの留意点等についての確認をする。時々，「入学した時よりも背が伸びたんじゃない？」「今日，一瞬だけど目が合った！」「今日初めて声を聞いた。うれしい！」など，教員らの一言感想が漏らされるようになる。

　この流れを受け，学校は教育委員会に学習支援の学生ボランティアを派遣してくれるよう要請し，9月下旬より教員の関わりに加え，女性の学生ボランティアが面接終了後の1時間，A子と小会議室で過ごすよ

うになった。

10月中旬になると，SCとの面接日とは違う別の曜日にも週1時間，小会議室に来室しだす。その後，登校日が週2日から3日，4日と増え，時間も1時間目から4時間目までと，徐々に増えていく。ただし，登校時には他生徒に会わないように早朝に母親が正門まで送り，必ず4時間目のチャイムが鳴る5分前に正門まで教員か学生ボランティアが付き添って下校する。

学生ボランティアと過ごす時間は教科学習が中心であったが，次第に一緒に美術作品を創ったり家庭科の作業を行ったりもするようになった。また，おしゃべりだけする日もあった。

一方，カウンセリングでは，野球や小説の話をするだけでなく，「こういう場合はどうしたらいいんですか」「～についてどう思いますか？」とSCに質問することが増える。また，黙々とジグソーパズルをすることもあった。100～300ピースのパズルはあっという間に仕上げ，やがて2000ピースの風景画のパズルに挑戦する。

11月中旬の朝，A子が小会議室に登校するところを，早朝練習をしていた小学校時のソフトボール仲間2人が偶然見かけて声をかける。「どこに行くの？」「小会議室」「私らもちょっと寄ってもいい？」と聞かれ，A子は頷く。A子は後日のカウンセリングでその時の様子を，「あ～緊張した。でもうれしかったな」と話す。

その出会いをきっかけに，翌日から，数人の女子生徒が休み時間，小会議室に来るようになる。

ケース会議には学生ボランティアも参加するようになる。ボランティアによれば，A子は小会議室の窓から運動場で体育の授業を受けている生徒たちを眺めたり，ボランティアと一緒に行事予定表を見たりしているときもあるという。そして，12月初め，A子は体育館で行われた朝の学年集会に参加し，そのまま教室に入った。

それをきっかけに，A子は週に3日～5日教室に入るようになった。半日登校がほとんどだったが，全日在校する日もたまにあり，2年生3学期の終了を迎える。

　春休みを経て3年生になってもA子の登校は続く。面接では，授業中に自分が観察したことを細かく報告したり，「休み時間に隣の子に話しかけられ，一応返事はしたけど……，あれでよかったかな？」「もうすぐ調理実習があるけれど，できるかな？」等，周囲の生徒との具体的なやり取りや自分の言動を振り返ったり，今後のことを予想して質問したりするようになる。

　この時期，母親面接は，月1回のペースで予約されるがキャンセルが多く，1年間で4回しか会えなかった。

（6）再び不登校。担任へのコンサルテーションと家庭訪問の時期【3年生6月中旬～卒業まで。A子の面接：計15回，母親面接：計7回，担任へのコンサルテーション18回，ケース会議4回】

　3年生の6月中旬，A子は突然欠席し，その後，ほとんど外出できなくなってしまう。誰もが驚いたが，学生ボランティアはA子と文通でコンタクトをとり続け，担任も週1～2回，家庭訪問をしてプリントや配布物を渡した。SCは，A子や母親から予約が入らなかったので，担任の報告を聞いてコンサルテーションを行うだけにした。担任が母親から聞いた話では，A子は家で学校の時間割に即して勉強しており，家事も手伝っている。外出はほとんどしないが元気に過ごしているということだった。

　7月上旬，母親が久しぶりに来室する。夫が解雇され，新しい仕事に就いたが給料が下がり，自分が週4日早朝出勤のフルタイムの仕事をしている。やっと休みが取れ，今日は面接に来た。仕事に慣れるのに精一杯で，家事も子どもらの世話もほとんどできない。そのうえさらに，A子を以前のように朝起こしたり登校の手伝いをしてやったりはできないと言う。「それであの子はまた学校に行けなくなったんでしょうか。私が毎日仕事に行くせいで……でも仕事に行かなくては生活できないし……」と涙ぐむ。しかし，面接終了時には，「今が踏ん張りどころですよねえ。私が泣いていたらA子も登校できなくなりますよね。何とかして，私もここに来ます」と言って帰る。

以後，月 1 回の母親面接が再開される。家で勉強を頑張っている A 子の様子を嬉しそうに語る時もあるが，「このまま何もかもがダメになってしまうのでは」「高校はもう無理」「私が仕事に出るのがいけないのか」と泣きながら話す時もあった。母親は A 子に再度通院を促すが，A 子は「私は病気ではない」と言ったとのこと。しかし，7 月末には，久しぶりに母親と一緒に自転車で外出し，それ以降，近所のコンビニと本屋に行くことができるようになる。

担任の家庭訪問は定期的に続いており，ケース会議も月に 1 回，放課後に開かれる。

10 月，A 子の希望で SC が家庭訪問を再開することになる。1 回，50分。定期試験日は別室で，他生徒と同じ問題の試験を受ける。

11 月の面接で「やりかけのジグソーパズル，まだある？」と尋ねるので，SC が「そのままにして置いてあるよ」と言うと，「やり始めてからもう 1 年になるなあ。卒業までに仕上げたいなあ。でも 2000 ピースやからなあ……」と言い，しばらく沈黙のあと SC の顔を見て「手伝ってくれる？」と言う。SC が「もちろん！」と返すと，「じゃあ，カウンセリングルームに行く」と A 子。12 月中旬，久しぶりに来室した A 子は，カウンセリングルームに入るなりジグソーパズルが置いてあるテーブルの前に駆け寄って座り，「色別に分けてくれる？」と SC に言う。隣に座った SC が色ごとに分けたピースを，A 子は黙々と当てはめていく。一発でピタッと空いている場所に当てはめることが多く，その度に「どう？」「ほら！」という表情で SC を見てフフッと笑う。その度に SC が「うわあ！」「また！」と返す。一度，SC が思わず「なんで分かるの？不思議やなあ」と言った時，A 子も「う～ん，私も不思議」と言う。

12 月以降の母親面接では具体的な進学先について一緒に検討する。2月。A 子は単位制の高校を受験して合格する。ジグソーパズルは 3 月初めに仕上がる。そして，卒業式の日。A 子は式には参加できなかったが，その日の午後，校長室での A 子だけの卒業式が行われた。母親と担任，教科学習を指導した先生方や養護教諭，そして SC と学生ボランティアが同席し，A 子の卒業を拍手で祝った。

（7）フォローアップ

　この中学校では，卒業後も SC との面接が可能であり，A子との面接は高校進学後も続いた。最初は2週に1回，母親と一緒に来たが，そのうちに一人で来室。高校には毎日登校。SC との面接は，2学期からは月1回，3学期にからは学期に1回と徐々に間隔があくようになる。親しい友人もできる。2年生からその高校の大学進学コースに編入。修学旅行にも行き，SC と元担任にお土産を持参する。また，妹が中学に入学した折には「挨拶をしたい」と言いだし，自らすすんで職員室に行き，妹の担任に「妹がお世話になりますがよろしくお願いします」と頭を下げる。その後，A子は大学の国文科に進学し，現在，国語の教員を目指して勉学に励んでいる。

（事例提供：良原惠子）

3．考　察

　ここでは，A子にとって学校がどのように捉えられていたか，そして，SC がA子，母親，教師と関わることによって，そのイメージがどのように変化したかを考察してみたい。

　A子は小学校時代から新学期になると登校を渋る傾向があった。この理由を SC は後に「新しい場面に慣れにくく，人の視線，とくに同級生の視線を非常に怖いと感じているようだ」と教員らに説明している。このような点から発達障害や不安障害の可能性も疑われる。とくに母親は，国際結婚，夫の父や姉との同居，夫の会社の経営不振，さらには医師や薬に対する疑惑等，さまざまな不安を抱いており，それが幼児期のA子に影響を与えたことは比較的容易に推測できる。しかし，SC はそれらの見立てを教員らにそのまま伝えるのではなく，「SC や学校が今できること」を学校生活に沿って具体的に考えていった。

　A子が新学期に不登校になる傾向は中学に入っても続いた。両親は焦りを感じ，母親が登下校に付き添うという対応をとる。A子は渋々登校するが，5月にトラウマティックな出来事が起こり，全く登校できない状態になる。母親は SC との面接を勧められて抵抗を感じるが，A子が

　9月になっても登校の兆しを見せないので，ついに面接の予約を取る。そして，母親との面接が始まって1カ月ほどして，A子が母親の動きに気づきSCに関心を示す。

　そして，11月，SCが家庭訪問する形でA子のカウンセリングがスタートする。この時期のSCの対応は，アーティスティックでさえある。A子の要求に応える形で訪問した時，A子は母親の言葉を訂正することから始める。「何事も正確にしようとする」傾向がうまく働いている。A子は，はじめは襖越しに，やがてSCの前に出てきて母親のそばで，そして，翌年1月には，自分の描いたクマの絵が飾ってあるカウンセリングルームに来て，SCと話せるようになっていく。家庭やなじみのグループ以外では安心感を得られなかったA子であったが，トラウマティックな体験をして母親にしがみつき，その後，SCを媒体として次第に世界に出て行けるようになったとみても良いだろう。

　不登校の子どもの中には，母親とのコンタクトで十分な安心感を体験できておらず，そのため外界を脅威に感じると母親にしがみつく（自宅や自室に閉じこもる）ケースがけっこう多い。このような子どもは，比較的安心感を与える他者が家庭訪問を繰り返すことによって，あるいは保健室やカウンセリングルームが「基地」となることによって，やがて学校や教室に行けるようになる場合がある。しかし，そのプロセスの具体的展開は，ケースによって相当異なる。SCによる家庭訪問も継続できないことが多い。良原先生も，『この形の家庭訪問は，10年以上のSC活動の中で初めての経験だった』と述べている。内的な変容過程はある程度普遍的であっても，具体的な出来事は，常に個々のケースにおいて，多少なりとも異なった形で展開していくのである。

　ここで，学校側の対応とSCの関わりについて述べておこう。冒頭で述べたように，この学校は，近隣都市からの転入者による人口増加に伴って，さまざまな影響を受けていた。不登校が急激に増加したこともそのような環境変化と関連があるだろう。教職員は変化に戸惑い，焦りや余裕のなさを感じていた。

　このような中で，SCの働きかけによって，A子と母親が学校のカウ

ンセリングルームに来るようになったことは教員たちにとっては驚きで
あった。そして，A子が中学2年生になった5月，新担任がSCに「学
年会議に参加して，A子について教員が今やるべきことを助言してほし
い」と要望する。SCにとってこの申し出は待ちに待ったチャンスであっ
た。

　このあたりの経緯について，良原先生はモデルとしたケースを踏まえ
て，次のように語った。

……学校は学校なりにA子に対しての思いは持っていたけれども，「で
は，具体的にどうすればよいのか」については，とても困っていたんで
す。不登校生への対応についての経験もほとんどなかった学校なので，
極端に言えば，「不登校は認めない」「学校に来ない子には関与しない」
といった雰囲気があった。そういう学校に対して，SCは，「学校に負担
がかからないように」「教員が罪悪感をもたないように」，しかし，「A
子のことを忘れないでいてもらえるように」つながりの糸を大切にして
きました。いわば，引くことも押すこともせずに関わっていたわけです。
しかし，この時に投げかけられた申し出には，すぐさま反応しました。
「チャンスが来た！」とばかりに気合いが入り過ぎないよう，常にA子
の気持ちを確かめながら，A子と学校の間に入って通訳的な役割を果た
そうとしました。……

　いわば，願ってもない「つながりを導くロープ」がSCに投げかけら
れたのだ。SCは，それをすぐさまつかみ取り，しかも，慎重にA子の
気持ちを確かめ，教育委員会に確認をとる冷静さを保ちながら，A子と
学校の両者に手を差し伸べた。その結果，教員らは，無理のないペース
でA子への関わりを始めた。そして，A子のためのケース会議が行われ，
別室登校も許可されるに至ったのである。
　6月。母親の都合でA子は初めて一人でカウンセリングを受けること
になる。教員による別室での指導，学生ボランティアとの交流も次第に
活性化していく。カウンセリングにおいても，A子は「こういう場合は

どうしたらいいんですか」「〜についてどう思いますか？」といった質問をするようになる。「つながりの糸」は少しずつ「太いロープ」になっていった。

　しかし，3年生の6月，A子は突然，再び不登校状態に陥る。この事態は母親や教員，そしてSCにとって衝撃的であったに違いない。この不登校には，おそらく，父親の転職と母親の激務によるA子への関わりの減少が関連しているだろう。心理療法やカウンセリングの効果は，しばしば，こういった「治療外要因」によって左右される。事態の突破口を開いたのは，母親，担任，学生ボランティア，SC，そして誰よりもA子自身の内的エネルギーであった。A子は，かつてやったジグソーパズルが今もカウンセリングルームにあるかとSCに問う。この作業は，「何事もきちんと最後までやりたい」A子にとって，世界とつながる一つの「窓」（山中，2001）であった。そして，パズルが完成され（いわば「謎」が解けて），A子は高校に旅立つのである。

　その後の経過は，非常に順調である。母親にべったりくっついていたA子は，いまや，国語の教師になろうとしている。受講生の皆さんも，このようなプロセスを歩む子どもの内なる成長のエネルギーに感動を覚えられるのではなかろうか。

🎤 研究課題

1．A子が保健室に連れて行かれた時の気持ちを考えてみよう。
2．教師が無理にでも連れて行こうとした気持ちを考えてみよう。
3．母親がなかなかコンサルテーションの勧めに応じなかった気持ちについて想像してみよう。

参考文献

東山紘久（1984）．母親と教師がなおす登校拒否―母親ノート法のすすめ．創元社．

東山紘久（2002）．スクールカウンセリング．創元社．

不登校に関する調査研究協力者会議（2016）．不登校児童生徒への支援に関する最終報告～一人一人の多様な課題に対応した切れ目のない組織的な支援の推進～．

倉光　修（編）（2004）．学校臨床心理学．誠信書房．

文部科学省（2020）．令和元年度児童生徒の問題行動・不登校等生徒指導上の諸問題に関する調査結果について．

山中康裕（2001）．山中康裕著作集　たましいの窓．児童・思春期の臨床〈1〉岩崎学術出版社．

5 | 中学校でのスクールカウンセリングⅡ いじめ・非行

倉光　修

　子どもたちの間で発生する「いじめ」や非行は，学校全体，さらに社会全体が取り組むべき普遍的な課題である。とくにいじめについては，近年，「いじめ自殺」という現象が社会的な関心を集め，スクールカウンセラーにも心の専門家としての関わりが期待されている。文部科学省によるいじめの定義は，1986年度に示されたものが2006年度に修正され，さらに2013年に公布された「いじめ防止対策推進法」においてさらに新たな形で記載されている。こうした変遷からもいじめへの取り組みが促進されてきたことが窺える。ここでは，いじめや非行が生じたグループに対するアプローチを創作事例に基づいて検討しよう。
《キーワード》　いじめ，いじめ防止対策推進法，非行，連携，ケース会議

1. はじめに

　本章では，まずいじめについて考えていこう（いじめに非行が伴われることも多いが，非行については放送教材でより詳しく解説する）。集団内の特定の者をいじめるという現象は，古くから多くの社会で発生してきたが，わが国では「弱い者いじめ」という言葉もあり，それを恥ずべき行為として戒めてきた。しかし，子どもたちの間でかなり深刻ないじめは発生し続け，とくに，被害にあった中学生が自殺に追い込まれたケース（たとえば，1984年：東京都，1994年：愛知県，2006年：福岡県，2011年：滋賀県，2015年：岩手県）が「いじめ自殺」として報道されたこともあって，いじめ対策は教育界における喫緊の課題として認識されるようになってきた。

　文部省・文部科学省によるいじめの定義は，1986年度から2005年度まで，「自分より弱い者に対して一方的に，身体的・心理的に行われる

攻撃を継続的に加え，相手が深刻な苦痛を感じているもの」とされていたが，2006 年には，「当該児童生徒が，一定の人間関係のあるものから，心理的・物理的な攻撃を受けたことにより，精神的な苦痛を感じているもの」と変更された。また，2013 年に成立した「いじめ防止対策推進法」の定義では，「児童生徒に対して，当該児童生徒が在籍する学校に在籍している等当該児童生徒と一定の人的関係にある他の児童生徒が行う心理的又は物理的な影響を与える行為（インターネットを通じて行われるものを含む。）であって，当該行為の対象となった児童生徒が心身の苦痛を感じているもの」とされている。

なお，これらの定義では一貫して「起こった場所は，学校の内外を問わない」という注釈が付けられている。

また，文部科学省による定義では，1986 年度から 1993 年度まで「学校としてその事実（関係児童生徒，いじめの内容等）を確認しているもの」というただし書きが添えられていたが，1994 年度にはこの文言が削除され，それ以降 2020 年 6 月現在まで「個々の行為がいじめに当たるか否かの判断を表面的・形式的に行うことなく，いじめられた児童生徒の立場に立って行う」という姿勢が打ち出されている。

いじめの具体的な例としては，からかいや悪口など比較的軽微なものから，執拗に侮蔑したり嘲笑したりする，無視したり仲間はずれにしたりする，通りすがりに「ばか」「死ね」などと罵倒する，座席に着いている時に後ろからつついたり横から蹴ったりする，持ち物や靴などを隠したり捨てたりする，教科書に落書きする，性器を露出させる，使い走りをさせる，プロレスごっこなどと称して苦痛を与える，インターネットを介して誹謗中傷する，あるいは，窃盗，恐喝，金銭持ち出し，暴行，傷害，性行為の強要など，明らかに非行や犯罪行為と言えるものまで非常に多様である。とくに，近年は，SNS（ソーシャル・ネットワーキング・サービス）を介して行われる巧妙ないじめが児童生徒の間で広がっているという指摘もある（たとえば，岩宮，2016）。

いじめの一般的特徴として，加害者の多くはあまり罪悪感を持たず，一種の快感を覚えることさえあるが，被害者はしばしば深い心の傷を負

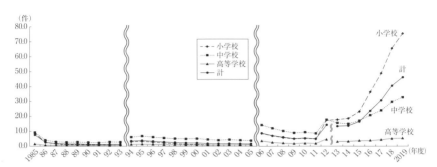

図 5 - 1　いじめの認知（発生）率の推移（1,000 人当たりの認知件数）
（令和元年度児童生徒の問題行動・不登校等生徒指導上の諸課題に関する調査結果について（文部科学省，2020）より）

い，生涯，その後遺症に苛まれ続けるということがあげられるかもしれない。いじめの被害に遭って，不登校や鬱状態，パニック障害や PTSD が発生することは希ではなく，上述のごとく，将来に絶望したり復讐を期したりして自殺を企図するケースもある。

　いじめの発生率は，定義や調査対象・方法によって大きな開きがある。

　文部科学省は，いじめの発生率や認知率（学校がいじめとして認知した率を児童生徒 1,000 人当たりの人数としてカウントしたもの）の推移を調べているが，「令和元年度児童生徒の問題行動・不登校等生徒指導上の諸課題に関する調査結果について」（文部科学省，2020）によれば，**図 5 - 1** のように，その認知率は近年上昇傾向にあり，2019 年度には小学校では 75.8，中学校では 32.8，高等学校では 5.4，特別支援学校では 21.7，総計で 46.5 となっている。すなわち，この調査結果によると，子どもたちの 5 ％ 弱がいじめを経験していることになる。ちなみに，いじめの発生率ないし認知率は，1994，2006，2013 年に急増している。この変化には，いじめの定義の変化や学校に対していじめを積極的に発見するようにという要請が影響していると思われる。

　一方，同省の国立教育政策研究所が小中学生を対象に行った「いじめ追跡調査 2013－2015」では，中 1 から中 3 までの 3 年間に仲間はずれ・無視・陰口といったいじめの被害に遭った生徒は 68.5 ％ にのぼる。

　いじめの発生プロセスや構造については多様な見解がある。中井久夫

（1997）によると，いじめは閉鎖集団の中で被害者が「孤立化」「無力化」「透明化」して深刻になっていくとされる。また，森田洋司（2010）によれば，被害が顕在化している時は，被害者・加害者のまわりに観衆や傍観者が存在する4層構造をなしているという。被害者以外の第三者を加害者に含めることもできるが，被害者が加害者になったり，加害者が被害者になったりすることも多いようである。軽度のいじめはどこの学校でも見られるだろうが，いくつかの条件が重なると深刻化し，重い犯罪や被害者の死に結びつくケースもあることを考えると，けっして，放置していてよいとは言えまい。

　では，子どもがいじめに遭った時，当人や周囲の者はどうするとよいだろうか。被害に遭った子は，力があれば反撃や制止を試みるかもしれないが，その効果がないと思えば，親や教師や友人などに助けを求めようと思うだろう。しかし，いじめられたことを屈辱的に感じたり，親や教師に報告したことが相手に分かるとさらにひどい攻撃に遭うことが予想されたりして，誰にも言わずに耐えようとする子も少なくない。

　また，このような恐怖に打ち克って友人に苦境を訴えた場合でも，あるいは，いじめを目撃した子がいた場合でも，その子どもも，いわゆる「チクる」ことによって次に自分が攻撃対象になることを恐れて，大人の援助を求めないことも多いだろう。

　被害を受けた子が，思い切って，親や教師にSOSを出した場合でも，事態が解決に向かうとは限らない。親や教師の中には，被害を訴える子に対して「やられたらやり返せ」と命じるだけだったり，「いじめられるお前にも悪いところがある」などと被害者を責めたりする人もいる。また，加害者やその親の中には，罪悪感が乏しく，その行為がいじめに当たると認めない人もいる。また，大人の中には被害者よりも加害者の気持ちに共感する人もいる。そういった状況でいじめが継続したり解決がこじれたりすると，子どもはいっそう追い詰められ，悲惨な帰結に至るケースもあると考えられる。

　したがって，いじめに対処するには，こういったプロセスのどの時点でも対処できるようなシステムを作る必要があるように思われる。まず，

いじめがしばしば深刻な心の傷を引き起こすことを周知する必要がある。子どもたちには他の子をいじめたり，いじめを傍観したりしないように言い，また，いじめの被害に遭ったり，誰かがいじめの被害に遭っていることに気づいたりした場合には，勇気を出して，そのことを親や教師，スクールカウンセラーや子ども110番などに伝えることを勧める。さらに，子どもたちに「いじめはどういう時に起こりやすいか」「どうすればいじめを減らせるか」などについて考える機会を与えてみてもよい。このような予防教育にスクールカウンセラーは貢献できるだろう。

　また，教師やスクールカウンセラーは児童生徒たちの間でいじめが起こっていないか常に気を配り，定期的なアンケート調査などを行って，いじめが起こったという情報を得た場合は，事態を的確に把握できるように組織的な聞き取り調査などを慎重な配慮の上で行う必要がある。その際，まず被害者の保護を最優先し，そのうえで，加害者にもアプローチすべきであろう。このプロセスで，傷ついた子どものカウンセリングと親や教師に対するコンサルテーションは，スクールカウンセラーの重要な仕事になるだろう。いずれの場合も相手の内的世界をできるだけ深く的確に理解しようとする姿勢がカウンセラーとして最も重要ではないかと思われる。

　いじめのケースでは，スクールカウンセラーは子どもに働きかけるだけでなく，教師や親と連携して対処することが望ましい。ケースによってはスクールソーシャルワーカーやスクールロイヤー[注1]と連携するだろうし，教育委員会や児童相談所，さらには，第三者機関や警察とのコンタクトが必要になるかもしれない。とくに，いじめ防止対策推進法の施行に伴って，学校に設置される「いじめ防止等の対策のための組織」（たとえば，「安全委員会」）やいじめによる自殺企図や不登校など重大事態が発生した場合に設置される「調査組織」には，何らかの形で関与・協力することが求められることもあるだろう。

　では，ここからは，長年，中学校のスクールカウンセラーとして勤務

注1）スクールロイヤー（school lawyer）とは学校で生じた法的事案に関わる弁護
　　士のこと。

してこられた良原恵子先生に原案を創作していただいた事例に基づいて，こうした問題にスクールカウンセラーがどのように関われるかを考えていきたい。この事例では，いじめや非行傾向のある女子中学生のグループとその保護者や教師に対するアプローチが描かれている。

2. 創作事例

スクールカウンセラー（以下 SC）として X 中学校に勤務して 4 年目に関与した 1 年生女子 7 人（以下個人名は仮名である）のグループ内でのいじめ事案。

A：川村樹利亜（ジュリア）を中心とするグループは，もともと C：坪内恵梨（エリ），D，E：安田莉々花（リリカ），F，G の 6 人グループで，そのうち樹利亜と F，G は小学校時は地域のバレーボールチームに所属し，中学入学後は恵梨，D の二人が加わり，莉々花以外の 5 人が中学校のバレーボール部に入部していた。1 年生の 5 月末頃より 6 人のメンバーの間の揉め事が増え，樹利亜の意に沿わない者はグループから外されたり，自らグループを離れたり再び入ったりということが繰り返され，グループの構成人数は不安定だった。B：戸田星羅（セイラ）が 10 月に転校してきた時には，3 人のメンバーが抜けており，星羅が加わって 4 人グループとなる。が，そのあと，外れていた 3 人が再度加わり 7 人になった。

莉々花はしばしば単独行動をとり，F・G は不登校傾向であるため，7 人がいつも一緒というわけではない。しかし，校内では行動をほぼ共にし，授業妨害や教師への暴言，喫煙などの問題を起こしていた。校外でも万引きや深夜徘徊，他校生とのトラブルも多かった。

11 月下旬から 12 月，星羅に対するいじめがグループ内で生じ，星羅は不登校になる。また，12 月中頃には莉々花が校舎 2 階の渡り廊下から飛び降りるという事案も起こる。

ここでは，このグループの非行，いじめ問題への SC 活動について，星羅と恵梨の合同面接や星羅の母親への個人面接と，莉々花に関するケース会議を中心に述べ，いじめや非行の問題への SC の関わりについ

て検討したい。

（1）学校全体の問題の概要

　X中学校は，1学年4クラスの中規模校。遅刻や無断早退，服装の乱れ，生徒間や教員への暴言，喫煙などの問題行動が見られる生徒が2割弱おり，器物破損問題も頻繁に生じている。小学校時に学年崩壊を経験している生徒もいる。教員らは，授業以外にも校内巡視や破損備品の修理に追われ，近隣住民からの苦情対応で1日が終わることもあった。

　校区は，農業・水産業が行われる地域と小規模工場が多い地域に分かれており，幹線道路が地域の中央を走り，トラックなどの交通量の多い地域である。

（2）グループメンバーについて

【A：川村樹利亜について】

　バレーボール部所属。継父と母親（実母），1歳と2歳の妹の5人家族。小学3年生の頃より地域のバレーボールチームに通い，当初は「5年生でもエースアタッカーになれる力がある。中学でもすぐにレギュラーになってチームの中心になるだろう」と言われていた。しかし，4年生半ばより練習に来ないことが増え，中学入学後もバレー部には入部したがレギュラーではない。低学力。グループ内ではリーダー格。自分以外のメンバーと誰かが揉めるとすぐに顔を突っ込み，問題をさらにこじれさせる。虚言も多い。また，グループ外の者が問題行動を起こすと，即刻教員に知らせ，厳しい対応を迫る。授業妨害や暴言，万引き，深夜徘徊がある。クラブ練習も無断で休むことが多い。5年生後半頃より，他の児童やその保護者からの苦情が増え，教員から指導されることも度々。トラブルの多さに保護者は「面倒が見きれない」と中学入学と同時にAを母親の実家に預ける。実家には，祖母と叔父（母親の弟，24才，フリーター）がいる。

【B：戸田星羅について】

　中学1年生の10月，星羅は近隣のY中学校から，いじめ被害を理由

に転校してくる。Y中学では，一番目立つグループの中でサブリーダーだったが，そのグループ内でいじめに遭う。被害を訴えたが，担任は星羅にも問題があると言って加害者側に一切指導せず。母親は中学に怒鳴り込み，強引に星羅の転校を教育委員会に認めさせる。住居はそのままのため，通学には徒歩で40分かかる。星羅は，転校後すぐに樹利亜のグループに入り，禁止されていた自転車通学で登校する。

　星羅は小柄で愛くるしい顔立ちだが，常に口にマスクをしている（マスクは学年で流行になっていた）。学力は普通。母親，兄2人の4人家族。母親は「厳しい子育て」をモットーとし，小学校1年生の時から「自主学習」（教科書を1日3ページ，ノートに写すことなど）を命じ，毎晩点検する。兄2人は，現在，高校2年生と1年生。長兄は，地域の非行グループのリーダー。兄たちも目鼻立ちが整い，女子生徒に人気がある。

　11月，グループ内で樹利亜を中心に星羅に対するからかいや仲間外れが起こりだす。12月になるとそれらは露骨になり，星羅の知らないところで「新入り（星羅を指す）のクセに調子のってる」「何様気取り？」と言われだし，次に星羅の前でわざと星羅の知らない昔の話で盛り上がっておいて，その後，インターネットで星羅のことを「必死で話合わせて，オモシロすぎ」「オモシローって呼ぼうよ」「むしろ，アワレちゃん，ちがうん？」といったやりとりがあったり，「ママ，タチュケテ〜」とY中学校でのいじめの一件で母親が介入してきたことを皮肉る内容も飛び交う。それを知りショックを受けた星羅は，母親には何も言わず，1月から不登校になる。

　SCとの関わりは，不登校になるまでは星羅と恵梨の合同面接2回と星羅のみの個人面接3回，グループでの来室が2回，あとは不登校以降の母親の個人面接が星羅の卒業まで計30回。

　2年生の5月からは，連休後に他市から転校してきた生徒Hと関わりだし，登校できるようになる。

【C：坪内恵梨について】

　おっとりした性格，低学力。両親と父方祖母，姉の5人家族。自分の

意見がまとまりにくく，その場の雰囲気に流されやすい。家族は学校に協力的。

　SCと話す時は，常に愛想笑いやバツが悪そうに苦笑いをしており，会話中に「え？なんて？」「う～ん，よう分からん」「それってどういう意味？」とよく尋ねる。面接では，家にいる時（とくに部屋でボーっとしている時）が一番ほっとすると述べ，家族旅行の話や「怖いけどいつも助けてくれる」母親の話，母親が祖母のことで苦労している話をする。

　11月より母親の希望で教育センターにおいて母親面接が開始される。2年生になって恵梨がグループから距離を取り，授業に参加しだしたため，母親面接は7月に終了となる。

【Dについて】

　バレーボール部は1学期の終わりに辞める。両親は渡日外国人。父親は自営業で気性が激しくワンマン。些細な事で大声を出し暴力を振るう。Dは，幼少時より父親に殴られて育つ。9月中旬，授業中，一人で校内をうろついていた時に（当時，Dはグループから離れていた），教員に「どうせ教室に入らないのなら，SCに話を聞いてもらえ」と言われ，カウンセリングルームに連れてこられる。SCはその時，グループのことは何も知らなかった。Dは面接で父親の暴力や人目が気になること，「教室ではみんなの視線が怖くて，じっと座っておられない」「家で布団をかぶっている時が一番ほっとする」等述べ，4回目の面接（11月下旬）では「モデルになりたい」と将来の夢を話すようになる。その後，グループでカウンセリングルームに来るようになってからは個人面接には来なくなる。グループでの来室時は，個人面接とは違う顔つき（緊張した雰囲気でテンションが高い）で，SCと視線が合うことはない。

【E：安田莉々花について】

　母子家庭で5人兄弟の第三子。気分のムラが激しく，一人行動が多い。小学校6年生時，家出を数回，市販の風邪薬の大量服薬による自殺未遂を2回起こす。

　中学校では正午頃に登校し，グループで行動する時はいつも興奮気味で大声で叫んだり笑ったりしている。マスクをし，お気に入りのニット

帽をかぶり，前髪が簾のように目にかかっている。

　12月中頃，授業中にいつものメンバーと校内を徘徊している時，2階の渡り廊下でふざけていて，突然，下に跳び降りた。救急車で病院に搬送される途中でも意識ははっきりしており，両足首の捻挫のみですむ。しかし，2日間入院。

　1月下旬よりSCとの個人面接が始まり，その後，莉々花が卒業するまで約2年間，計35回の面接を行った。

【F，Gについて】

　樹利亜同様，小学校から地域のバレーボールチームに入り，中学でもバレーボール部で樹利亜と常に行動が一緒。低学力。Fは父子家庭，Gは両親が渡日外国人。二人とも樹利亜には逆らえず，学校やクラブを時々「休む」という形で樹利亜と距離を取る。

（3）面接経過

【星羅と恵梨の合同面接　初回面接：中学1年10月中旬】

　3時限目の終了間際，星羅と恵梨がトイレでたばこを持っていたところを見回っていた生徒指導担当の山本先生が発見。指導する山本先生に「（落ちてたのを拾って）持ってただけ「なぜ信じへんの」と甲高い声で言い張る。山本先生は「授業を抜けてたのは事実。家に電話連絡する。そういうルール！」と言うと，星羅は，「許可はもらってた。授業してた中島（担任）に確認しろ」「お母さんにだけは言わんといて」と興奮して喚き出す。

　そこに偶然，SCが通りかかり，星羅が「誰？」と聞き，SCと分かると「話聞いてほしい」「心の相談ある」と言い，恵梨も「私も悩みあるねん」と言う。山本先生は渋るが，星羅と恵梨がどんどんエスカレートして騒ぎ出す中，3時限終了のチャイムが鳴る。山本先生はあきらめた様子で，SCに「4時間目，自分は授業に行かねばならない。今の時間帯は，1年生の担任は全員出払っている。指導の続きは昼休みに対処したい。それまで戸田と坪内の話を聞いてもらえないか」と依頼する。SCは了承し，星羅と恵梨をカウンセリングルームに連れて行く。

　SCが椅子を勧めると，2人は座るやいなや先ほどの経緯を，教員らの悪口を交えながら話す。

　しばらくして，星羅が「お母さんに連絡せんよう，山本に言って」とSCに言う。「星羅，どつかれる」と言い，自分の母親がいかに怖いかを興奮気味に話す。それを黙って聞いていた恵梨が，突然，SCに「なあなあ，年いくつ？」と尋ねる。SCが「それは企業秘密やねん」と言うと，笑いながら「なにそれ〜。なら結婚してるん？」と言う。それも企業秘密と伝えると「え〜，企業秘密多いな〜」と星羅が言い，そのやり取りの後，再度恵梨が「なあなあ，カウンセラーって，心のこと占ったりできるんでしょ？　恵梨って，どんな感じ？」と聞く。すると星羅も「あたしも！あたしも！どんな子か言ってほしい」「心理テストでも占いでも，何でもいいからやってほしい」と言いだし，SCが「自分発見・探検お役立ちお絵描きっていうのをしてみる？」と伝え，風景構成法をプレイセラピー的に実施する。

　二人とも最初は「変になった〜」「あ〜，めっちゃ下手」と騒いでいたが，徐々にクスクス笑いつつも無言で描き出す。終了後，3人で感想を言い合っていると「なんでそんなにいろいろ分かるん？」と恵梨。星羅がニタッと笑い「それも企業秘密やんな？」。SCが頷くと，二人は「絶対言わんといてや」と前置きをし，本当はタバコは落ちていたのではなく，トイレ内の棚の上にあり，それを吸おうと思って持った途端に山本先生に見つかったという話をする。

　SCが「なるほど，下じゃなくて上か」と感心して言うと二人は得意そうに，「持ってただけというのはホンマのことやもん，嘘ついてへん」と言う。

　4時限目の終了チャイムが鳴ると，二人はすっきりとした表情で部屋を出る。間際に，SCが描画を教員に見せてよいか尋ねると，恵梨はなぜそんなことをわざわざ聞くのかと不思議そうな顔で了承する。星羅はニタッとして「でもタバコのことは私らの企業秘密やで」という。SCが「山本先生には『星羅，恵梨が親に連絡してほしくないと言っていた』と伝えようと思う」というと頷く。

山本先生に星羅と恵梨の希望を伝えると，先生は「担任次第」と言う。SC は，担任の中島先生に二人が描いた絵を見せ，「二人とも自分たちのことを知りたいし，知ってほしいのだなと感じた」ことを伝え，二人の希望を伝える。中島先生は了解し，この一件は親に連絡しないことになる。

翌週の SC 出勤日。星羅と恵梨は中島先生に 2 回目の SC 面接を希望し許可をもらう。各々が自分の家のことを話す。とくに星羅はいかに母親が厳しく恐ろしいかという話をし，それに対し恵梨は家族旅行の話をする。恵梨が話している間，星羅は SC が渡したぬり絵（大阪府教育委員会，2013）をしながら黙って聞いている。

3 回目の面接も希望する二人に個別の面接を提案すると承諾する。

その後，星羅と恵梨の保護者ともそれぞれ 1 回ずつ面接し，星羅とは計 3 回，恵梨とは計 2 回，個人面接をする。

恵梨との面接内容は，家族の話やクラブの話がほとんどであったが，星羅との面接では，母親の厳しさと怖さ，そして Y 中学でのいじめの話が中心であった。

【星羅との個人面接：10 月下旬から 12 月まで。計 3 回】

初回，星羅は母親の厳しさについて話す。母親は些細な事で星羅を正座させ，数時間説教したり殴ったりするとのこと。しかし，2 回目の面接時では，母親の話よりも Y 中学でのいじめの話が中心になる。

Y 中学では，"イケてる子"が集まるグループに所属し，サーッとみんなが開ける廊下を歩くのが快感だった。兄二人が女子のあこがれの的で，その妹としてチヤホヤされ，皆から羨ましがられつつ怖れられている感じが何とも言えない気分だった。しかし，徐々に教室に入ると皆がさっと黙ったり，「皆が遠くから私を見ながら何か喋ってる（ような気がする）」と感じ，「（怖れられるから囁かれる，囁かれるほど怖れられている，かっこいい，私ってすごいと思う一方）なんか変な感じ」と思ったが，何が変なのかは分からず，徐々に学校で緊張するようになった。「唯一私に普通に接してくれたのが I」であり，「一生の親友」を誓い合う

が，実はＩが陰で星羅の秘密を他の子にバラしたり，星羅が悪者になるように仕向けたりしており，挙句の果てには，「彼氏を横取りされ」，ショックで不登校になった。母親が学校や教育委員会に文句を言うが，逆に関係がこじれてしまい，結局Ｘ中学に転校した。

「誰も信じられない」「隙を見せたら終わり」「ここ（Ｘ中学）でやり直せるだろうか」「ここも結構ややこしそう」「見られるのが怖い」「一番強いグループに入ってないと不安」などと話す。

また，最初は「恵梨とは親友」と言っていたが，11月に入ると恵梨よりＤと一緒にいる場面が増え，お揃いのペンダントをつけて登校する。また，「Ｄは私と似てる。Ｄもカウンセリング受けてるやろ？（ＳＣに）人の目が怖いことを話したやろ？　私もやねん」と言ったりもした。

その後12月頃より，星羅に対して，グループ内でのからかいや仲間外れ，ＳＮＳでの誹謗中傷が顕著になった。このいじめにショックを受けた星羅は，そのことを母親にも言えず，1月から不登校になる。それをきっかけに，母親面接が始まる。

【星羅の母親との面接：1年生1月〜3年生の3月まで。計30回】

星羅が不登校になった1月から，最初は2週に1回，2年生4月以降は月1回のペースで実施。

初回は，星羅が不登校になる前の11月，星羅と恵梨の合同面接2回実施後，担任と共に星羅，恵梨各々の母親に面接した。学校と家庭で協力して子どもを支えていくことを確認し合う。星羅の母親には，Ｙ中学での経緯を考慮した担任の要望もあり，Ｘ中学への要望も丁寧に聞き取った。

星羅の母親との本格的な面接は，星羅が不登校になった1月からである。当初は，自分が今までどれだけ頑張ってきたか，その過程でどんな人生観を得てきたかが話された。しかし徐々に，母親自身の不安（心療内科への通院，実母との確執）と星羅への怒り（「ふがいない娘」「私も中学時，大変だったが乗り切った。あの子はなぜそれができないのか」）が話され，星羅が2年生になると徐々に「つい怒鳴って，説教をしてし

まう」「女の子の子育ては難しい」と愚痴をこぼし，さらに「また怒鳴ってしまった」「失敗ばかり」と星羅に対する自分の言動を省みるようになる。SC は，母親の言葉を否定的にも肯定的にも評価せず，「毎日いっしょにいるのだから，そういう時もありますよね」と返すように心掛ける。すると，「ちょっとだけ星羅の話が聞けた」「怒鳴るのを 2 回だけだが我慢した」など，できたことの報告や二人で楽しく過ごした時間の話が増えだした。

　5 月。星羅が母親と外出した折，連休前に X 中学に転校してきた H と偶然知り合いになり，それをきっかけとして登校するようになる。

　9 月。Y 中学と X 中学で受けたいじめの詳細をその時の自分の思いと共に，星羅が家で母親に話す。母親は面接で「私は星羅ほどの辛さを経験したことはなかった」「あの子も頑張っていたんですね」と呟く。

　3 年生になると，星羅は進路について考えだし，母親から課されていた自習学習を自分なりの工夫を凝らして取り組むようになった。母親の面接でも進路の話題が中心になった。

（4）ケース会議への関わり

　SC が着任した初年度は，問題行動を起こす生徒への学校の基本姿勢は「子どもたちの我儘や勝手し放題を許すべきでない」「言い分をいちいち聞き出すときりがない」「とにかく厳しい指導を」が主であった。その中で一人，教育相談担当の高橋先生が「子ども一人ひとりの話を聞いてやらねば」と，問題を起こした生徒に対し個別にアプローチしていた。定期的なケース会議もなく，SC に依頼される面接も不登校の母親面接が 1 ～ 3 件あるだけだった。次年度より徐々に生徒への面接も増えだすが，1 日の勤務時間のほとんどは，職員室で雑談をしたり掃除や給食の手伝いをしたりで終わることが多かった。

　4 年目に教頭が替わり，「ケース会議で気になる生徒一人ずつを取り上げよう」と提案，定期的なケース会議の開催を決める。管理職，生徒指導担当の山本先生，教育相談担当の高橋先生，養護教諭の佐藤先生，そして学年主任が中心となる定期的なケース会議が月 2 回，SC 来校日

に開催される。しかし，最初は定刻になっても全員が揃わず終了も延び
るため，SC は管理職に「ケース会議は必ず 1 時間で終える。遅く始まっ
ても予定時間に終える」ことを提案し了承される。

　2 学期になり，ケース会議は定刻に始まるようになるが，校長会や教
頭会と日が重なったり，突発的な事案対応のため学年主任らが欠席した
りして，全員が一緒に揃うことは困難だった。

　しかし，12 月中旬，安田莉々花の飛び降り事案が生じ，直後に管理
職が臨時ケース会議を学年の教員も参加して開くことを提案した。しか
し教員らは，「時間がない」「どうせ何をしても無駄」「会議をしても何
も決まらない」と臨時開催を拒否。結果，定例のケース会議が予定通り
1 週間後に開かれる。

　会議の参加者は，管理職と佐藤先生，高橋先生，SC，学年からは莉々
花の担任で生徒指導担当も兼任する山本先生のみだった。

　まず，山本先生が「安田は先週退院したらしい。通院は，整形外科だ
けでなく，なぜか，精神科にも行っているらしい。でも，母親は何の連
絡もしてこないし，学校からの電話連絡にもなかなか出ない。なぜか，1
組の川村の祖母や叔父が安田家の代理だと称し，安田の登校について特
別な配慮を要求。さらに今回の飛び降りについての学校の責任，賠償請
求についても頻繁に電話してくる」と憤慨した様子で述べる。他生徒ら
の対応にも追われているので，そのような要望には一切応えられないこ
とも付け加える。高橋先生が「安田の複雑な家庭背景を理解し，安田の
気持ちを聞き，学年全体での対応が大切だ。それと，なぜ川村の祖母や
叔父が安田のことを知っているのだろう？」と話す。しかし，山本先生
は無表情で「川村のことは担任じゃないので分かりません」とだけ言う。

　しばし沈黙が流れ，佐藤先生が SC に「先生，何かご提案ありません
か？」と問う。SC は「秋以降，安田さんがいるグループにはいろいろ
な形で関わらせてもらっているが，本当に各々の子どもたちが様々なし
んどさを抱えており，それらを踏まえて学校が対応するのは大変なこと
だと感じています」と伝えた後，「安田さんについての理解を深めるた
めに，山本先生が今，一番困っていることを教えてもらえませんか」と

お願いする。すると山本先生は語気を荒げて，「安田を学校に来させて
いいんですか。入学前にも家出や大量服薬をしているんですよ。あの子
は，突然，何をするか分からない。本音が見えない。死ぬ気だってある
のかないのか……いったい，どう対応したらいいのか……。他生徒のこ
とでも対応しなければならないし，あの子だけについて回るなんて無理。
もう限界です」と一気に言う。

　SC が，「それは，そうですよねえ」と受けた上で「安田さんは今どの
ような状態なんでしょうねえ。それが分からないので，登校させてい
いかどうかは私にも分かりません」と伝えると，全員が驚く。SC が続
けて，「今の安田さんの状態を一番知り，登校に関して意見を言えるの
は，主治医ではないでしょうか？　主治医から安田さんの状態や学校で
留意すべき点を教えてもらい，それを踏まえて再度ケース会議で検討
してはどうでしょう」と提案する。すると山本先生が「それはそうです
ね。……ですが，主治医に会ってもいいのですか？」と尋ねる。「本人
と母親の了解はもちろんいりますが，学校が主治医に問い合わせること
は，安田さんが安全に登校し学校生活を送るために大切なことだと思い
ます」と伝えると「なるほど」と山本先生も頷く。

　さらに「向こうの要望は全て受け入れるべきですか？」と尋ねるので，
SC が「まず，なぜ川村さんの祖母や叔父さんが安田さんの代理なのか，
そのあたりを安田さんの母親に確認する必要があると思います」「安田
さんの学校生活での安全性を考えると，要望や医師の意見はヒントにな
るかもしれませんし，それを聞いたうえで学校が何をするか判断すれば
よいのでは？」と提案する。佐藤先生が「それは……当たり前のことで
すよねえ」と言い，その横で山本先生は大きく息を吐く。

　最後に，次回のケース会議は1週間後にし，それまでに母親に連絡を
とり，主治医に会いたい旨を伝え了解をとる，川村さんの祖母らがなぜ
安田さんのことに関わってくるのか，学年としていろいろと情報を集め
ておく等が確認され，会議は終了する。

　翌週のケース会議では，「母親になかなか連絡が取れず，家庭訪問して
やっと主治医に会うことの了解がとれ，その日の2日後が安田さんの診

察日だったので，あわてて山本先生と佐藤先生の二人が予定を調整して安田さんと母親に同行し主治医に会った」こと，また，登校は年明け1月から許可すると決まったことが報告される。さらに，学年会議や小学校に問い合わせ等の情報収集をした結果，川村さんが今一緒に住んでいる祖母と叔父の家が，安田家と同じマンションにあること，さらにFとGも同じマンションに住んでいることが分かり，先生方も「いやあ，驚きました」「だから川村の祖母らは安田の家庭事情を知っているし，FやGらともつながっていたのですね。合点がいきました」と全員が納得した。

　その後，山本先生が「川村は自分の家の中で居心地悪かったやろうなあ。その上，祖母宅に行かされて……居場所，無かったんですねえ」と言い，佐藤先生が「あの子は学校で皆から見られることに必死なんですねえ」としんみり言う。SCが「先生にも見てほしいのかも」と言うと全員が頷き，佐藤先生が「近々，川村だけを取り上げてのケース会議もせなあきませんねえ」と言い，終了になる。

　この会議をきっかけに，それ以降のケース会議には管理職は必ずどちらかが出席し，学年主任が欠席する場合は代理が立てられ，決められたメンバーがほぼ全員出席するようになり，そこで取り上げられる生徒も複数になった。川村樹利亜を中心とするグループに関して話される場合は，SCからは戸田星羅や安田莉々花との個人面接，戸田さんの母親との個人面接，グループがカウンセリングルームにやってきた時などの概要を報告し，佐藤先生からは教育センターでの恵梨の母親面接の報告がなされ，それらを踏まえてメンバー全体と各生徒に対する学年や学校の手立てについて具体的に検討された。とくに，樹利亜，星羅，莉々花について話し合う会議には，当該学年の教員が全員出席し，丸々1時間を使って共通理解を深め，対応策を検討したこともあった。

　このようにして，SCを含めた学校全体が問題を抱えた生徒集団に対応できる基盤が形成されていく過程で，個々の生徒の問題も解決に向かっていった。　　　　　　　　　　　　　　　（事例提供：良原惠子）

3. 考　察

　スクールカウンセラー（良原先生）は，この創作事例では，個々の生徒の個人面接とグループ面接，戸田さんの母親面接，そして，ケース会議におけるコンサルテーションといった，多様な形で関わっている。

　その歩みは比較的ゆっくりしたペースで進む。このケースではスクールカウンセラーはグループのリーダーである川村さんにはほとんど関われなかったし，ケース会議も安田さんの飛び降り事案によって，ようやく体制が整ったと言ってよいだろう。しかし，これでも可能な範囲の最も速いペースだったかもしれない。

　この事例ではスクールカウンセラーが学校に赴任した当初は，個人面接もごくわずかしか許されず，ケース会議も開催されなかった。したがって，教員へのコンサルテーションはほとんどできなかった。しかし彼女は，学校からのニーズが高まるのを一貫して待つ姿勢をとり，職員室で掃除を一緒にしたり，教員と雑談したりして，次第に"よそ者"感を薄め，人間関係を築いていった。そのような土壌が育まれていた時，偶然の出来事から問題を抱えた生徒たちへの個人面接が始まり，やがて，ケース会議にスクールカウンセラーも参加できる機会が与えられるようになっていったのである。（この事例の元になったケースでは，良原先生がケース会議に参加できたのは，赴任後4年を経過してからであったという）

　良原先生によると，スクールカウンセラーとして活動していると，時々，時期も地域も全然違うところでよく似た事案を経験することがあるらしい。安田さんのような飛び降りの事案にも何回か出会ったことがあり，その度に教員たちから発せられる質問もよく似ているという。とくに学校と医療機関との連携については，判を押したように同じような質問や反応が返ってくる。このケースにおける安田さんの登校の可否についての教員たちとのやり取りがまさにその典型である。

　このようなケース会議で，良原先生は，教員には"力による指導"ではなく，"生徒理解による指導"を行ってもらえるように，また，スクー

ルカウンセラー自身は"専門家による指導"をするのではなく，"教員の声に耳を傾ける"よう心掛けているという。このような姿勢を保った上で，"外部性を備えた専門家"として発言するとき，スクールカウンセラーの主張はインパクトを持つのではないだろうか。日々，目の前で起こる問題に追われる教員と違い，スクールカウンセラーには，問題に"巻き込まれない"からこそ見えることがある。しかし，スクールカウンセラーが限られた時間の中で，「巻き込まれないけれども，関わっていく」姿勢をとるには，ある種の工夫が必要になる。とくに，いじめや非行のように生徒集団に教職員も集団で関わらなければ解決しにくい状況においては，「量よりも質」が問われる。このケースの場合，スクールカウンセラーが個人面接を丁寧に行う一方，機会を見て，ケース会議の充実など生徒指導体制全体の改善を目指して働きかけていったことが有益だったように思われる。このプロセスで登場する 7 人の生徒の背景には，親の離婚や再婚，家庭の経済状態，親が外国人であること等，さまざまな困難が渦巻いていた。しかし，スクールカウンセラーの関与やケース会議での検討がなければ，教員の多くはそれらに気づかず，生徒たちの気持ちがあまり分からなかったであろう。

　このケースのように，スクールカウンセラーには，個々の生徒の心理アセスメントだけでなく，学校全体をアセスメントし，その時々の状況に応じて臨機応変に関わっていくセンスが求められる。こうしたセンスはどうしたら育まれるのだろう。おそらくそれは，心理療法における種々の理論よりも，むしろ，本書で記述されている事例研究のような，いわゆる「臨床の知」（中村，1992）の蓄積の中から，深いレベルを通底して，個々のスクールカウンセラーに醸成されてくるのではないだろうか。

🎙 研究課題

1．いじめ防止対策推進法について調べてみよう。
2．いじめの定義が変遷してきた理由を考えてみよう。

３．いじめが自殺まで引き起こした事例について調べてみよう。

４．いじめの加害者が被害者の苦痛を理解し，以後のいじめを抑制した
　事例について調べてみよう。

５．この事例について，登場人物の中から一人選び，その人がどの場面
　でどのような気持ちを抱いていたか，推測してみよう。

６．学校が，いわゆる「荒れた」状態になっている時，スクールカウン
　セラーとして留意すべき事柄について考えてみよう。

７．いじめ事案に対して，担任，管理職，保護者，スクールカウンセラー
　がそれぞれとるべき対応と，連携における守秘義務について考えてみ
　よう。

参考文献

本間友巳（2008）．いじめ臨床　―歪んだ関係にどう立ち向かうか　ナカニシヤ出版．

岩宮恵子（2016），近頃のシシュンキ(13) 今，ここに生きる「私」はどこまでも拡散していく　―SNS時代の青春．子どもの心と学校臨床，15，pp.87-91，遠見書房．

国立教育政策研究所（2017）．いじめ追跡調査 2013-2015．

文部科学省（2020）．令和元年度児童生徒の問題行動・不登校等生徒指導上の諸課題に関する調査結果について．

森岡正芳（2007）．いじめと学校臨床：基本的な考え方．臨床心理学，40，441-446

森田洋司（2010）．いじめとは何か　―教室の問題，社会の問題．中公新書．

中井久夫（1997）．アリアドネからの糸．みすず書房．

中村雄二郎（1992）．臨床の知とは何か．岩波書店．

大阪府教育委員会（2013）．スクールカウンセラーと教員がともに取り組む問題解決力育成のためのブックレット―いじめや暴力行為等の未然防止と解決に向けて―．

斎藤　環・土井隆義（2012）．若者のキャラ化といじめ　In　いじめ　学校・社会・日本．現代思想　imago，40(16)，pp.22-41

良原恵子（2013）．緊急支援会議における連携．In 村山正治・梶谷健二(編) 子どもの心と学校臨床．9，pp.42-49，遠見書房．

6 | 高等学校でのスクールカウンセリング

倉光 修

　近年，高等学校におけるスクールカウンセラーの配置も，少しずつ増加している。高校生にもカウンセリングや心理療法に対するニーズがあること，そして保護者や教師にコンサルテーションのニーズがあることはたしかである。ただし，高校生がスクールカウンセラーのところに自発来談することはそれほど多くない。自分の心理的問題を意識し，その克服のためにカウンセリングを利用しようとするには，ある程度の精神的成熟が必要なのかもしれない。

　一般に，高校や大学では，女性は男性よりもカウンセリングの利用率が高い。女性は男性よりも悩み事を誰かに相談することに対する抵抗感が小さいのではないだろうか。しかし，リストカットを繰り返すケースなどでは，やはり，養護教諭や担任から強く勧められ，初回は彼らに伴われて来談することが多い。このような形の導入と，その後の展開を促進する要因について，ここでは創作事例に基いて考えてみよう。

《**キーワード**》　自傷行為，リストカット，依存症

1. はじめに

　自傷行為（self-mutilation）は，故意に自分の身体を傷つける行為であるが，その定義や範囲は研究者によってかなり異なっている。ウォルシュ（Walsh, B.W.）らは，多様な自己身体改造行為（self-alternation of physical form）を 4 つの型に分けた（Walsh & Rosen, 1988）。

　Ⅰ型はほとんどの社会で容認されるもので，ピアスや爪かみ，美容整形手術などが含まれる。Ⅱ型は特殊なサブカルチャー内で容認されるもので，特定の部族で儀式の際に行われる自傷や暴力団員の刺青などがその例としてあげられる。Ⅲ型はほとんどの社会で容認されないもので，リストカットやたばこによる火傷，抜毛などが含まれる。Ⅳ型は全ての

社会集団で容認されないもので，精神病者による眼球摘出や自己去勢などがその例である。これらのうち，身体損傷の程度が軽度から重度にわたり，精神状態が危機的ないし病的であるⅢ型とⅣ型が自傷行為とされる。

Ⅲ型に含まれるリストカットは，ローゼンタール（Rosenthal R.J.）らによって「手首自傷症候群（wrist cutting syndrome）」と呼ばれている。10代の女性に多く，アメリカで1960年代に急増し，西欧諸国やわが国にも広がってきた。

早くから自傷行為に注目したメニンガー（Menninger K.A.）は，自傷は局所的自殺であると捉え，その行為によって，むしろ，自殺を回避する機能を持つとした。しかし，多くの研究者は，自傷は自殺ではないと捉えている。自殺者の多くは，未来に絶望し，「死んで楽になりたい」「この世から消えてしまいたい」など，苦痛の永続的終止を願う。一方，自傷者の多くは，「切るとすっとする」「さみしさを感じなくなる」「血を見ると落ち着く」「生きているという実感がもてる」などと語ることがある。この事実からすると，少なくとも彼らの一部は孤独感や疎外感，日常生活のストレスなどから一時的に逃れようとしているのであって，死までは望んでいないように見える。また，リストカットは，親や仲間からの関心を引くことや，他者を動揺させること，流行にのることなどを意図としているように見えることもある。しかし，自傷者の中には自殺願望を持った者もおり（ウォルシュの調査では13％），深刻な自傷によって実際に死に至ったケースも報告されている（安岡，1980）。また松本（1999）は，自傷行為は繰り返されエスカレートすることが多く，薬物乱用，暴走行為，摂食障害，性的逸脱行動などとも関連が深いため，間接的には死につながる「自殺関連行動」として捉えている。実際，自殺者の中には，過去に自傷行為を経験している人も少なからずおり，リストカットをする人に自殺の危険性はないなどといった先入観を持つべきではない。

自傷行為の発生率は，定義や調査法の多様性もあって，諸外国では，0.14％〜6％（Walsh, 1988），5.9％〜21.4％（松本1999），わが

国では，中学生 0.43%，高校生 0.24%（日本公益財団法人日本学校保
健会，2016），中高生男子 7.5%，女子 12.1%（Matsumoto & Imamura,
2008）などと結果に大きなばらつきがある。調査では捉えきれないケー
スもあると考えられるので，近年わが国では，女子高校生の約 1 割がリ
ストカットを体験したことがあると見てよいかもしれない。

　自傷者に共通する身体条件や過去の体験は見出されていないが，自傷
者の多くは，親からの愛情欲求や周囲からの承認欲求，優越欲求が満た
されていないようである。いじめや虐待の被害に遭って心の傷を負って
いる者もいる。このような点に鑑みると，自傷は心の傷の痛みをマヒさ
せようとする行動，あるいは，代償攻撃行動（攻撃や反撃の対象が他者
から自己へ移された形態）と見ることもできる。もしそのようなダイナ
ミズムが働いているとしたら，その人たちに対する心理療法ないしカウ
ンセリング，あるいは，周囲の人々への働きかけは，どのようにすれば
よいだろうか。

　以下に，長年，高校でスクールカウンセラーをしてこられた近森聡先
生に創作していただいたケースを示す。この模擬事例を参考にしながら，
上述の問題について考えてみよう。

2. 事例　Aさん（放送教材では森英子さん）

(1) 来談までの経過

　X 年 5 月 20 日（以下，スクールカウンセラー（SC と略）の発言は
＜＞で示す）

　養護教諭（X 先生）がカウンセリングルームに来て，SC に次のよう
な話をする。

　……1 年生の女子で，リストカットしている子がいる。1 ヶ月前に「し
んどいから寝かせて」と保健室に来た時に左の袖口から包帯がちらっと
見えたので，「どうしたの？　ちょっと見せてもらってもいいかな」と
聞くと，左腕を突き出すので，包帯を取ってみると，深くはないが，左
手首の内側に何本も傷跡がある。「どうしたの？　何か困ったことある
の？」と聞いても，黙ったまま。

「お母さんは，知ってるの？」と聞いても黙っているので，「お母さんには伝えないとね」と言うと，「なんで，リスカ（リストカット）したらあかんの？　誰にも迷惑かけてないし。死ぬつもりなんかないし。あの人にだけには絶対言わないで。わあわあ言われるし，いらいらして余計ストレスになるだけ。先生，そんなに言うならリスカは止めるから，あの人には言わないで！　お願い！」と訴える。それで，「私一人では決められない。他の先生にも相談するから，明日もおいで」と言って帰らせた。その日のうちに担任，学年主任，教頭と相談して，今後リストカットしないことを約束させて，見守ることにした。Aさんにその結論を伝え，Aさんも了承した。その後，しばらくリストカットは止めていたようだが，今日また，「しんどい」と言って保健室に来たので見ると，また包帯をしている。「見せてごらん」と言うと，素直に包帯を外して見せてくれたが，うっすらとした傷が１本あった。本人は，「もう絶対やらない。だからあの人には言わないで」と真剣に言う。こっちも根負けして，本人には「これが本当に最後だよ。もう１回やったら，絶対お母さんに言うよ」と告げた。

クラス担任のY先生（30代，女性）も心配して何かと声をかけるが，本人はまったく何も話さない。私たちだけでは，手に負えない感じなので，一度会ってみてほしい。本人には，「安心して相談できる先生だから，カウンセリングルームに行こう」と強く勧めた。本人は，何も言わないが，拒否もしていないので，来週，SCが来る木曜日の放課後に，本人を連れてきたいが，それでよいか……。

SCは，＜本人が拒否しなければ＞ということで了承した。その日のうちに，X先生とY先生から，Aさんの家庭環境について，ある程度の情報が伝えられた。同居している家族は，母親，父親（継父），弟（２歳）の３人。母親はAさんが幼稚園入園以前に父親と離婚し，Aさんを引き取り，Aさんが中１の時に継父と再婚した。福祉関係の仕事についている。

X先生に「リストカットのことを母親に知らせなくてよいですか」と聞かれたので，SCは＜お聞きした範囲では，今のところ生命に危険を

もたらすほどのものではないと思われますが，今後の変化を私たちで注
意して見ていきましょう。管理職の先生や学年主任の先生にもＡさんが
リストカットしていることを伝え，さりげなく見守ってもらい，変化に
気付かれたら，Ｘ先生とＹ先生に情報が入るようにしておかれてはいか
がでしょうか。また，リストカットの背景には，本人の家庭での寂しさ
もあるかもしれません。いずれはお母さんに知っていただくことも視野
に入れた方がよいように思います。とくに，再びリストカットを行った
場合は，予告通り母親に連絡された方がいいと思います＞と，現時点で
の見立てと今後の関わり方について提案した。

　また，Ｘ先生，Ｙ先生，ＳＣの三者で役割分担をすることにした。Ｙ
先生は日常の学校生活の様子を温かく見守る。Ｘ先生は，本人の身体面
を中心としてケアし，とくにリストカット以外のストレス対処法を見出
す。ＳＣは，Ａさんに受容的に関わり，安心して自分の思いを表現でき
る場を提供することを第一とする。リストカットについては，カウンセ
リングの自然な流れの中で話されるのを待ち，話された時も単に制止す
るのではなく，その時の本人の感情を受け取って，今後どうしたらよい
か，いっしょに考えるスタンスを取る。家庭との連携は，必要に応じて
Ｘ先生とＹ先生が取るという分担である。

（2）面接経過
第1回（5月27日）
　Ｘ先生から依頼があった翌週の木曜日，Ａさんは，Ｘ先生に連れられ
て，放課後，カウンセリングルームにやってきた。Ｘ先生がはじめに「失
礼します」と先に入室し，「先日，お願いしていた1年生のＡさんです」
と紹介する。Ａさんは，マスクを着けていて，入口でＸ先生の後ろから
じっとこちらを見ているが，Ｘ先生に促されて前に出てくる。

　ＳＣが＜カウンセラーの近森です。こんにちは，今日は，よく来てく
れましたね＞とあいさつすると，無言でぺこりと頭を下げる。Ｘ先生は
「それでは，よろしくお願いします」と退出する。

　ＳＣが，＜どうぞ，おかけ下さい＞と促すと，Ａさんはソファーに浅

く腰を下ろす。それから，少し前かがみになって，SCの目をじっと見る。向かい合った相手の心底まで射抜くような鋭く強い視線である。長袖の制服の下に隠されてリストカットの跡は見えない。

SCが＜ここはね，なにか困ったことがあったらそれを話してもらって，どうしたらいいかいっしょに考えるところだけれど＞と言い，少し視線を外して＜とくに話したいことはないけれど，ここで絵を描いたりあそこにある箱庭を作ったりすると，なんとなく落ち着くと言って来ている人もいます。時間は一回50分です＞と説明すると，Aさんは視線を外さずに小さく頷き，ソファーに深く腰掛け直し，深々とため息をつく。そして，肩の力を抜き，表情が和らぎ，少し周りを見渡しているかと思うと，突然，すっくと立ち上がり，無言のままSCの背後にあった砂箱にまっすぐに向かう。SCは虚を突かれて一瞬たじろぐ。Aさんは，砂箱の前に立ってじっと砂を見ている。

SCは箱庭について説明し，砂を平らに直す。Aさんは，無言のまま砂を右手でなでるように触り，少しすくって指の間からさらさらと落とす。そして，落ちて行く砂を見ている。SCも黙って傍で見ている。そして，しばらくして，「おばあちゃんの家はB県の海のそばで」とぽつりと言う。「小6まではあの人（母親）といっしょに毎年夏休みに行っていた。夕方になると，近所の人も集まってきて，いっしょに夕飯食べたり，みんなで楽しく話をしたり，花火をしたりした」などと，砂を触りながら遠い大切な記憶をたどるように静かに話す。B県は南国である。暖かい故郷のゆったりとした時間の流れと人々のほのぼのとしたやりとりの気配が伝わって来る気がした。

終了時間が近づき，SCが＜来週もここに来て話をしない？＞と聞くと，Aさんは黙って頷き，そのままSCを一顧だにせず，すっと退室した。

第2回（6月3日）

Aさんは，バーンと勢いよく扉を開けて入ってきて，ソファーにドカッと座る。入室の仕方が前回終了時の静かな退出の仕方とまったく違うので，SCは驚く。Aさんは前回と同様，マスクをしている。しばし，SC

の目を凝視し，目をそらしたかと思うと，突然，「超むかつく！もう〜！」
と大きな声を出す。SC が少々たじろいでいると，Aさんは女子同士の
人間関係への嫌悪感を吐露し始める。「高校生にもなって，何で一緒に
いないとあかんの？　何で同じことをしないとあかんの？　もっと自由
にいろんな人と話したいのに。まじ，きもい（気持ち悪い）って！」。

　この日のセッションでは，Aさんのエネルギーが一気にほとばしった。
SC は，Aさんの激しい思いに息をのんだが，『この時期はまだ中学時代
の延長で，入学直後の不安もあって，女子生徒たちはよく，同質性・凝
集性の高い小集団を作ろうとする。けれど，Aさんはもう少し精神発達
が進んでいて，そんな女子集団に息苦しさを覚えているのかもしれない』
と思いながら聴いていた。

第3回（6月10日）

　Aさんは，やはりマスクをしている。この日は静かに入室。いつもの
ようにしばらく SC を凝視していたが，やがて突然立ち上がって箱庭の
ところへ行く。唐突なAさんの初動に，SC は少し慣れてきた感じがす
る。Aさんは集中した様子でものも言わず箱庭を作っていく。SC は言
葉を挟まず，かたわらで最後まで見届けることにする。

　Aさんは，まず，両手で白い砂を左の方に大きく寄せ，右手に青い下
地を出す。青地に残った砂を丁寧に掃き寄せ続ける。目にも鮮やかな青
が現れた。『海だ』と，SC は心の中で思う。左に寄せた砂の中央をくぼ
ませて湾曲させ，海に向かってなだらかな傾斜にして砂浜を出現させる。
次に，ヤシの木を配置して南の海の雰囲気を出し，広葉樹を左手に7本
置いて木陰を演出し，木々のそばに民家を二つ置いた。男の子と女の子
を波打ち際の中央付近にたたずませる。それから，犬の親子（親1匹，
子3匹）を民家付近に置く。最後に，男の子と女の子に会いに来たかの
ように，ウミガメを置く。**図6-1（巻頭写真）**は，その出会いのシー
ンを拡大したものである。

　作り終わって，ぽそっと一言，「おばあちゃんの海。あの人（母親）は，

こういうところからこっちに来た」「こっちの空は本当の空やない。色が全然違う。あの人もそう言ってる」と呟く。

　SCは，＜そうか……＞とだけ返し，Aさんとともに，黙って完成した箱庭を眺めていた。

　SCには，一心に創作に没頭するAさんの様子，白い砂と青い海のコントラスト，砂浜にたたずむ男の子と女の子，海から上陸しつつあるウミガメなどが強く印象に残った。

第4回（6月24日）

　（前回のカウンセリングの翌週の水曜日，Aさんは保健室を訪れ，X先生にリストカットをしたことを告白した。X先生から母親に連絡が行き，Aさんは母親にひどく叱られた。翌日はカウンセリングの予定だったが，学校を欠席。SCには，X先生から事情が説明された。SCからはとくにAさんや母親には連絡せず，翌週を待つことにした）

　いつものように静かに入室。袖口からちらっと白い包帯がのぞいている。Aさんは包帯の上から手首をさする。＜痛む？＞とSCが聞くと，Aさんはリストカットについて初めて話す。

　「久しぶりにやってしまった。気が付いたらやってて，血がスーッと流れて温かった。なんだか，切るとほっとする」。しんみりとした語り口である。そして，自ら袖口をまくり，包帯を外して，傷跡をSCに見せる。

　「X先生に叱られた。X先生は，『お母さんに言うからね』って。あの人に連絡が行って，家でもすごく叱られた。でもあの人は，ただ，怒っているだけ。私の気持ちは分かってない。『もうやりません』と約束させられた。言い返してやりたかったけど，とても言える雰囲気じゃなかった。言い返すと話が長くなるだけだし」

　母親に叱られたくだりを話す時も，Aさんの口調には，拒否感や怒りは感じられなかった。むしろ，あきらめと悲しみがないまぜになっているようであった。

第5回（7月1日）

　Ａさんは，砂箱の砂を触りながら，呟く。

　……あの人は気が強くて自分が言いたいことを言っているだけ。私の話は聞かない。話す気もしないけど。私は，お父さんに似ているらしい。お父さんのことは，幼稚園に入る前に離婚したので，よく覚えてない。あの人は私が中１の時に，あいつ（継父）と再婚した。職場で知り合ったらしい。おばあちゃんは，反対していた。「この子はどうなるんか」って。でも，あの人は無視。それで，おばあちゃんとケンカになって，その時からおばあちゃんの家には行けなくなった。おばあちゃんも気が強いし，あの人に「嫌なら別に来なくていい」って。でも，おばあちゃんは，私の携帯には，こっそり電話かけてくることがある。この間は，私があの人と言い合いになって，そのあと落ち込んで，動けなくなった時にリスカした。そしたら，その夜遅く，おばあちゃんから電話かかってきて，「どうしてる？」って。少し話したら，泣いてしまった。おばあちゃんにもリスカのことは言ってないけど，私の声の調子がおかしかったのか，「いやなことがあったんか？」と。「なんもない」としか言えなかったけど，すごく心配してくれた。

　あのな，話変わるけど，私には２歳の弟がいるん。かわいい。私にくっついてくる。けど，あいつらとその子が３人でいるのを見てると，自分はここに居たらあかんような気がする。そやけど，弟をだっこしているとなんか安心する。柔らかいし，ほわっと温かい……。

　SCは，＜そうなん？＞＜そうやったんか＞と相づちを打つ程度に反応を抑え，Ａさんのそのときどきの気持ちを受けとめることに専念した。

第6回（7月8日）

　「おばあちゃんに夏休みにおいでと誘われた。この前の電話で心配したのかな。おばあちゃんは『お母さんには，私が言うてあげる』って。でも，どうしようかな？」

　＜迷ってる？＞とSCが聞くと，Ａさんは「そうやねん。あの人に叱られそうやし，行くと，おばあちゃんに悪いような気もする」と言う。

＜ぼくは，悪いと思わないけど＞とSCは珍しく自分の意見を述べる。

第7回（7月15日）

「おばあちゃんがあの人に言ったらしい。あの人は『一人で行って来たら』と言う。そんなに怒った感じでなかったのは意外。あいつ（継父）からも『行って来たら』と言われた。みんなが言うからしかたなく行くことにした」。そう話すAさんの表情は明るい。

第8回（9月2日）

夏休みを挟んで最初のセッションである。Aさんは，マスクをしていない。SCは，ハッとしたが，とくにそのことをとりあげなかった。

「おばあちゃんとこから帰ってから，あいつに誘われて，夏休みが終わる頃，老人ホームの行事に行った。模擬店を手伝った。おばあさんやおじいさんから，また来てねと言われた」。Aさんの和らいだ表情が印象に残った。

第9回（9月9日）以降

Aさんはその後，「また，切りたくなることもある」と漏らすことはあっても，リストカットに及んだという話は出なかった。表情も少しずつ和らぎ，ソファーにも深くゆったりと腰かけていることが多くなった。マスクもまったくしなくなった。カウンセリングルームにはいると，リラックスして自然体でいるという感じであった。

老人ホームへの訪問も続いていた。ホームのお年寄と職員からファーストネームで「Cちゃん」と親しく話しかけられるようになったと言う。老人ホームでの交流は，Aさんの本来持っていた優しさを引き出し，Aさんの現実世界での支えになっていったように思われる。

養護教諭のX先生，担任のY先生との情報共有は，定期試験終了後など，学校のスケジュールの節目ごとに行われた。X先生は「このところ保健室にはあまり来なくなった。たまに来ると，クラスの女子にむかついたという話をするが，愚痴という感じ」と述べられる。Y先生は，「私

にも学級運営について文句を言ってくることがある。けれど，怒って抗議してくるというよりは，親しい人にからんでくるような印象で，何というか，かわいい」とほほえんで呟かれる。SC からは，「セッション時もくつろいだ様子に変わってきた。リストカットはしていないようです」と言う。X先生も「私もそう思います。傷も見えません」と同意される。話し合いの結果，「いい方向に向かっているようだが，今後も注意深く情報共有の場をもちながら，見守っていきましょう」ということで意見が一致した。

3学期

　3学期に入っても，Aさんの様子は安定していた。3学期の終了間際での意見交換では，X先生とY先生から「カウンセリングがAさんの気持ちの安定に役立ったと思う。2年生になると，クラス替えがあり担任も変わるので，当面はカウンセリングを継続した方がいいのではないか」との意見が出された。SC は＜私も，環境が変化する時にはカウンセリングを継続する方がよいと思います。Aさんの意思を確認してみます＞と答えた。

　3月に入ってからのセッションで，これまでを振り返りながら，＜これまで，いろんなことがあったねえ。Aさんは，この部屋に初めて来たころよりは，安心していられるようになったんじゃないかな？　でも，今度，学年が上がると，クラスも変わるし，環境が変わるよね。だから，新しい学年で落ち着くまでは，カウンセリングを続けてもいいと思うんだけど，どう？＞と尋ねた。Aさんは，迷うことなく，「そうする」と答えた。

2年生1学期

　2年生の最初のころは，Aさんはやはり，新しいクラスになじめなくて不安な様子であった。相談室のソファーにも浅く腰掛け，語る内容もクラスの女子生徒への不満が激しくなってきた。とくに，他の女子生徒が群れていると「なんでいつも一緒なんやろう？」と違和感を抱いてし

まうと言う。

　新担任のＺ先生は，ベテランの男性教員であった。ゆったりと構えた感じの先生で，Ａさんは好印象を持っているようだった。情報交換の場でＺ先生は「６月の遠足の後，クラス内に気の合う男女のグループができ，Ａさんもその輪の中に入っていることが増えた」と言われた。カウンセリング場面でも，同じクラスの女子に対する不満の表明が減って，男の子が面白いこと，グループで遊びに行ったことなど，同級生をプラスイメージで語っていた。カウンセリング開始以来，初めてのことだった。Ａさんの様子が安定してきたので，Ａさんと相談し，面接の頻度を２学期より隔週に減らすことにした。

２年生２学期・３学期

　９月に入ってすぐのカウンセリングでは，夏休み中に，初めて，父親・母親・Ａさん・弟の一家四人そろって，「おばあちゃんの海」へ行ったことが語られた。Ａさんの口調は穏やかで，表情は満ち足りた様子であった。ＳＣの脳裏には，南国の海辺の家で一つにまとまった家族がくつろいでいる情景が浮かんできた。そして，箱庭で少女が少年と共にたたずんで海から上陸しつつあるウミガメを見ていたシーンも思い出された。『あのウミガメがこのような変化をもたらしたのだろうか』とＳＣは考えた。

　それからほどなくして，Ａさんは，面接場面で母親と継父のことを，「お母さん」「お父さん」と呼び始めた。呼称の変化はごく自然であったので，ＳＣはそのことを指摘せず，Ａさんの内的変容をそのまま受けとめようと思った。

３年生

　３年生になって，Ａさんは進路について話し始めた。ＳＣはＡさんの迷いに寄り添う感じで彼女の話に耳を傾けた。この過程で大きな影響を与えたのは，継父である。

　Ａさんは学力に自信がなく，大学に進んで高い学費を４年間も払って

もらうのは，家族に迷惑だと考えていた。しかし，「早く仕事ができるようになるには，専門学校がいいですよね」と語る口調には，少ししんみりしたニュアンスが含まれていた。「美容や服飾方面もいいけど，初めて人の役に立つことができると感じたのは，老人ホームでボランティアをした時だから，福祉系の専門学校がいいかなあ」とAさんは考えあぐねていた。

　そんな時，継父が思いがけないことを言った。「福祉の知識は専門学校でも学べるけど，大学で学んだ方が知識の幅が広がり，広い視点から人のためになることを考えられる。お父さんはおまえにそういう人になってほしい。一度大学にも見学に行ってごらん」。この言葉はSCの胸を打った。Aさんもうれしかったようで，さっそく，ある福祉系学部のある大学のオープンキャンパスに行ってみた。そこでの実習体験や学生たちとの話し合いから，Aさんは大いに刺激を受けた。継父は「学費は将来のために必要なお金。ちゃんと出してあげるから気にしないでいい」と言ってくれた。この言葉に励まされてAさんは，この大学を受験することを決意し，猛勉強を開始した。そして，努力の甲斐あって，翌春，めでたく合格。カウンセリングは，高校卒業と同時に終結した。

（事例提供：近森　聡）

3. 考　察

　この事例では，以下のようなポイントについて考えてみたい。

（1）来談までの経緯と教職員との連携

　冒頭で述べたように，中学生や高校生がリストカットをしていることに悩み，自発的にカウンセリングルームを訪れることはあまり多くない。この事例ではAさんが「しんどい」と言って保健室に来た時，養護教諭のX先生がリストカットに気づく。「どうしたの？　何か困ったことあるの？」という問いかけには，親身に寄り添おうとするX先生の優しい気持ちが偲ばれる。「しんどい」という身体的な訴えが実は心理的な「しんどさ」の表出であり，手首の傷が心の傷の反映であるということを，

X先生はこの段階で直感的に把握されたのだろう。

　この時点で，「あの人（母親）には言わないで」というAさんの叫び
に，X先生が「私ひとりでは決められない」と他の先生に相談されたの
も，そして，協議の末，しばらくは秘密にして見守ろうとされたことも，
さらには，再びリストカットが繰り返された時点でカウンセリングが強
く勧められたことも，きわめて賢明な対応であったと思われる。このよ
うな連携が可能だった背景には，これまで，SCがよい仕事をしてきた
歴史もあるのだろう。

　このケースでは，初回に先立つSCのアセスメントとX先生へのアド
バイスに細かい配慮が行き届いていて感心させられる。まず，リストカッ
トしていることを母親に知らせなくてもよいかと問われた時，SCは
＜お聞きした範囲では，今のところ生命に危険をもたらすほどのもので
はない＞という見立てを伝え，その時点では教員たちで連携して見守る
方針でよいのではないかと示唆している。おそらく，SCはAさんが「死
ぬつもりなんかない」と明言していることや，傷がそれほど深くないこ
とに鑑みて，このように発言したのであろう。しかし，SCは，Aさん
には家庭での寂しさがあるかもしれないとも推測し，＜いずれはお母さ
んに知っていただくことも視野に入れた方がよいように思います。とく
に，再びリストカットを行った場合は，予告通り母親に連絡された方が
いいと思います＞と伝えている。

　カウンセラーの中には，クライエントのした約束は「今のつもり」と
捉えて，守らなかった時にも責めないようにするけれども，自分のした
約束は（たとえ相手が嫌がっても）極力守るように努めている人が多い
のではないだろうか。しかし，Aさんのケースでは，いつまでも，「も
うしない」という言葉を信じて母親に連絡を取らないでいると，リスト
カットがエスカレートする危険性が高い。

　また，Aさんは再びリストカットすれば母親に連絡すると告げられて
いるのに，もう一度切ってしまうところからすると，本当に寂しさや悲
しさを分かってほしいのは母親だったのかもしれない。Aさんは，母親
にその連絡が行くと「わあわあ言われるし，いらいらして余計ストレス

になるだけ」と言い，実際，後の母親の反応はそうであった。しかし，叱られるのは，無関心よりは好ましいかもしれない。思うに，母親にとって，娘の苦しみを理解すること，あるいはその苦しみをホールディング$^{注1)}$（Winnicott, D.W.）することは，自身の再婚を否定することにもつながりかねないので，受け入れがたかったのではなかろうか。そこで，Aさんは，もちろん無意識的ではあるが，X先生にSOSを出して学校を動かし，そのメッセージを母親に伝えようとしたとも考えられる。

　したがって，この時点でAさんにカウンセリングを受けるように強く勧めたのもよかった。初回に勧められただけでは，来談しなかった可能性も十分あっただろう。約束を破ってしまったので，今回はカウンセリングを受けることを拒否しにくかったのではなかろうか。それを受けてSCは，＜本人が拒否しなければ＞会うという姿勢をとり，当面，安心して内界表現ができる場を提供しようという方針を立てる。心理的問題の克服に向けてのスタートとしては，足並みがそろったと言えよう。

（2）箱庭作品とAさんの変容プロセス

　初回，鋭い視線やマスクからAさんのSCへの警戒感の強さが推測できる。このようなケースでは箱庭が内界表現のきっかけになることがしばしばあり，その誘発性に感嘆させられる。彼女はこの事例で核心的なテーマになる母の故郷である南国の情景を創造し，（母親が再婚するまでは）「毎年夏休みに行っていた」と話すのである。

　上述したように，母親は再婚によって娘が苦痛を感じていることを認めにくかったと思われる。一方，祖母はその葛藤から比較的自由であり，Aさんの気持ちが分かりやすい立場にいた。祖母は，母親の再婚に反対して「この子はどうなるんか」と心配している（第5回），そして，何かに苦しんでいる様子を示すAさんに「夏休みにおいで」と言ってくれ

注1）holding：抱きかかえること。母親が乳児を抱っこして安心感を与え，種々のケアをするように，セラピストがクライエントを包み込むような関わりをすること。ホールディングされるような体験を経ることによって，依存から独立への道を歩むクライエントも少なくない。

る（第6回）。この誘いを聞いて，継父が「行ってきたら」と勧めたこ
とも，ありがたいことであった。彼女は「仕方なく行くことにした」と
述べるが，その表情は明るい（第7回）。彼女が夏休みに祖母宅でどの
ような体験をしたかは明らかではないが，少しは心がやすらぎ，くつろ
いだのではないだろうか。

　夏休みが終わったセッションでは，彼女はマスクを外していた。コミュ
ニケーションはコミュニティによって豊かになるのだろうか。彼女はま
た，継父に誘われて老人ホームに手伝いに行ったと話す（第8回）。

　その後，リストカットについては「切りたくなることもある」と言う
が，切ったという報告はない。「切りたくなる」と言えていることが，切っ
ていない証拠であるようにも思われる。

　その後のカウンセリング過程は，穏やかに流れていく。老人ホームで
の手伝いは継続し，「Ｃちゃん」と呼ばれてうちとけるようになってい
く。2年生の夏休みには，なんと，一家全員で「おばあちゃんの海」に
行くことになる。家族が再統合され，Ａさんは拡大家族にホールディン
グされるのである。

　やがて，進路について悩む時期がやってくる。Ａさんは老人ホームで
の体験を踏まえ，継父の励ましも受けて，福祉系の大学に進学する。ま
るで，物語を読むような展開である。

　近森先生も述べているが，Ａさんにとっておばあちゃんのいるアット
ホームな故郷は，まさに老人ホームのイメージを彷彿させる。受講生の
皆さんの中にも，祖母に代理母を，南国の故郷に老人ホームのイメージ
を重ねられた方が多いのではなかろうか。母親が再婚した時からこのよ
うな母性的ケアと手を切ろうとしたことがリストカットにつながったと
いうのは牽強付会かもしれないが，母性的コミュニティの再創造によっ
てリストカットしなくてもよい心境に至ったというプロセスは見いだせ
るように思われる。だとすれば，箱庭の亀は，ゆっくりとした時間を生
きる深い知恵の象徴として捉えうるのではなかろうか。

　また，箱庭に女の子と共に男の子が登場したのも，意義深く感じられ
る。同性や異性との関係をいかに受け入れるかは，Ａさんにとって大き

な課題であろう。Aさんは1年生の時には、女の子たちの群れに対して気持ち悪さを感じていたが、2年生になると、担任もベテランの男性になり、「クラス内に気の合った男女のグループ」ができる。女子に対する不満が減り、男子生徒が「おもしろい」という感じも生まれてくる。家庭内では、弟のかわいさを感じることや、継父の配慮への感謝なども芽生えている。なにより、両親の再婚の受容（「あの人」「あいつ」から「お母さん」「お父さん」と呼べるようになったこと）は、将来の異性との交際、あるいは、結婚への肯定的イメージの形成につながっていくように思われる。

（3） スクールカウンセリングの効果

　第1章でも述べたが、心理療法やカウンセリングの効果は、なかなか明確に捉えることができない。しかし、このケースでは、上述のプロセスに、SCとしての近森先生のアプローチが肯定的影響を与えていることは、まず、間違いないと思われる。X先生もY先生もそう感じている。そのエッセンスは、「深い傾聴と温かい見守り」と言ってもよいだろう。けれども、その要因の有効性を物質科学の厳密さで証明することはまず不可能である。このケースでは、SCの関与は、クライエントの祖母、母、弟、継父、養護教諭、担任、同級生、そして老人ホームの方々などによる、さまざまな働きかけと複雑に織りなされて展開しており、単独の要因の効果を抽出することは非常に難しい。まして、このケースから、リストカットには箱庭療法が有効であるなどと一般化して言うことはできない。

　しかし、この事例を通して、内界表現を守り促進するような環境の提供が、自我の確立や社会的行動の出現に肯定的影響を与える可能性があるということは言えるだろう。クライエントによっては、認知の修正や社会的行動の訓練よりもこうしたアプローチを好む人もいるに違いない。学問的研究の価値や実践の成果が競争原理のみで評価される時代にあっても、共生原理に基づいて多様性や伝統の価値を見い出そうとする人々もいる。現代人の喫緊の課題のひとつは両者のバランスをいかにとるかということではなかろうか。

🎸 研究課題

1．ウォルシュの4類型をもう一度まとめてみよう。
2．自傷行為と自殺企図の相違点をまとめてみよう。
3．リストカット以外の自傷行為を3つあげてみよう。
4．リストカットが繰り返されやすいのはなぜか，考えてみよう。
5．リストカットの傷口をインターネット上で公開するケースについて考えてみよう。
6．ウィニコット（Winnicott, D.W.）の提起したホールディングという概念とビオン（Bion, W.R.）が提起したコンテイニング（containing）という概念を比較してみよう。
7．友人がリストカットしているという情報を得た時，あなたならどうするか考えてみよう。
8．スクールカウンセラーと担任，養護教諭の役割分担について考えてみよう。

参考文献

松本俊彦（2009）．自傷行為の理解と援助—「故意に自分の健康を害する」若者たち．日本評論社．

Matsumoto, T. & Imamura, F. (2008). Self-injurx in Japanese junior and senior high-school students : Prevalence and association with substance use. *Psxchiatrx and Clinical Neuroscience*, 62, 123-125.

日本学校保健会（2018）．保健室利用状況に関する調査報告書

Walsh, B.W. &Rosen, P.M. (1988). *Self mutilation ; theorx, research and treatment*. Nx Guilford Press. 松本俊彦・山口亜希子（訳）(2005)．自傷行為—実証的研究と治療指針．金剛出版．

Winnicott, D.W. (1971). *Plaxing and Realitx*. Tavistock Publications. 橋本雅雄（訳）(1979)．遊ぶことと現実．岩崎学術出版．

Winnicott, D.W. (1986). *Holding and interpretation : Fragment of an analxsis*. Grove Press. 北山修（監訳）(1989)．抱えることと解釈—精神分析治療の記録．岩崎学術出版．

安岡誉（1980）．手首自傷症候群に見る自己破壊行動．精神経誌，82，753-754

7 大学での学生相談 I
不登校・ひきこもり

中島正雄

　大学におけるカウンセリングは学生相談と呼ばれる。大学生への個別相談が中心的な活動であり，相談の内容は進路，修学，心理や性格，対人関係，生活など多岐にわたることが特徴である。本章では近年の学生相談の中心的なテーマである大学生の不登校・ひきこもりについて理解を深めることを目的として，模擬事例をもとに不登校・ひきこもりの背景やカウンセラーの対応について多面的に考察する。

《**キーワード**》　不登校，ひきこもり，危機介入，箱庭療法

1. はじめに

（1）学生相談の歴史

　大学におけるカウンセリングは一般に学生相談と呼ばれる。歴史としては戦後 SPS（Student Personnel Services：厚生補導）の概念がアメリカから導入されたことに始まる。学生を支え育てていくことは大学の本質的な使命であり，大学における教育の一環として学生相談が位置付けられていた。しかし，1960 年代後半からは学生相談は教育ではなく狭義の心理治療であるとする医学モデル（病気を「治療する」というモデル）へ傾倒した。そして，国立大学を中心にして，学生の病気を治療するための組織である保健管理センターが学生相談機関を取り込む形で進展した。その後，2000 年に旧文部省から「大学における学生生活の充実方策について（報告）」（通称「廣中レポート」）が出され，学生相談は改めて大学教育の一環として捉え直された。さらには 2007 年の「大学における学生相談体制の充実方策について」（通称「苦米地レポート」）では，廣中レポートの理念を具体化すべく今後のわが国における

学生相談機関の望ましいあり方が提示されている（日本学生相談学会，2020）。このように歴史を概観すれば医学モデルへの傾倒の時期があったものの，教育の一環として学生相談が位置付けられていることが分かる。

（2）学生相談の特徴

　学生相談が行われる場所は学生相談室，学生相談所などと呼ばれ，近年では90％前後の大学に学生相談機関が設置されている。来談者は小中高のスクールカウンセリングと異なり，学生が大半であり，それに比べて教職員や保護者は（増加傾向にはあるが）少数である。学生相談機関のスタッフは心理カウンセラー，受付や初回面接を担当するインテーカー，事務職員などから構成されている。心理カウンセラーは臨床心理学の専門的な知見と技能をもち，そのほとんどは，「公認心理師」や日本臨床心理士資格認定協会にかかる「臨床心理士」，日本学生相談学会の定める「大学カウンセラー」等の資格を有している。相談の内容は進路，修学，心理や性格，対人関係，生活など多岐にわたる。もちろんそれぞれの相談内容は独立しているのではなく，多くの場合は密接に関連している。たとえば，経済的に余裕がなくアルバイトで生活費を工面しているが，アルバイトばかりしているので大学の単位取得が十分でなく，さらに進路も未定であるという学生の例を思い浮かべれば，相互の悩みが密接に関連することが分かるだろう。

2. 大学生の不登校・ひきこもり

（1）大学生の不登校・ひきこもりとは

　学生相談の大きなテーマのひとつが不登校・ひきこもりである。まず不登校の定義であるが，義務教育における定義とは違い，大学における不登校の定義は定まっていない。その理由として，義務教育であれば不登校は欠席日数が年間30日以上などと定義できるが，大学では不登校としてカウントすべき欠席の定義や欠席日数が学部や専攻によって異なったり把握しにくかったりするため，一律に定義しにくいことが挙げられる。

　一方，ひきこもりは「仕事や学校に行かず，かつ家族以外の人との交流をほとんどせずに，6カ月以上続けて自宅にひきこもっている状態」（厚生労働省）などと定義され，時々は買い物などで外出することもあるという場合も含めるとされている。大学生の場合は，ひきこもりは不登校のひとつのタイプとして捉えることができよう。

　このように定義上の困難があるため，不登校やひきこもりの発生率を把握することは難しいが，1990年代後半から複数の大学で行われた実態調査によれば，どの大学においても少なくとも1％前後の学生が不登校・ひきこもり状態に陥っているようである（小柳，1996など）。

　さて，義務教育であれば不登校やひきこもりは学校も保護者もすぐに把握できるが，大学生の場合にはカリキュラムを自分で決めることができるため，毎日の通学が求められるわけでもなく，ひとり暮らしをしている場合であればなおさら周囲による把握が難しい。保護者が事態を把握するきっかけになるのは，大学から学生の成績や在学期限などを知らせる通知文が届いた時や，家族が学生のアパートに来た際にゴミが散乱した室内を目の当たりにした時などである。カウンセリングも学生が自発的に相談室に来る場合よりも，家族や指導教員から学生に強い勧めがあって，あるいは彼らに連れてこられて始まる場合の方が多いかもしれない。

（2）大学生の不登校・ひきこもりの背景

　大学生の不登校とひきこもりの背景を個人レベル，大学レベル，時代レベルに分けて見てみよう。まず，学生個人のレベルでは，その背景は多種多様である。たとえば，何かしらの課題に取り組むために立ち止まる時間を必要とする学生，不本意入学等で勉学への関心を失った学生，経済的な問題を抱える学生，何らかの精神疾患を抱える学生などが考えられる。

　大学レベルの背景としては，1990年代半ばからの18歳人口の減少などによる，2000年代からの大学全入時代の到来などが挙げられるだろう。大学の定員数が入学者数を上回ったため，選り好みしなければ希望

者は全員大学に入学できる状況にある。このように大学で何をするかを意識的に考えずとも大学に入学できる状況においては，どの学生にとっても不登校となる可能性はあるのではないだろうか。

　時代的な背景としてはバブル経済崩壊後の経済情勢の悪化と雇用の厳しさ，SNSなどインターネットを通じたコミュニケーションツールの普及などが挙げられる。経済情勢の悪化と雇用の厳しさによる先行きの不透明さはどの学生にも暗い影を落としているが，不登校やひきこもりという形で一旦足を止めた場合，将来の見えなさや焦りはさらに大きくなり，ますます身動きが取りづらい状況となる。また，自宅にいても完全に孤立するわけではなく，SNSで他者とコミュニケーションがとれるなど，ある意味で心理的に孤立しない生活ができるという点では，インターネットの普及は不登校やひきこもり状態を慢性化しやすくしているとも言えるだろう。

（3）不登校・ひきこもりの大学生への対応

　上述したように，不登校やひきこもり状態の学生の相談は，学生が自発的に来談して始まる場合もあるが，親や教員が相談（コンサルテーション）を申し込んで始まることも多い。ただし，その後は，コンサルテーションを受けた親や教員からカウンセラーの人となりやカウンセリングのイメージを聞いて，学生が予約を取ることもある。

　不登校やひきこもり状態にある学生が学生相談室に来談した場合，背景に精神疾患が疑われる時には，保健管理センター等医療機関への紹介を考える。そして，カウンセラーとしては不登校やひきこもりの状態は本人なりの対処方法であると捉え，そこに意味を見いだし，個々の学生に敬意を払う姿勢が大切であろう。彼らの中には，強い罪悪感に苛まれたり自己否定したりする者も多く，たいていは他者からのネガティブな評価に非常に敏感である。ネガティブな評価は些細なものであれ，本人にとっては身を切るような痛みとして感じられやすい。そのため，カウンセラーは彼らの行為について簡単に善悪の判断をせずに（たとえば，外出しなかった学生が外出したと語った場合に，それをすぐに良いこと

だと評価するような軽率な態度は慎み），内なる声に耳を澄まし，様々に
入り乱れる気持ちをありのままに把握しようとする態度が大切であろ
う。また，不登校やひきこもりの状態を脱しようとしている段階の学生
には，グループワーク，居場所やフリースペースなど，実際の人間関係
を自分のペースで練習できる場についての情報提供をしたり，実際にそ
のような場へつなげたりすることが有効な場合も少なくない。

3．模擬事例

　この節ではいくつかの事例を参考に創作した模擬事例を通して，大学
生の不登校・ひきこもりの実際と学生相談におけるカウンセラーの対応
について見ていくことにする。

（1）事例の概要
○　クライエント（以下，C1と略）：法学系の大学院修士課程2年生，24
　歳，男性。
○　家族構成：父（弁護士），母（専業主婦），次男（21歳の大学生）。C1
　のみ地方の実家から離れて，アパートでひとり暮らしをしている。
○　来談経緯：危機介入から。
○　主訴：記載なし。
○　面接構造：週1回，50分。

（2）面接経過
　【以下，#はセッションの回数を示す。「　」はC1の発言，＜＞は
カウンセラー（Coと略）の発言である。】

第一期（#1〜#6：X年7月〜8月）
#1　指導教員より3月から連絡の取れない学生がいるという相談を受
けた。コンサルテーションを行い危機介入の必要性を話し合った結果，
指導教員とCoの2人でC1の入居するアパートの部屋を訪問すること
とした。インターフォンを数度鳴らして呼びかけると「はい」という返

事があり，C1がドアを開けて出てくる。Coより簡単な自己紹介と訪問した理由，指導教員から連絡を受けて同行した旨伝えると，C1は頷いた。その後，大学で話をした。今はひきこもり状態で，アパートから外に出ることは週1回程度，食料を買いに行く時くらい。昼夜逆転の生活である。そのようになったきっかけはとくにはなく，昨年秋頃から次第に大学に行く気がしなくなったのだと言う。途中，思いつめたような表情になったため，死にたい気持ちがあるかどうか尋ねると，「このまま自分が消えたら楽かもと考える時はある」と積極的ではないものの希死念慮を持つ様子が窺えた。その理由として，将来が見えないことが大きいということが一問一答を繰り返す中で分かってきた。

　家族には今のひきこもりの状態を伝えておらず，両親とは連絡をとってほしくないと，きっぱりと言う。＜消えたい気持ちを実行に移さなくて本当によかったと思います。消えたい気持ちになったらこれからはその気持ちを聴かせてもらえませんか＞と伝え，将来のことを考えるためにも今後学生相談室に継続的に来室することを勧めた。また，すぐに両親に連絡することは控えるが，C1の身に危険が及びそうだと判断した場合には両親に連絡したいと思うと伝えた。Coの顔をC1はじっと見ていたが，最後には「はい。分かりました」と頷く。学生が帰宅した後にCoと指導教員で話し合い，今後は学生相談室で学生のサポートを続けていくこと，学生に関する連絡がある時には学生の了解を得たうえでCoから指導教員へ連絡することを確認した。

＃2　時間通りに来室した。まずCoより面接室で話す内容は自傷他害など緊急の場合を除いて原則として面接室外に漏れることはなく，指導教員にも話が漏れることはないので安心して話して欲しいことを伝えた。C1から自発的に語ることはなく，Coが質問してC1が一問一答式に答えていく形で相談は進んだ。小学生の頃はサッカークラブに入っていたこと，中学校は公立で荒れた学校であったこと，高校は私立の進学校だったことなどをポツリポツリと表情を変えずに話し始めた。

＃4　入室後にしばらく額の汗をハンカチで拭いている。Coも面接室が暑く感じ，＜この部屋空調が動いてないですかね？＞と言い，共に見

上げて空調の吹出口をしばらく見つめるが，空調が動いているかどうか
が分からない。「……うーん……」と少し笑う。その時に初めて場の空
気が緩み，話しがしやすくなる感じがした。

#6　「これまで勉強しかしてきていない。でも自分から勉強をとった
ら何も残らない。生きていることはハイリスク，ノーリターン」。その
言葉を受けて，Coより希死念慮や自殺企図について改めて尋ねると，「死
ねば楽になるとは思うけど，死ぬのは怖いので実行しません」と明言し，
Coは少し安堵した。途中，相談室までの交通手段を尋ねると，大学ま
で約1時間，徒歩で来ていると言う。Coは驚き，その理由を尋ねると
「あんまり景色が代わり映えしないから，だんだん無心になっていくの
が良い」と。最近は途中で古本屋に寄ったりすることもあるという話か
ら＜どういう本を読む？＞「小学校の時に読んだ本です。そのころが一
番楽しかった。今でもその時のことをよく思い出すんです」。これまで
にないくらい話題も豊富で表情も生き生きとしている。

　第一期は危機介入から始まり，信頼関係が作られていった時期であっ
た。本事例は指導教員とCoでClの自宅を訪問した危機介入から始まっ
た。これまで連絡が取れなかった学生の安否が確認できたことでCoも
指導教員も安心した。しかし話をする学生の表情は暗く，Coが懸念し
たように希死念慮があることが分かった。このような状況については家
族に何も話しておらず，地方に暮らす家族は子どもがこのようなひきこ
もり状態になっているとは全く知らないと予想された。Clは家族への
連絡を頑なに拒んだために，対応方針としてはまずは家族への連絡をせ
ずに，Coが相談室においてClと信頼関係の構築を目指すこととした。
その後，時間通りに学生相談室に来る様子からは，どこかでこの機会を
きっかけに変わりたいという思いがあるように感じられた。

　Coとの関係が変わる転機は**#4**であった。空調を一緒に見つめるこ
とで，これまで手探りであったコミュニケーションのリズムが初めて
ピッタリと合ったように感じられた。その時の二人の笑いには空調が動
いているかどうか目視では分からなかったことの失笑だけではなく，二

人の呼吸が合ったような嬉しさもあったように思われた。その後は勉強しかしてこなかったこと，楽しいと感じる時間がなかったこと，しかし，小学生の時には楽しかったことが語られ，中学生以降に心理的な問題が潜在的に生じていたのではないかと推測された。

第二期（#7〜#17：X年9月〜11月）

#7　以降は発言が増えた。箱庭療法や夢分析に関心があると言う。その理由を尋ねると，「村上春樹の本に出てくるので」と。＜箱庭療法や夢分析を専門にカウンセリングしているわけではないけれど，ここで箱庭を作ったり夢の話をしたりして，その連想を話し合えれば，気持ちが整理されるかもしれません＞と伝えると頷く。帰り際に箱庭のミニチュアを見てもらうと，「見ていると，少し楽しい気がします」と言う。日常の生活状況は，相談室に来談する日以外は依然としてアパートの部屋からほとんど外出しないひきこもりの状態であった。

#8　すぐに箱庭を無言で作り始める。右上には柵で囲まれた海（プールだろうか）に小さな数匹のイルカがおり，とても窮屈な印象であった。対照的に中央には巨大な動物が堂々と上側から下側へと列になって移動している。大型動物を挟んで左端中央にお墓が3つ並べてある（巻頭の図7-1参照）。「人はいない」という話から，「中学生の時から自分がいない気がします」という連想を話す。＜3つのお墓も印象的に感じます＞と聞くと，「何のお墓かは分からない。でもそのお墓には何だか大切なものが埋まっている気がするなあ」と言う。

#12　＜箱庭をしますか，それとも話にしますか＞と尋ねると，「今日は箱庭ではなく話を」と言う。過去を振り返り，高校は進学校だったが，中学校は高校とは全然違って，荒れた公立校だったと話す。不良グループがいて，授業中にステレオを大音量でかけたり，ガラスを割ったり。その不良グループのひとりは幼なじみだったと言う。「ああ，あの人今どうしてるんだろうな」と目線を上にしてつぶやく。「中学の担任の先生は入院した後に医療ミスで死んだ。当時近所では自殺をした人もいた。売春で補導された中学の同級生もいた」＜中学の時，周りで大きな出来

事がいくつも起きているんですね＞「だんだん感覚が麻痺してくる。そうなんだ，くらいに」。「高校の時にはどの教科も成績が良くて，文系に進むかどうかでも迷ったし，大学で法学部を選ぶかどうかでも迷った。結局，父親から卒業後の選択肢の幅が広いと言われて法学部に決めました」＜その時の自分の気持ちはどのようなものでしたか？＞「やりたいことは後でやれるし良いかと思っていた。その時は実は文学を勉強したかった。でも作家になる自信もないし，作家になれたとしてもお金にならないと思って法学部に決めました」。

　しかし，今の分野にはそれほど興味が持てないと言う。大学学部の4年間はアパートと大学の往復だけで過ごした。休日にはアパートで大学の授業の予習と復習をしていた。一時期は司法試験を目指そうと思い，司法試験予備校とのダブルスクールをしていたが，途中で司法試験予備校の授業についていけなくなり，約半年で予備校を辞めた。大学や司法試験予備校では友達と遊んだことなどはほとんどなかったと言う。

#15　この日も話をすることを選ぶ。小学生の頃は「友達と近所のお店に買い物に行くだけで物凄く大きなことをしているようだった。そのころは中高生もすごく大きく見えた」と，懐かしそうに目の前に情景があるかのように語る。「自分でも今まで忘れていた気持ち」だと言う。小学校の頃は何でもできた。サッカーなどの運動も勉強も優等生だった。「それで周りが自分に期待していたのだと思う」＜そして，周りの人の思いに，自分も応えようと？＞「そう。自分でも何でもやれるはずだと思っていたみたい」。最近よく考えるのは「これまでは必要なことを先に選んできた。楽しいことは後回しでもできると思って。けれど，後回しにしてきた楽しいことが果たしていつできるのかなと思う」。

　第二期はカウンセリングの方針がひとまず決まった時期である。Clは箱庭や夢に関心を示した。Coとしても潜在的イメージを把握することに意義を感じたので，そのような表現もカウンセリングにとり入れることにした。箱庭療法は，常に知的な活動を要求される現代人にとって，普段は気づかないような心の世界に触れる機会を与えてくれる。**#8**に

作成した箱庭作品では，右上のイルカの窮屈さと，左側の３つのお墓が印象的であった。臨死体験では左上のトンネルのような通路がしばしばイメージされる。もしかすると，Ｃ１は死の世界と生命の世界のつながりを感じているのだが，生命の世界では，一様にこちらに行進してくる動物たちと窮屈な世界に閉じ込められたイルカたちに象徴されるように，衝動と身動きのとれなさを共に感じていたのかもしれない。しかし，Ｃｏからはとくにそのような解釈を伝えることもなく，ただ，Ｃ１が語る言葉に耳を澄ませていた。Ｃ１には内界を表現しようとする積極性が感じられたので，この時期には，解釈を伝えるよりもＣ１を見守る姿勢を保った方がよいと判断したのである。

第三期（#18〜#27：Ｘ年11月〜Ｘ＋１年１月）

#18　相談室に入るなり，「母親に電話したんです」と言う。大学に行っていない現在の不登校とひきこもりの状況を話した。母親が心配し，アパートに来ると言ってくれた。それで，気が楽になった。「これまでひとりで物事をやろうとしてきたのかもしれないと思います。親に心配をかける電話は初めてでした」と言う。最近変化したこととして，「お風呂前に腹筋や腕立て伏せとかの筋力トレーニングを始めました。ここ一年くらいで太ってきたから」と照れて笑う。

#20　箱庭を作成した（巻頭の図７-２参照）。中央にはトンネル。左側には，火山，巨大な蛇や異様な表情の人形が置かれる。対照的に，右側には小さな動物や馬に乗った中世の騎士のような人形が左向きに数多く置かれている。そして，中央上には磔にされたキリスト像。左側の世界は「怖い世界。何をされるか分からない世界。死後の世界かもしれません」と言う。

#22　笑いながら，「最近，絵を描いてみようかと思って，写実画を集めた本を買ってきて，人間の手を描いた」と言う。最近は少しそのような用事で外に出るようになり，食べ物だけを買いに出るようなひきこもり状態の生活ではなくなった。「絵を描くのは右脳を使う気がする。右脳を使っていくと，違ったものの見方がだんだんできるんじゃないかと

思って」と。「絵を描いたり，CDを買って音楽を聞いたりとかしています。これまでの自分はあまりにも勉強ばかりで左脳を訓練するのに偏重していたので，アンバランスでした。これからは右脳を鍛えようと思います」と言う。

#23　昨日見た夢の話。台風と地震と火山の噴火が重なったような天変地異の異常事態の中にいる。周りの人はみんなてんでバラバラに逃げていて，逃げ遅れた人々は次々に姿を消していく。自分はうまく逃げられずに，隠れ場所を必死に探しているという内容。昨日は何も手につかず「ボーっとしていました」。

#27　これまでを振り返って「中学はそもそも荒れていて，学校の雰囲気も勉強ができればOKという感じだった。高校も部活などせず，勉強だけをしていて，中学校と高校はパーッと過ぎた」と話す。「大学学部の頃も勉強ばかりしていたけど，誘われた飲み会に出たこともありました。そこには会話を楽しんでいる人がいた。すごいなあと思った」＜楽しんでいる人というのはどのような人のことですか？＞「無条件に相手を信じているような人。構えていないで自分の気持ちに素直な感じの人」＜自分はどうだったのでしょう？＞「人を疑いすぎていました。この人は自分の味方なのかどうか，自分より優れているかどうかとか。人と仲良くなるのは楽しいことだと思うんです。勝ち負けの競争ではないようなコミュニケーションがこれまで自分にはできなかったなあ」。

　第二期は過去をじっくり振り返り，さらに，箱庭を作ってその世界を味わう時期であったが，**第三期**は行動が劇的に変化した時期である。#18には今の不登校とひきこもりの状況を母親に話したことが語られる。これまでCoは親に連絡して欲しくないというClの希望を尊重していたが，この時期に，Clは意を決して自ら母親に伝えたようだ。母親が心配をしてくれたということは，Clの悩みを母親も抱えるということであり，悩みを分かち合った分，Clの心境は楽になったと考えられる。しかし，それでClの苦しみが解決するわけではない。ようやく自分自身で悩みに取り組んで行く準備ができたという段階のように思われた。

筋力トレーニングをしたり，右脳を鍛えたりと自分自身のパワーアップ
をし，困難や苦しみに負けない心身を創っているように見えた。しかし，
C1の抱える問題は簡単に解決できるものではなく，#20の箱庭作品や
#23の夢の内容からは心理的に過酷な体験をしている状況であること
が窺われた。このような状況の中，C1が抱える悩みをコミュニケーショ
ンの問題として明らかにしたのが#27であった。

第四期（#28～#33：X＋1年2月～7月）

#28 ゼミに出なければならないとは思うが「なかなか思い切れない」。
「中学から，ずっと周りに自分がコントロールされてきた感じ。自分で
自分がコントロールできていない感じ」とつぶやき，「優しかった叔父
が年末に亡くなったんです。中学の時とか，自分のことをよく気にかけ
てくれていました。叔父の家に家族で行くと，叔父はいつも一番に自分
に声をかけてくれました。でも今回のことで人は死ぬんだということ，
過去のことは過去のことなんだなと思いました」。

#30 精神的には「今，すこし落ち着いています」。その理由を尋ねる
と，「腹筋の筋トレを続けていて，筋肉がついてきて少し身体が思い通
りになってきたのが嬉しい。反対に夢は自分の思い通りにならないと
思った。コントロールできない。そう思うと楽になった。考えや気分も
そう。どうしても中学校以降のことを考えてしまったり，その都度気持
ちが沈んだりするのはなかなか自分ではコントロールできない。これま
ではそういうのも全部自分のことなんだから自分でコントロールしなく
てはいけないと思っていて苦しかった。身体，夢，考えや気分とかいろ
いろ自分にはあるけれど，コントロールできないものも自分にはあると
思ったら，気持ちが少し落ち着きました。もっと選んで自分を創ってい
かなければいけないと思った」と言う。Coは教えてもらうような気分
で聴く。

#31 「ゼミに出ることを考えると不安で，何も手につかなかった」。一
年ぶりにゼミに出席するということを考えると，元後輩が同級生になっ
ており，同級生になった後輩や先輩になった元同級生に何と思われるの

か，何と言われるのかを想像して足がすくむと言う。母親に「その話を
したら，『ひとりで悩みを抱えないで，話してくれてありがとう。中学
や高校の頃ももっと話を聞いてあげればよかったね。いまは無理してゼ
ミに出なくていいと思うよ』と言ってもらえた。それで，すごい楽になっ
たんですよ」と初めて涙を流す。「なんだか時間がどんどんどんどん進
んでいく感じで，怖いんですけど……」と言う。その言葉を聴き，Co
も胸がつまる。

＃32　「母親と話して随分気持ちが楽になりました。以前は不安を持っ
ていたら駄目だ，そんなことよりも今やるべき課題があるはずだと思っ
ていたんですけど，今は不安を抱えながらでも良いんだなって思えて，
大分楽になりました。むしろ不安のない人がいるほうが不自然だとさえ
思うようになりました」と心情を語る。Co は感心しながら聴く。「やっ
ぱり自分の気持ちを言葉にすると良いですね。言葉にすると形が出来る
感じで，考えとか思いがしっかりします」と。「今はこれまでの総決算
のような気がします。これからお金をためてどうするか……」＜これか
ら始まるような感じでしょうか＞「そうですね，自分でも楽しみなんで
すよ」。

　相談の最後に，今週ゼミに参加したことがポツリと語られる。「思っ
ていたほど，周りの人は変なリアクションではなく，普通な感じでした。
拍子抜けでした」と肩の力が抜けた感じで言う。＜驚きました。どんな
心境だったんでしょうか＞「そうですね……例えて言えば，スカイツリー
から飛び降りるくらいだったかも」と笑う。

＃33　「中学からこれまではずっと『あーつまんないな』と思ってきた
んですけど，今はどういうことをしたら楽しいかなと思えるようになっ
てきた。プロサッカーの試合も見に行きたいし，映画も見に行きたい。
今はやっと自分の気持ちが整理されてきた。ようやく自分が戻ってきた
感じです」。この感覚には手ごたえがあるように Co は感じた。ゼミに
は毎週参加していると言う。

　　第四期は**第三期**の延長で行動面のさらなる変化が見られた時期であ

る。今の自分を変えて行くことが課題であると捉え，どのような自分を
創っていこうかと手探りしているようであった。新たな自分を創るに際
して，追い求めるものと諦めるものの分別作業に取り組んでいたとも言
える。同時にそれは「自己コントロール感の回復」というテーマでもあっ
たように思われる。また，その前提としてカウンセリングの積み重ねが
あったからこそ，コントロールできない自己の存在に気づくことができ
たと言えるだろう。

　不登校とひきこもりの状態を終える転機となるのは＃31の母親の言
葉であった。母親にC1自身の不安を分かってもらったと感じた時に，
それまで長く止まっていた時計が再び動き出すように現実感覚が蘇り，
それ故に中高校時代との離別の悲しみが生じたようにCoは感じて胸が
つまった。＃32では，C1は自然に一歩を踏み出し，ゼミに参加するよ
うになったという報告がなされる。ここにおいて，中高生時代の体験を
心理的に通り抜け，それは現実的な変化として不登校とひきこもり状態
の終わりをもたらしたと言えるだろう。

第五期（＃34〜＃39：X＋1年7月〜9月）

＃34　終了間際，唐突に「今度スペインに行くんですよ」。Coは驚き，
その訳を尋ねると，「スペインに行ってみたくなって。海外旅行は初め
てです。サッカーとか見てきます」と。Coの様子を見て「驚かせまし
たか」と笑う。

＃35　箱庭を希望(巻頭の**図7-3**参照)。右上には生活感のある家とスー
ツ姿の男性ひとりがおり，下側には沢山の動物たちが並んで左方向へ進
んでいく。動物の列は「コントロールできる感じがしないもの」。＜何
だか打ち寄せた波がさーっと引いていくような印象を受けます＞と伝え
ると，「そういう感じかも」。動物の列の近くに頭を抱え，しゃがみ込ん
でいる若者がひとりおり，「これが自分です」。左上には最初の箱庭に出
てきたイルカが柵で囲まれており，今回は中央に噴水が置かれていた。
また，柵の中にはマリア像も置かれ，イルカを見守っているように感じ
られた。その柵の外からはそのマリア像に祈りをささげる人もいる。最

後に，前回の海外旅行のことを改めて尋ねてみると，心境について「なんだか時間がゆっくり流れるところに行ってみたいんです」。

#36　帰国後初回。スペインはとても楽しかった。英語がなかなかうまく話せず，苦労した時もあったけれども，サッカー試合会場では現地の人と一緒に応援して盛り上がった。「現実ではない夢のような時間でした」。

#37　「もっとあそこにいたかったな」とスペインのことを話す。夢を見たと言う。それは自分が父親になっていて，自分の子どもが亡くなる夢。

#38　「ここに来た時のつらさは今はなくて。就職活動は来年からにするので，もう一年留年します。進路のことは全然決まっていないんですが，それ以外のことが全部解決しました。前は中高生時代のことを考えたりして，全然目の前のことが手につかなかったんですが，今はひとつひとつ手につく感じです」と。今週ひとつの夢を見たと言う。それは入社後の夢で，Ｃ１は会議室の中にいる。そして，亡くなった中学の担任の先生と叔父が前の方で司会をしている。左には中学の不良グループに入っていた幼なじみがスーツを着て座っており，右を見ると今の同じゼミの女子学生がいる。「ああ，みんなちゃんといるんだなと思いました」＜これまで体験してきたことが自分の中に生きているというような感じでしょうか？＞「そういう感じです」と頷く。「あと少しで変わっていきそうな感じがする。何でこんなにしっくりこないんだろうという気持ちが終わるのかもしれない。自分の内側にしか目が向かなかったのが，やっと外側に力が向いてきた感じです」。

#39　振り返って「感情を人に伝えることがこれまでなかったかな。感情を伝えられたら楽しい。満足感があります」と。前回の夢に出てきた同じゼミの女子学生に今週話しかけてみたら，実はサッカー好きで，スペイン旅行の話もできて楽しかった。「いろんな人と話したいと思っているんですよ。人と話をすることは，嫌になる時もあるけれど，基本的に楽しいことなんだと思います」。

　第五期は，これまでの心理的な葛藤を通り抜けた直後の，ある意味で夢の時間のような，非日常的な時期である。＃34には海外に行くことが突然語られる。Coは驚くが，「時間がゆっくり流れるところに行ってみたい」という心境であることを聴き，このタイミングで海外に行くことは何かしら自然なことのように思われた。この時期の箱庭作品は＃8の箱庭作品と同じイルカが登場したものの，枯れ木に現れていた暗い世界ではなく，マリア像に代表されるような神聖な世界へと変化し，イルカはもう窮屈な印象ではなく，生き生きとした様子に見えた。＃38の夢の内容は時間が止まっていた中高生時代にきちんと出逢えなかった人々が登場し，今回は出逢うことができた印象を受けた。「みんなちゃんといるんだな」という言葉からは地に足がついたような，力が自然に湧いてくるような感じを受けた。

　イエスには父性的で死に直面するイメージがあるが，マリアには母性的で生命を育むイメージがある。イルカたちもマリアに見守られて心なしかのびのび泳いでいるように見える。倉光（2008）は，不登校になったある大学生が，動物が左向きに進む箱庭を創った数ヶ月後，母親との絆を確認し，釈迦が円形の池の中央に座り，周囲に動物がいる箱庭を作った例を紹介している。箱庭では，過去が左，未来が右にイメージされることが多い。C1は母なる力を得て，葬られた（自分を脅かすような）過去ときちんとつながることによって，未来の暮らしを創造しようとしていたのではなかろうか。カウンセリングは，その過程でC1が悩み，祈る場を提供したと言ってもよいかもしれない。

第六期（＃40〜＃42：X＋1年10月〜X＋2年2月）

＃40　相談の最後に，「話したいペースが緩くなっているので」と言い，間をあけて一カ月後に次回を予約した。

＃41　今一冊の本を読んでいて，ティク・ナット・ハンという禅僧の本。それにはいま自分がどこにいて，いま何を感じているかという"いま"の意識を持つことが大切だと書いてあると言う。

＃42　「この一カ月の間にいろいろ話したいことが出てくるかなと思っ

たけど，そうでもないので，カウンセリングは今日が最後にしていいですか」と最初に言う。Coはそのはっきりした意志の確かさを感じて同意した。＜アパートの部屋の中で過ごしていた時期を振り返ってみてどう思いますか？＞「何だったんでしょうね……最初の時は生きていく気持ちが起きなくて。ひきこもった最初はひとりでいた方が楽だと思っていたんですが，今思えば，逆に人とかかわらないことでだんだんと全部のやる気がなくなった気がします。人間は食べ物から身体のエネルギーをもらうけれど，気持ちのエネルギーは人と関わる中でもらうのかもしれないと思いました」。

　カウンセリングの意味についても言及する。「中学からの自分を振り返るのが重要だったのかな。それをひとりじゃ整理できないから，聴いてもらって。延々と自分の話を人に聴いてもらうことって今の世の中無いじゃないですか」。加えて，「自分にとって大切だったのは自分が感じていることをその時に自覚するということなのかもしれません。でも……なるべくやっていきたいけど，なかなかできないんですが」。自分がいま何を感じているかを自覚することの大切さと難しさを確認し，最後に互いにお礼を述べ合って別れた。

　第六期はまとめの時期であり，今後の課題を明らかにした時期でもある。＃40ではCoに話したいことが少なくなったと言い，カウンセリングの間隔を開けることにした。＃42では，もはやCoの支えは必要としていないことが確かめられ，Coとしても適切だと感じたため，終結に至った。最後の課題は自分がその時々に感じていることを自覚することであったが，それは今後の人生において長期的に取り組むべき課題であると認識されていた。

4．まとめ

　ここでは不登校・ひきこもりの意味と学生相談の役割について考えてみたい。まず，本事例における不登校とひきこもりの意味であるが，それが何かに対する対処方法であるとすると，C1は何に取り組んでいた

のだろうか。端的に言えば，それは中学生・高校生の時期をもう一度通り直すということではなかっただろうか。現在のままの自分ではこれから先の将来生きていくことが難しいと感じる時，人は環境を変えようとしたり自分自身を創り変えようとしたりする。自分自身を創り変える場合は，まず，自分自身を理解しなければならない。そのためには，これまでの自分を振り返り，自分を受け入れていくことが必要である。本事例の場合にはそれが中学生・高校生の時期であった。中学時代や高校時代のＣ1は内的な作業は一旦保留して，勉強という現実対応に集中してきた。しかし，大学に入学した後は目標を見失い，周りから求められること，やるべきこと，自分のやりたいことなど，様々な気持ちや考えが入り乱れ，身動きが取れなくなったのではないだろうか。それがいわゆる不登校とひきこもりの状態を引き起こしたように思われる。Ｃ1は，不登校やひきこもり状態によって，現実の時間をストップして，心や頭を整理しようとしたのではなかろうか。

　しかしながら，自分ひとりで自分の体験を整理することは難しいことである。ましてや心が平静な状態ではなく，様々な考えや感情が入り乱れる状態の中で，自分を振り返ることは至難の業であろう。最終回にＣ1は「ひとりでは整理できない」と言ったが，まさにその整理を助けるのが学生相談のカウンセラーの役割であったように思われる。人に話すということ，とりわけ話を聴く専門家であるカウンセラーに話すということは，自分を客観視し，主観と擦り合わせていくことにほかならない。カウンセラーが現実の時間を一時的に留保できる環境を整え，見守る中で，Ｃ1は自分を受け入れて行く作業を積み重ねていった。そのプロセスを通して，これまでの価値観，対人関係のあり方，進路など，滞って硬直していたものが融解し，ゆっくりと自分に再統合されていったのではないだろうか。

🎓 研究課題

1．不登校やひきこもりの状態にある大学生の心境について考えてみよう。
2．不登校やひきこもりの状態の大学生を援助する際，カウンセラーの望ましい態度について考えてみよう。
3．危機介入の意義と注意点について考えてみよう。
4．箱庭作品における宗教的なイメージや動物群の意味について調べてみよう。

参考文献

独立行政法人日本学生支援機構（2007）．大学における学生相談体制の充実方策について―「総合的な学生支援」と「専門的な学生相談」の「連携・協働」― https://www.jasso.go.jp/gakusei/archive/jyujitsuhosaku.html

倉光修（2008）．私の統合的アプローチと仏教　―明らめ，そして超越的存在との対話―　鍋島直樹・海野マーク・岡田康伸・倉光修（編）（2008）．心の病と宗教性―深い傾聴．法蔵館．pp. 189-203.

文部省高等教育局（2000）．大学における学生生活の充実方策について（報告）―学生の立場に立った大学づくりを目指して―．https://www.mext.go.jp/b_menu/shingi/chousa/koutou/012/toushin/000601.htm

日本学生相談学会（編）（2020）．学生相談ハンドブック（新訂版）．学苑社．

小柳晴生（1996）．大学生の不登校―生き方の変更の場として大学を利用する学生たち―　こころの科学　69，pp. 33-38.

8 | 大学での学生相談Ⅱ　自閉症スペクトラム障害とアカデミックハラスメント

中島正雄

　本章では，自閉症スペクトラム障害とハラスメントという，一見，関係が薄いように見える2つの問題について，自閉症スペクトラム障害のある大学生がアカデミックハラスメントの被害を受けそうになるという模擬事例を通して，理解を深めることを目的とする。このようなケースでは，本人の努力だけでなく，教職員や家族等周囲の関係者の協力が必要になることも多い。ここでは，学生相談カウンセラーの両者をつなぐような対応についても検討する。
《キーワード》　自閉症スペクトラム障害，アカデミックハラスメント，セクシュアルハラスメント

1. はじめに

（1）自閉症スペクトラム障害とは

　これまで「自閉症」関連の概念は様々に提出されてきた。国際的な影響力を持つ診断分類であるアメリカ精神医学会の『精神疾患の診断・統計マニュアル』（Diagnostic and Statistical Manual of Mental Disorders）の第4版改訂版（DSM-Ⅳ-TR）では，「自閉性障害」と「アスペルガー障害」は，「広汎性発達障害」（Pervasive Developmental Disorders）に含まれていた。第5版（DSM-5, 2013年5月改訂）では「広汎性発達障害」の名称が廃止され，代わりに「自閉スペクトラム症／自閉症スペクトラム障害」（Autism Spectrum Disorder）という診断名が採用された。この名称変更の背景には，自閉症を知的機能と自閉性の2つの軸で捉えた場合，知的機能の高低，自閉性の高低のスペクトラムが想定できるという考えがある。自閉症の特徴があっても，知的機能が高い「高機能自閉症」や，言語的コミュニケーションに問題の見られない「アスペルガー障害」も，このスペクトラムで捉えられるのである。

　かつて自閉症スペクトラム障害は発達障害のひとつであり，何らかの要因による脳機能障害であると考えられていた。しかし，DSM-5 では「発達障害」という概念はなくなり，自閉症スペクトラム障害は「神経発達障害」（Neurodevelopmental Disorders）に含まれている。すなわち，生まれつき脳機能の発達にアンバランスがあり，それにより社会性などに障害が生じると考えられているのである。

　自閉症スペクトラム障害は人口の 1 % 程度に認められるとされ，(1)対人コミュニケーションと対人相互作用における障害がさまざまな場面で持続して認められること，(2)行動，関心，活動のパターンが限定的，反復的であること，という二点で定義されている（岡田，2013）。それぞれの具体例としては，(1)他人への関心が乏しく，集団の中で適切に振るまえない，相手の気持ちを察することが苦手，暗黙のルールが分からない，自分の興味があることを一方的に話す，冗談を字義通りに解釈する。(2)限定された興味の対象に熱中する，特定の手順にこだわる，などが挙げられる(高橋，2012)。この他には，感覚の過敏さや鈍感さ，手先や運動面の不器用さなどがよく見られる。

（2）自閉症スペクトラム障害のある学生への修学支援

　障害のある学生数は 2006 年度は 4,937 人（全学生に占める障害学生の在籍率 0.16%）であったのが，2018 年度は 33,812 人（1.05%）と増加傾向が続いている（独立行政法人日本学生支援機構，2019）。このように増加している障害のある学生に対して大学はどのような修学支援を行っているのだろうか。ここでは自閉症スペクトラム障害のある学生に対する大学の修学支援について説明する。

　自閉症スペクトラム障害のある大学生の修学上の支援に関わる法律は 2005 年 4 月に施行された「発達障害者支援法」である。ただし，この法律は理念法であり，大学が何をどこまで支援するか明確にされていないため，大学や教職員間で多様な見解があった。修学上の妥当な支援内容と支援範囲についての判断には，2006 年の国連総会で採択された「障害者の権利に関する条約」が参考になる。そこでは，障害を持つものに

「合理的配慮」が提供されるべきであると述べられている。合理的配慮とは「障害者が他の者と平等にすべての人権及び基本的自由を享有し，又は行使することを確保するための必要かつ適当な変更及び調整であって，特定の場合において必要とされるものであり，かつ，均衡を失した又は過度の負担を課さないものをいう」（文部科学省ホームページ）と定義されている。日本は 2014 年に批准しており，この条約批准に向けた国内法整備として「障害を理由とする差別の解消の推進に関する法律（障害者差別解消法）」が 2013 年公布，2016 年に施行された。この法律により大学では，不当な差別的取り扱いの禁止と合理的配慮の不提供の禁止が明確に義務づけられ（私立大学では合理的配慮の提供は努力義務），その後現在まで，障害者差別解消法をもとに修学上のシステムの整備や制度設計が進められている。合理的配慮の具体的な内容としては，試験時間の延長，座席の配慮，テストをレポートに変更する代替措置などが挙げられる。

　大学における自閉症スペクトラム障害のある学生の支援に当たる部署は保健管理センターや学生相談室のほか，支援内容が学習面や生活面，人間関係面など多岐にわたるため，近年では障害学生支援室などの専門の部署での対応も見られる。

（3） 自閉症スペクトラム障害のある学生への就職支援

　自閉症スペクトラム障害のある学生への支援として，もうひとつ大きなテーマである就職支援について説明する。

　大学入学前にすでに自閉症スペクトラム障害の診断を受けている学生もいるが，大学入学後，とくに就職活動を続ける中でつまずきを繰り返し，学生本人もしくは家族など周囲の関係者が学生相談機関に来談，あるいは紹介されて，はじめて自閉症スペクトラム障害の可能性が疑われるケースもある。前者の場合は障害についてある程度の受け止めや自己理解が進み，障害者雇用枠での就労を当初から視野にいれている学生も見られる。他方，後者の場合は，自分の特性の理解や受け止めを進めると同時に，医療機関を受診し，診断を受けて障害者雇用枠での就労を目

指すのか，それまで通り一般枠での就労を目指すのか，あるいは一般枠と障害者雇用枠での就労を同時に進めるのかを検討していくこととなる。障害のあることをオープンにする障害者雇用を選択するメリットは，障害者求人に応募ができることや年金申請ができること，各種控除が受けられることなどだけではなく，自分の特性に適した仕事を見つけやすく，職場の理解や配慮が得られやすいという点などが挙げられる。

　自分の特性の理解や受け止めという心理的な作業と，就労を進めていくという現実的な作業を同時に進めていくことは，学生ひとりで短期間にできるというような容易な取り組みではない。同じ自閉症スペクトラム障害という診断名であっても，当然のことであるが同じ人はひとりとしていないのであり，ひとりひとりの特性も得意不得意などの能力も異なるため，周りの関係者とともに協力しながら，心理的な作業と現実的な作業を進めていくことが望まれる。その際に利用できる機関として，大学内には学生相談室，障害学生支援室，キャリア支援室などがあり，大学外には発達障害者支援センターなどがある。さらに学外には，職業訓練や企業でのインターン実習の斡旋，就活の支援，就職した後の職場定着支援などを行う就労移行支援事業所，生活習慣や金銭管理等の生活面も一体的に支援する障害者就業・生活支援センターなどの就労支援機関があり，通所しながら自己理解を深め，同時に就労支援を受けることができる。

（4）ハラスメントとは

　大学におけるハラスメントにはいくつかの種類があるが，代表的なハラスメントであるセクシュアルハラスメントとアカデミックハラスメントについて説明する。

①セクシュアルハラスメントとアカデミックハラスメント

　セクシュアルハラスメントとは相手にとって不快に感じられる性的な言動である。例としては，容姿など身体的な特徴に言及したり，「男のくせに根性がない」などの性差別的な内容の発言をしたり，個人的に食事やホテルに誘ったり，身体接触を試みたりして，相手が不快に感じた

り，やめてほしいと言っても繰り返す場合などが挙げられる。

　アカデミックハラスメントの定義は，大学によって多少異なるが，一般的には教育・研究上の権力を濫用し，不適切な言動によって，相手の修学や研究，職務遂行に支障を与えるような行為と言って良いだろう。ある行為がアカデミックハラスメントに当たるかどうかは，被害者が主観的に決めるのではなく，多くの大学では，ハラスメント防止委員会など第三者機関が判断するとされる（倉光，2011）。アカデミックハラスメントとして訴えられる例としては，ゼミ発表の場などで「おまえは馬鹿か。よくこの大学に入れたな」などと激しく罵倒し，呈示されたレジュメを目の前でゴミ箱に捨てる，学生が指導を求めても長期間放置する，実験に必要な器具を突然理由も言わず使用できないようにする，学年の途中で「おまえには学位は取らせない」「今すぐ大学をやめろ」などと断言する場合などが挙げられる。

　ハラスメントの被害を受けた学生は，大学や研究室に行けなくなったり，夜眠れなくなったり，頭痛や吐き気に悩まされたり，恐怖症やうつ状態に陥ったりすることがある。また，PTSD症状が出て，ハラスメントを受けた場面が突然，非常に鮮明に思い出されたり，一時的に感覚が麻痺したりするケースもある。このような場合には学内の保健管理センターや学外の精神科クリニックなどで服薬治療を受けることもある。ハラスメントが生じやすい背景としては，大学教育の場の密室性や閉鎖性，大学教員の裁量権や人事権の大きさなどが挙げられるだろう。

②ハラスメントの被害を受けた学生への大学の対応

　多くの大学では，セクシュアルハラスメントやアカデミックハラスメントの相談はハラスメント相談室や学生相談室が対応し，学生の希望に応じて，ハラスメント防止委員会など審判機能をもった委員会に申し立てを上げる。学生の中には，委員会への申し立てはせず，カウンセリングを通して困難を乗り越えたり，周囲の援助によって立ち直ったりする人もいる。もちろん，ハラスメント防止委員会に申し立てを上げるケースもあり，その場合は事例にもよるが，ハラスメント防止委員会によっ

て事実調査がなされ，その結果に応じて懲戒処分等が下されることがある。ただし，アカデミックハラスメントの場合には，被害者が迅速な救済を求めて加害者以外の教職員に苦境を話し，その結果，学部や研究科の中で，加害者への注意勧告がなされたり，被害者の研究室変更の希望が認められたりという「調整」がなされ，それによって事案が解決されることも少なくない（井口・吉武，2012）。もちろん，たいていの大学では，このような調整が奏功しない時には，その段階で被害者がハラスメント防止委員会に申し立てを行うこともできるシステムが整えられている。

2. 事　例

　この節ではいくつかの事例を参考に創作した模擬事例を通して，大学生の自閉症スペクトラム障害，アカデミックハラスメントの実際と学生相談の対応について見ていくことにする。

（1）事例の概要
○　クライエント（以下，Clと略）：工学部 3 年生，21 歳，男子学生。
○　家族構成：父（エンジニア），母（専業主婦）。Clは両親と同居している。
○　来談経緯：自主来談。
○　主訴：「他人との意思疎通がうまく行きません。統合失調症かもしれないと思い，相談に来ました」。
○　面接構造：週 1 回，50 分。

　以下，#はセッションの回数を示す。「」はClの発言，＜＞はカウンセラー（Coと略）の発言である。

（2）面接経過
第一期（#1〜#9：X年4月〜7月）
#1　待合室までCoが迎えに行き，Coが自己紹介すると，礼儀正し

く直角になるくらい深くお辞儀をして挨拶する。面接室に入り話を聞くと，「ここに書いた通りなんですが，人とうまく話せないんです。それで症状をインターネットで調べて，統合失調症だと思ったんです」と言う。このような傾向は幼い頃からあったが，とくに病院で診断されたことはないらしい。幼い時の記憶は薄いが，昔からよくひとりで遊んでいたと言う。現在もゲームが好きで，オンラインゲームをしている。＜どういうところがゲームは楽しいのですか？＞「楽しいというのは分かりませんね」。＜分からないというのはどういうことかな？＞と聞くと，言葉にするのが難しいのか，沈黙。度々爪を嚙む。座り方は椅子に背筋を伸ばして座っており，両ひざの上に両手をきっちりのせている。

　人とうまく話せないという困難について尋ねると，「人と話す時に相手が何を言っているのか分からない時があるんです」＜具体的なエピソードは思い出しますか？＞「思い出しませんね」と言うので，Coは継続相談の必要性を感じ，＜次回の相談までに見つけられたら見つけておいてもらえますか。具体的なエピソードがあれば，私も一緒に考えやすいから＞と伝えた。「ああ，なるほど，そのほうが先生には分かりやすいですよね」とClは言い，人に相談する時には具体的なエピソードがあった方が良いことに気付いた様子であった。

　友達がいないということについて尋ねると，突然「サークルで付き合った人がいたんです。今年別れたんです」と言う。Coは話の転換に驚きつつ，その女子学生Aさんとの恋愛話を聴いていくと，Clは勢いよく話し始めた。最後に，＜今日のお話を伺って他人との意思疎通がうまくいかない理由はまだ分かりませんが，これから困り事をひとつひとつ聴かせてもらえればはっきりしていくと思います。お医者さんではないので統合失調症ではないと断定はできませんが，その可能性よりもコミュニケーションにおける問題を抱えているように感じました＞と伝えて継続を促すと，すぐに「これから来ます。お願いします」という返答であった。

＃2　前回の具体的なエピソードについて確認すると，「（見つけてくることを）忘れました」と言う。＜生活面を知りたいのですが，何科目く

らい授業の履修登録をしているのですか？＞「決めていません」＜決めていないというのはどういうことでしょうか？　履修科目登録期間はそろそろ終わりでは？＞「えっ？　そうですか？」＜提出しない理由が何かあるのでしょうか？＞「……締め切り日を知りませんでした」。CoがC1に教務課へ電話するように提案するも「どうやって聞けばいいのか……」と当惑した様子であったため，＜それでは練習として，私が教務課に電話してみるので，電話での聞き方の参考にしてみてください＞と伝え，Coが教務課に電話したところ，その日が履修科目登録の締め切り日であることが分かる。その後，履修科目を一緒に検討し，無事に履修科目を登録することができた。最後に「人の言ったこととか，締め切りとか忘れやすいんです」と言うので，＜忘れやすい人は，メモをとったり人に聞いたりしてみても良いのではないかと思いますが＞と伝えたところ，「メモとるのはいいかもしれません」と頷いていた。

＃3　メモ帳を購入してきていた。メモ帳に記載すべき，期限が迫っている課題や手続きがないかどうかを確認すると，「奨学金の手続きがありました。いつまでが期限なのか覚えていません」＜それでは，練習としてこの場で奨学金係に電話してみるのはどうでしょうか。この前私が電話したみたいに＞と伝えたところ，C1は沈黙し，緊張で身を堅くしている様子であった。＜今はどんなことを考えているんでしょうか？＞と尋ねて，しばらく待つと「何も考えられなくて……」と言う。＜それは気が動転している感じなのかもしれませんね。それでは前回と同じく私が奨学金係に電話してみるので，電話の聞き方の参考にしてみてもらえますか＞と伝え，Coが電話で奨学金の手続きの締め切りを確認した。2週間後が期限と分かり，C1は少し安心した表情でメモをとっていた。

＃4　時間通りに来室している。＃1の課題についてメモ帳に記録してきていた。相手が何を言っているか分からない時があるエピソードとして，「電車に乗る時に，ICカードで改札を通ることができなかったので，駅員さんに入れないと言ったんですが，『ここから通れます』と言われて，何を言っているのか分からなかった。何度か聞き直してやっと分かりました」と言う。そのエピソードについて一緒に検討した結果，「こ

こから通れる」という文章には主語がないこと，どこで何を行えば良いかが曖昧であること等，発言からは分かりにくいポイントがいくつもあることが分かった。＜たとえば，『IC カードと機械の接触が悪かったから，あなたは通れなかった。あなたはもう一度 IC カードを機械にタッチして駅構内に入場しても良いけれど，それはお手数をおかけしてこちらが申し訳ないし，いまカードを確認したところ有効期限も問題ないので，機械にタッチせずにこの別の通路から駅構内に入っていいですよ』と駅員さんに言われたら分かったのでは？＞「そう言われれば分かったと思います」。これからも人間関係に困難を感じる場面について，具体的に検討していく方針を確認した。

＃５　奨学金の手続き書類の期限が迫っているが，「奨学金の申請理由欄をどう書けばよいのか分からなくて……」と困惑した様子であった。＜分からないことを自分から人に聞けるようになったというのは大きな変化だと思います＞と伝え，一緒に作成した。

＃６　Ａさんとの関係について話す。Ａさんは他大学の同学年で，うつ病を患っていた。そもそもＡさんに好意を持っていた C1 はうつ病のことを本やネットで調べてＡさんに接し続けたところ，その具摯さが通したのか，Ａさんから告白されて付き合うようになった。しかし，その半年後にＡさんから別れようとメールが来た。それから三カ月経つのだと言い，「自分のことを分かってくれるのは彼女だけでした」と俯（うつむ）く。

＃７　小学校から今まで友達はほとんどいなかった。中学生の時にはいじめを受けた。きっかけについて尋ねると，「何だか変な奴だと言われて，仲間外れにされていました。修学旅行でもひとりぼっちでした。自分が人の中に入っていくと，みんながしーんとなるんです。それまで盛り上がっていたのに，自分がしゃべった後は一気に静かになっていました」。大学生になってからは，コンピュータのプログラムサークルに入り，話が合う友達がひとりできたと言う。

　爪をかむのは中学の頃からの癖。また，「耳が雑音に弱くて。食堂で周りの人が食べていたり話したりしている音が本当に嫌です。耳が神経質で。音楽のコンサートなんか一生行きたくない」と言う。さらには，

運動は体の使い方が不器用で全般的に不得意であることや，数学や物理は得意だが，現代文は全然できず成績が良くなかったと言う。

＃8　この間は「バイトで忙しかった」。家庭教師で中学3年生に数学を教えている。半年前から教えているが，休憩時間に何を話して良いか分からないので困っていると言う。＜今はどう過ごしているのですか？＞「その子は傍のベッドに寝ころんで漫画とか読んでいます」＜その間，Ｙさん（C1のこと）は何をしているのでしょうか？＞「何もすることがないし，お給料をもらっているから他のことをするのはいけないので，じっと座っています」＜その子はどんなふうに思っているのでしょうねえ＞「……それは考えたこともありませんでした」。Coより，時事的な話題を振ってみること，相手の学校生活を尋ねてみることなどの例を挙げると，「生徒のことが知りたいので，学校生活のことを尋ねてみます」と言い，その場でいろいろな話題を考えていた。

　これまでのアルバイト経験について尋ねると，最初は大学1年生の頃にコンビニの店員をしたと言う。きっかけは「いつも歩いている道に張り紙があったから」。夕方から深夜のバイト。結局「合わなかったから」，一カ月で辞めた。それは「商品を並べる時はそのことしか頭になくて，レジにお客さんがたくさん並んでいても切り替えがうまくいかなかった。複数のことに同時に気が回らないんです」と。Coは，＜そのような特性を自分で把握することはこれからも大切だと思います＞と伝えた。

＃9　「妄想を持ちました。街を歩いていると目が合う人がいますが，変な目で，まるで腐ったものでも見るような目で僕を見るんです」と言う。とくに何か他人から具体的に言われたわけではないが，何となくそう感じるのだと言う。「今の気分転換はゲームだけ。来週はゼミの発表もあるし，楽しいことがある訳でもないし，将来が暗いです」＜今の気分で将来を考えると暗く見えるかもしれませんね。暗い気持ちをひとりで抱え込まず，よく言ってくれました。これからもそういう気持ちを感じたらここで話して，私と一緒にひとつずつ考えていきませんか＞「お願いします」。

第一期はClが抱えるさまざまな特性や持ち味が次第に明らかになった時期である。初回面接では困っている問題がいくつも語られ、その後、相談内容が毎回目まぐるしく変わった。当初、Clは統合失調症を疑っていたが、症状の内容からは統合失調症の可能性よりも、成育歴などからは何かしらの発達の障害があるように思われた。#2以降、計画性や見通しの弱さ、曖昧な言語表現を理解する困難さ、聴覚という特定の感覚の敏感さ、運動の苦手さ、不器用さ、得意・不得意の差の大きさ、複数のことに同時に気が回らない傾向などから、自閉症スペクトラム障害が疑われた。また、心理状況としては#9で「妄想」と表現したような、強い不安や深い孤独感が窺われること、持ち味としてはAさんから告白されたというエピソードから推測されるClの真摯さや、Coの提案を素直に受け取るところなどが魅力として認められた。

　以上のことを踏まえ、今後のカウンセリングの方針としてはClの人間的な魅力を尊重しながらも、人と関わる力が弱い故に人に頼る経験も乏しいClに対して、孤独感などの気持ちを丁寧に聴く関わりをしてCoが信頼できる他者となることや、Clの特性をCl自身で把握する手助けをすることとした。

第二期（#10～#12：7月～8月）

#10「今日、ゼミで発表した時に、B先生に『君の発表は全く分からない』と言われました」と肩を落とす。専門分野はコンピュータのプログラミング。その第一希望のゼミに今年から入ったばかり。3年生に進学した当初は専門課程の科目だけに取り組めば良いので、教養科目を履修しなければならない頃よりは授業が楽に感じたと言う。しかし一方では、少人数制で指導教員との距離が近くなるゼミ形式には慣れていない様子が窺われた。「発表の最中はずっとうろたえていました」。その心境を尋ねると、質疑応答など「リアルタイムで会話をするのが苦手で。相手が何を質問しているのか分からない時があります……頭が悪いんです」。Coは、＜頭が悪いというよりもYさんの特性があるのではないかと思うのですが＞と伝えた。次回の発表は一カ月後。「他の事をやって

も気がまぎれない」と。睡眠も十分にとれず食欲も落ちているということだったので，Coは大学内の保健管理センターを受診するように勧めた。すると，C1も受診したいとのことであったため，C1と話し合い，現在の状態とC1の特性もあわせて紹介状に書いて渡した。

　翌週，「保健管理センターに行ったんですが，発達の障害が疑われると言われて，大学外のクリニックを紹介されました。そこで心理検査などを受けてきました」と言う。
#12　この間，クリニックでは不眠の薬を処方されたり，母親が呼ばれて成育歴を聞かれたりした。「『自閉症スペクトラム障害』だと言われました。でも，それは違うと思います。昔から自分はこんな自分だから障害ではないと思います」と言う。Coは，＜自閉症スペクトラム障害というのはYさんを否定する言葉ではなく，Yさんの生きづらさにお医者さんが名付けた言葉なのではないかと思います＞と伝えたが，腑に落ちない様子だった。＜これまでカウンセリングでやってきたことですが，どのようにすれば毎日を過ごしやすいか一緒に考えていきませんか＞と提案すると，頷く。

　第二期は医療機関において「自閉症スペクトラム障害」という診断がつけられたが，それをどのように受け止めて良いか分からないようであった。ゼミでの発表を機に，不眠と食欲不振が見られたため，Coは大学内の保健管理センターを紹介した。大学内の保健管理センターから紹介された専門クリニックでは，心理検査や母親からの成育歴の聴取などがなされ，その結果，やはり，「自閉症スペクトラム障害」という診断がつけられた。学生はその説明の際に受けた「障害」という言葉が受け止められない様子であった。Coは自閉症スペクトラム障害というのはC1に烙印を押すための診断名ではなく，C1の生きづらさがどこからくるのか，それにどのように対応すればよいかなど，自分理解の一助に利用することを提案した。

158

第三期（#13〜#14：8月〜9月）

#13 ゼミで発表したが，さんざんだった。輪読の授業で，本の担当箇所をまとめて発表したが，「まとめがまとめになっていなくて長すぎるとか，内容を詰め込みすぎとか，要点が分からないとか，B先生に指摘されました」。「自分としてはこの一カ月頑張ったのに」と肩を落とす。「高校の数学などは答えが1個しかないけれど，本のまとめ方は1個の正解があるわけではないので難しい」「文章をまとめるポイントが分からない。自分で考えてポイントを見つけろと言われると苦手で。コミュニケーションも同じかもしれない。相手が何を聞きたいのかというポイントが分からない」。途中で涙を流す。「指導教授のB先生に嫌われているんです。B先生に『君は能力がないから学位をとるのは当分先になると思います』とか，『そんな研究レベルでは高校生にも及ばない』とか，発表後の打ち上げ会で，『Y君，今日は欠席なのかな』と目の前にいるのに言われました」と言う。Coは驚き，アカデミックハラスメントに発展する事態も予想して，＜そのような発言が続いたりすると，アカデミックハラスメントを受けたとして申し立てる人もいます。もし希望するなら，ハラスメント相談所に紹介することもできます。ただし，申し立てをして事実調査に入ると，今後，時間がかかるかもしれません。事実調査の結果，B先生の態度はハラスメントとして認められない可能性もあります。当面は，B先生と顔を合わせにくいかもしれないので，B先生にどう対応したらいいかをここで一緒に考えていってもいいですよ＞と提案した。すると，C1はしばらく黙っていたが，やがてしっかり頷いて，「よろしくお願いします」と言った。

#14 B先生とはゼミでの発表以外は話す機会がない。加えて輪読発表の際には，B先生からの質問にほとんど答えることができていない。B先生はとても口の立つ人で，他方C1自身は「思っていることはどうしてもすぐには言えないんです。いつもそれを考えるのに時間がかかってしまって。反対にどうでもいいことはすぐに口に出るんですが」と。思っていることをポンポン言い，発言内容に話してはいけないことを検閲するフィルターが掛からないのだと言う。その例として，先週のゼミの集

まりで博士論文を提出したばかりの先輩に周りの学生が「きっと博士号を取れますよ。この研究室は最先端の研究をしていて，これまで博士号が取れなかった先輩はいませんから」と言っていたのを聞いて，とっさに「一昨年，Ｚさん（別の先輩）は博士号を取れませんでしたよ」とC1が口を挟んだところ，水を打ったように場が静まったのだと言う。発言内容にフィルターが掛からないことへの対策は「うまく行ったためしがない」。フィルターを発明するのはすぐには難しいかもしれないので，対処策として発言を失敗したと感じた後のフォローの言葉を考えるのはどうかと提案した。

　話をB先生との関係に戻して，＜B先生からすれば，Yさんのことがほとんど分かっていないのではないでしょうか。Yさんの特徴をB先生に説明しておけば，何かしらの理解や配慮をしてもらえるかもしれないと思います＞と伝えた。また，C1はひとりで発表の準備をしなくてはならないと思い込んでいる様子が窺えたため，その点を尋ねると，「人の助力を受けることができないんです」と言う。＜どういう点が助力を受けるのに難しいと感じるのでしょうか？＞「どのタイミングで人に頼ったら良いかが分からない。どこまで自分でやって，どこから人に頼るのべきなのかが分からない。それと，コミュニケーションスキルが足りない。どういう言い方で人に話を聞くか，人を頼ったら良いかが分からない」と嘆く。そこで，発表の準備に関して，相談ができそうな先輩に連絡をするメールの一例をCoがその場で書いた。

　第三期は教授との関係が悪化し，アカデミックハラスメントにつながる危険性が高まる時期である。ゼミの発表に関する難しさはC1の特性上，Coとしてはよく理解できたが，B先生の言動からはC1の特性をよく分かっていない可能性があると思われた。B先生自身もC1への対応に困惑していることが推測されたため，今後C1とB先生への関係に対する支援の必要性を感じた。また，ゼミ発表に関するプレッシャーやストレスを低減する方法として研究室の仲間や先輩の助力を得ることも提示したが，C1には他者に頼る難しさもあることが分かった。ただし

この気付きは，これまでCoに頼ることができている基盤の上に得られたもののように思われる。

第四期（#15〜#16：10月〜11月）

#15 翌週にゼミの発表があり，そこでB先生に何を言われるかという不安で一睡もできない日があると言うので，＜Yさんの特性を考える上で，Yさんが発表の準備を頑張るだけではなく，周りの人がYさんの特性を理解していくことは大切なことだと思います。私からB先生に連絡して，Yさんの特性を私から伝えることもできるけれど，どうでしょうか？＞と尋ねたところ，「お願いします。でも，障害のことは言わないでください」という返答であったため，その条件のもとでCoがB先生と会うこととした。

※指導教員とのコンサルテーション（11月中旬）

B先生に連絡したところ，すぐに相談室に来室された。挨拶の後，B先生もC1への対応に困っており，C1が何を考えているのか全く分からないという悩みが語られた。Coより，B先生の悩みを十分に聴いたうえで，C1にはコミュニケーションにおける言葉の理解に困難さを抱えており，聴覚の過敏な傾向も加わって，発表後の質疑応答では他人の発言をその瞬間に理解することが難しいこと，相手の立場に立って想像することが難しい傾向があることなどを伝えた。具体的な対策としては，質疑応答では主語を入れて具体的で分かりやすい発言をすること，C1がそれでも分からない様子であればコメントの内容を資料にして後でC1に渡すこと，他のゼミ生とのやり取りでC1が困っている場合には，B先生が他のゼミ生の意見を解釈して適宜C1に分かりやすく伝えることなどを提案した。また一方で，C1の長所として生まじめで，優しく純粋で人を欺いたり陥れたりするような性格では全くないことなども伝えた。

B先生はようやくYさんという人物の一端が分かったと言い，「実はこれまで何度か少し意地悪をしてしまったこともありました」と反省する。そのひとつはC1を発表打ち上げの会の幹事にした時のことで，「幹

事にもかかわらず，お店の予約や参加人数の把握などをしておらず，幹事の仕事を全くしていなかったので，Ｙが目の前にいることも分かっていたんですが，『Ｙがいないぞ。またどこかに行ったのか』とついつい皮肉の発言をしてしまいました」＜よく言ってくださいました。これまでＢ先生がＹさんへの対応に苦慮されていたことを感じました。ただ，ご存知かと思いますが，Ｙさんのように人の言動に敏感な学生はそのような言葉に傷つくことが珍しくありません。アカデミックハラスメントとして訴える学生もいます。どんな伝え方がよいかを学生相談室で先生ご自身が相談することもできます。ちなみにこの場合であれば『お店の予約の仕方が分からなければ助教に聞くんだよ』という答え方だと，Ｙさんはよく理解できるのではないかと思います＞と伝えたところ，「これからは何かあればご相談させてください」とＢ先生は言い，礼を述べた。
#16　発表は成功ではなかったが，「Ｂ先生からのコメントはよく分かりました。発表の翌日にはＢ先生からコメントをまとめた資料をもらえて，研究内容としてもとても役に立ちました。やっぱり環境を調整すると随分気持ちが楽になることが分かりました。人間関係が上手くいかないのはこれまで自分という人間が悪いと思っていたんです。でも自分が悪いのではなく，自分のような特性を持つ人は今の世界は生きづらいということなのかもしれません。こんなに楽になるのなら，もっと早くＢ先生に自分の特性を伝えていれば良かった。まだ障害という言葉はひっかかりますが，自分の生きやすさのためには『自閉症スペクトラム障害』という考え方は大切かもしれません」と言う。睡眠は改善したと語った後で，「あと，カウンセリングではなんでこんなに話せるかを考えたんです。それは公平に中立で話を聞いてくれるからなんだと思いました」。「僕が本当に欲しかったのは，ゲームで敵を倒すことではなくて，心の中の声を聴いてくれることの方が数千倍以上なんです」と言う。
　最後に「もうひとつ達成感なんですが，家庭教師をしていた子どもが第一志望校に合格したんです」と言う。＜休み時間にまで工夫しながら，よく継続してサポートしたね＞と労った。また，最近ではネットの掲示板で質問者の悩みに答えている。Ｃ1はひとつひとつ詳しく回答を書い

ているためか質問者に人気があり，悩みを持つ人から沢山「ありがとう」
という感謝のコメントをもらっているのだと言う。「良いことをしてい
るようで気持ちが前向きになれます」と。人間関係の困難に一応めどが
つき，自閉症スペクトラム障害の受け止めも始まったばかりではあるが，
これからは就職活動にむけて学内外の資源を活用しながら取り組んでい
るところである。

　第四期は環境調整がきっかけで学生が障害を受容し始めた時期であ
る。コンサルテーションとしてCoがB先生へClの特性を伝え，B先
生がそれに合わせて指導方法を工夫,配慮するという環境調整によって，
ゼミでの発表では学生にとって気持ちが楽になり，その上，研究内容と
しても益あるものとなった。この変化によって，学生はそれまでの困難
体験の受け止め方がより客観的になり，自分が悪いわけではなく，自分
の特性と世界との相性がよくないという理解につながった。今後，特性
の受け止めと特性の理解はさらに深まっていくだろう。そして，この特
性の受け止めと特性理解の深化は，今後に控えている就職活動という大
きな課題に際しても，重要となるものである。

3. まとめ

　今回の事例を次の二点から振り返ってみることにする。

（1）自閉症スペクトラム障害のある学生にとっての学生相談の役割
　自閉症スペクトラム障害やADHD（注意欠如多動症），SLD（限局性
学習症）など，発達に凸凹があり，学業や研究に支障が及ぶ学生の支援
においては，周囲の人々が彼らの特性を理解していけるよう環境調整を
することが大切であろう。そのように環境の側が変化することによって，
今回の事例のように彼らは大学生活を送りやすくなり，さらに自分の特
性理解が進むだろう。
　また，彼らは人と関わり合いたい気持ちがあるものの，自分の特性や
コミュニケーションスキルの不足などで他人とうまく喜怒哀楽を分かち

合えず，人一倍孤独を感じることが多いと思われる。Clがネットの掲示板の質問者に丁寧に返答して喜びを感じるということは，裏を返せば人と世界を分かち合いたいという欲求があるものの，現実生活の中ではそのようなコミュニケーションの喜びを得難いということでもあるだろう。その意味で「僕が本当に欲しかったのは，ゲームで敵を倒すことではなくて，心の中の声を聴いてくれることの方が数千倍以上」という学生の言葉の通り，心の声に耳を澄ませること，そのような時間を共有することが学生相談には求められるのではないだろうか。彼らの多くは，人に頼る術を知らないこともあり，物事を自分ひとりでやり遂げようとして孤立してしまい，なかなか自分の特性を冷静に顧みることができない。したがって，Coとの喜怒哀楽を共にする信頼関係をもとに，自分のコミュニケーションのあり方などを少しずつ振り返り，大学卒業後の社会生活の準備のためにも，コミュニケーションの練習ができることが望ましいように思われる。

（2）ハラスメントの被害を受けたと訴える学生への学生相談の役割

　ハラスメントの被害を受けたと訴える学生に対して学生相談では情報提供とカウンセリングが重要になるだろう。

　情報提供においては，大学内に申し立てる専門の窓口があること，正式な申し立てにはメリットとデメリットがあること，またセクシュアルハラスメントの場合にストーカーなど被害が深刻である場合には，管轄の警察署などで対応してもらえること等を学生に伝える必要がある。カウンセリングについては，心の傷つきをきちんと認めること，加害者から身を守る術を検討すること，学生の周囲に理解者を見つけていくこと，二次的な症状を軽減することなどが目指される。今回の事例であれば，指導教員にClの特性を伝えて指導教員に理解してもらい，知らず知らずのうちにClを責めている言動をストップすることが大切であった。また，不眠や不安という二次的な症状の緩和もカウンセリングによって可能になった。周囲に理解者を見つけることも，当該学生の孤立感を防ぐ有効な手立てではあると思われるが，理解者を見つけようとして声を

かけた友人に「あなたの言動にも問題がある」等と言われてしまうと，さらに傷は深まる（二次被害になる）ため，慎重に見つけていく必要がある。

　加害者が学生相談機関に自主来談することはまれであるが，今回の指導教員の言動のように，本人が自覚しないままハラスメントになりかねない場合には，はっきりとその危険性を伝え，本人にその自覚を促すことが重要であろう。できれば，その後もしばらくはカウンセラーが継続してコンサルテーションを行えば，当事者にとっても見守られている気持ちになり，加害行動が減少していくように思われる。

研究課題

1．自閉症スペクトラム障害のある大学生の大学生活における困難さや生きづらさについて考えてみよう。
2．自閉症スペクトラム障害のある大学生の就職活動における困難さを考えてみよう。
3．周りの学生がセクシュアルハラスメントやアカデミックハラスメントの被害を受けている時，あなたに何ができるか考えてみよう。
4．コンサルテーションにおいて，カウンセラーはどのような態度で臨むことが大切かを考えてみよう。

参考文献

American Psychiatric Association（2000）．*Diagnostic and Statistical Manual of Mental Disorders, Fourth Edition, Text Revision, DSM-IV-TR.* American Psychiatric Association, Washington, D.C.　高橋三郎・大野裕・染矢俊幸（訳）（2003）．DSM-IV-TR 精神疾患の診断・統計マニュアル．医学書院．

American Psychiatric Association（2013）．*Diagnostic and Statistical Manual of Mental Disorders, Fifth Edition, DSM-5.* American Psychiatric Association, Washington,D.C. 日本精神神経学会（監修），高橋三郎・大野裕（監訳），染矢俊幸・神庭重信・尾崎紀夫・三村將・村井俊哉（訳）（2014）．DSM-5　精神疾患の診断・統計マニュアル．医学書院．

独立行政法人日本学生支援機構（2019）．平成30年度（2018年度）大学，短期大学及び高等専門学校における障害のある学生の修学支援に関する実態調査結果報告書．https://www.jasso.go.jp/gakusei/tokubetsu_shien/chosa_kenkyu/chosa/2018.html

井口博・渡邊正（2008）．キャンパスセクハラ対策の進化．地域科学研究会．

井口博・吉武清實（2012）．アカデミック・ハラスメント対策の本格展開．地域科学研究会．

倉光修（2011）．カウンセリングと教育．誠信書房．

岡田俊（2013）．DSM-5のもたらす影響　発達障害研究 35(3)，197-203．

高橋知音（2012）．発達障害のある大学生のキャンパスライフサポートブック．学研教育出版．

高石恭子・岩田淳子（2012）．学生相談と発達障害．学苑社．

9 | 教職員に対するコンサルテーション

香川　克

　スクールカウンセリングの活動の中で，学校の教職員と協働しながら子どもたちの心の問題に取り組む活動は，非常に大きな比重を占めている。学校という場は，基本的には，子どもたちに対して心理療法やカウンセリングを行うための場ではなく，教育活動を行うことで子どもたちが成長することを助ける場である。そのため，学校の中での心理臨床活動は，個人面接のみを行う心理臨床の文化とは異なる，学校教育の文化と出会いながらの活動になる。本章では，このような，学校教育システムの中での教職員との協働のために必要な事柄を学ぶ。

《キーワード》　心理臨床と学校教育，コンサルテーション，校務分掌，教育相談

1. 学校教育と心理臨床

（1）学校という場が目指しているもの
―自我の力で外界と繋がる力を育てること

　「学校へ入っていくためには，学校のことを知らなければならない」ということは，スクールカウンセリングの研修などの中でしばしば言われている。ここでは，「学校という場が，何を目的としている場であるのか」ということについて，まずは簡単に述べてみよう。

　わが国の学校教育は，日本国憲法第 26 条（教育を受ける権利），教育基本法，学校教育法などの法体系に基づいて行われている。とくに，「教育を受ける権利」を実現するための機関として学校が存立しているということは，学校現場で子どもに関わる上で，認識しておきたい点である。

　法体系の中で，最も明瞭に「教育の目的」が述べられているのは，教育基本法の第一条である。第一条に「国家及び社会の形成者として必要

な資質を備えた……国民の育成」とあるように，（学校）教育は，「社会
を形作る資質を持った個人」を育てるという目的を持っている。これは，
「個人を大切なものと考える」立場からは，「社会に個人を合わせさせる」
目的のように見えてしまうのかもしれない。しかし，「理性的判断を行
うことができる個人が集まって，近代市民社会を形成していく」という，
近代市民社会の原理に則って考えれば，社会を形成していく個人の育成
は，「社会の都合」だけでなく，よりよい社会を形成することによって，
結果的に個人の幸福にも寄与することになるであろう。

　このように，「理性的な判断のできる個人を育成する」ということは，
「自我の力を使って，自然環境や社会などの外的世界と適切な関係を取
り結んでいく力を育てる」ということになろう。その目的に沿って，個
別の教科が編成されている。たとえば「国語」の教科において「言葉の
力」を育てることは，個人が，周囲に広がる対人的な社会という外的世界
との関係を取り結んでいくための，重要な力を育むことにほかならない。

　このように，教育は，市民社会を形成する理性的な判断力を持った個
人の育成を目的としている。そのために，個人が自我の力を使って外界
と適切な関係を取り結んでいく力を養うことを目指しており，学校教育
における個別の教科はこの目標を具現するために編成されている。学校
という機関はこうした社会的な使命と責任（＝ミッション）を担ってお
り，教職員はこの使命と責任を果たすことが求められている。

（2）　心理臨床の人間観－内的な世界の広がり

　しかし，人間の心は理性的判断力や自我の力だけで説明がつくもので
はない。精神分析の創始者であるフロイトは，このことに 19 世紀の終
わりごろに気づいていた。心の世界には，自我や理性を超えた領域があ
るというこの考え方は，近代を超える新しい人間観であったが，精神分
析だけでなく，心理療法やカウンセリングの人間観の中に，次第に深く
浸透していった。精神分析やユングの理論体系の中では，これは「無意
識」と呼ばれている。また，ロジャース派のジェンドリンが提唱した「体
験過程」という概念も，日常の生活の中で，人々が「私の心」として考

えられているものの向こう側に，それと関連しながらもさらに深く見えにくいところに，内的なプロセスが存在しているということを示唆している。これらのいわゆる洞察指向心理療法の諸学派だけでなく，たとえば行動療法や認知行動療法などにおいても，自我によるコントロールを受けにくい学習過程や非合理的な認知パターンが，理性的な判断や自我の力を超えて「病因」として作用することを想定しているように思われる。いずれにせよ，心理療法やカウンセリングの分野では，たいていの学派が，通常の意識や自我のコントロールを超えた向こう側により深い心の領域が存在することを想定していると言ってよいのではなかろうか。そして，心理臨床の実践においては，内界に潜む無意識的な領域における感情のもつれや心の傷となるようなイメージに対して働きかけていくことが，非常に重要になることが多いのである。

このように，学校教育では，主に外界と，自我が関与する意識的領域との相互作用を育てていくことを重視する。その一方で，心理臨床の世界では，自我意識と，自我のコントロールを超えた無意識的領域との相互作用に光を当てようとするのである。このように，心理臨床的な人間観や人への関わりのパラダイムと，学校教育のミッションとは，重なり合いつつもズレを持っている。したがって，学校教育の中で心理臨床活動を進めていく場合には，この「ズレ」を的確に認識し，子どもに対する関わりにおいても複眼的な幅の広さを持つことが望まれる。この「ズレ」が，幅の広さとして機能することが望まれる。スクールカウンセラーが教員と協働作業をしていく上では，この「ズレ」を生産的に生かしていこうという姿勢が求められる。

（3）学校現場の中で

ここまで，学校教育と心理臨床の人間観・関わりのパラダイムのズレについて述べてきた。抽象的にすぎることのように感じられたかもしれないが，案外，学校現場に入った時に，カウンセラーが感じる“違和感”の収めどころを探る際に，重要な整理の仕方であるのではないかと，筆者は考えている。

たとえば，こんな場面にしばしば出会う。

心理臨床の訓練を受けつつある大学院生（A君）が，実習生の立場で学校に入った際のことである。多動気味で，授業の中でいつも座っていられない小学校3年生の男子（Bちゃん）に，A君が，教室の中で関わることになった。大学院生A君は，今現在訓練を受けつつある心理臨床的な関わりのあり方でBちゃんに関わろうとした。すなわち，「面接室やプレイルームの中での，クライエントの心の動きを大切にしながら，その半歩後ろを歩んでいくというような姿勢」での関わりである。しかし，ここは，学校の中であり，授業中である。A君は，担任の先生から「授業の流れに，少しでもB君が近づくようにしてほしい」と依頼されている。授業を通じて子どもを育てるということが，担任の仕事であるのだから，当然のことでもあるのだが，A君にとっては，どうにも動きにくいことになる。A君は，「Bちゃんの心の流れに合わせて」という，（A君の理解する）心理臨床的な姿勢と，「授業の流れに近づかせる」という，（これもA君の理解する）学校教育的なあり方との間で，板挟みになったような強い"違和感"を感じてしまう。こんな時，A君は，心理臨床の指導者（大学院の教師やスーパーヴァイザー）にこんなふうに言うかもしれない。「心理臨床的な関わりをしようとすると，学校の先生のやり方と違ってしまうんです。やっぱり，学校教育での子どもへの接し方は，心理臨床での関わり方と違うんですね」。

このように，心理臨床と学校教育の関わり方を対立的にとらえてしまって，どちらにつくか，という二者択一で思い悩む大学院生や初心のカウンセラーは少なくない。しかし，前述したように「心理臨床と学校教育は，その目指すところについて，重なりあいながらも焦点となる部分にズレがある」という見方を持っていると，A君の場合のような"違和感"自体が，状況を複眼的に理解する契機となり得る。「Bちゃんにとって，今，この場で"学ぶ"ことは非常に大切なことである。しかし，"学ぶ"ということに，どうにも乗れないというBちゃんの心の動きがある。今こうして，彼と共にいる中で，確かに，彼は"学ぶ"という方向へ自分を向けていくのが難しいという様子を，身体全体で表している。

外界と内界を全体として視野に入れると，いったい何が起きているのだろう……」などと考え続けながら，Bちゃんへの関わりを模索し続けていくと，「心理臨床と学校教育の二者択一」ではない，第三の道が見えてくるかもしれない。

　ここまでみてきたように，学校という場は，「自我の力を用いて外界と適切な関係を取り結ぶ力を養う」という，心理臨床と重なり合いつつも異なる方向性を持った使命と責任を担った場である。スクールカウンセラーは，教職員と協働して活動をしていく際に，教職員がそのような使命と責任を担っていることを自覚することが大切であろう。その上で，心理臨床のパラダイムに基づいた動き方を，学校の中でうまく機能させるための働きかけをしていくことが求められている。

2. 校務分掌の中のスクールカウンセリング

（1）スクールカウンセリングから見た「校務」の全体像

　本節では，スクールカウンセラーが学校に入る際に知っておくとよい，学校コミュニティの運営の基本的な知識について述べてみたい。

　教師との協働作業を進めるにあたっては，教師が，授業以外の様々な教育活動について，どのような役割分担をしているのかを知ることが重要である。このような，授業以外の様々な業務は「校務」と呼ばれ，それぞれの学校の「校務分掌」（学校教育法施行規則第43条）を把握しながら活動することが求められる。校務分掌表の例を図に挙げた（**図9-1**）。新しくスクールカウンセラーとして着任したならば，その学校の校務分掌表に目を通すことが必要であろう。

　校務分掌の全体を見渡してみると，［教務］・［学習指導］などの部分が大きくなっている。とくに，［教務］は，年間行事や時間割などの調整，成績や学籍などの管理を行っており，非常に多くの仕事を担う分掌である。教務の中心の教務主任は，小学校から高等学校までの全ての校種で必置である（学校教育法施行規則第44条・第79条・第104条）。また，［学習指導］には，各教科に関する分掌や，総合的な学習の時間・道徳教育などに関する校務が盛り込まれている。後に述べる特別支援教

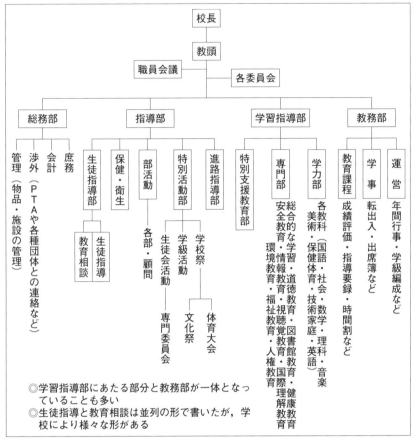

図 9-1　校務分掌表の例

育も，多くはここに位置している。

　スクールカウンセラーの業務と直接関係するのは，［生徒指導］の分掌であろう。［教育相談］は，［生徒指導］の分掌の中に位置づけられていることが多い。生徒指導の中心を担う生徒指導主事は，中学校・高等学校で必置である（学校教育法施行規則第70条・第104条）。一方で，教育相談の中心を担う者については，法律上に特段の定めがなく，生徒指導主事が兼務している場合もある。

　［保健］に関連する校務は，養護教諭の担う部分が大きい。中心となる保健主事は，小学校から高等学校まで，法律上の定めがあり（学校教

育法施行規則第45条・第79条・第104条), 指導教諭・教諭のほか, 養護教諭をもって保健主事とすることができるようになっている。スクールカウンセラーが［保健］の校務分掌に位置づけられている学校もある。とくに, 高等学校ではこの形が多い。スクールカウンセラーの分掌上の位置づけがどうであろうと, 児童生徒の心身の健康に関することを担っている保健室・養護教諭との連携は非常に重要である。

（2）生徒指導と教育相談

　スクールカウンセラーが,［生徒指導］の分掌の中に位置づけられる時は,［教育相談］と［生徒指導］という, 二つの分掌・機能の間で動くことになる。生徒指導については, 文部科学省が平成22（2010）年に「生徒指導提要」という冊子を取りまとめ, 各校における生徒指導の指針として発行している。この冊子は, スクールカウンセラーも, 学校教師がどのような視点で生徒指導・教育相談に携わることになっているかを知るためにも, 目を通しておくことが大切であろう。この「生徒指導提要」の冒頭で, 生徒指導は次のように定義されている。「生徒指導とは, 一人一人の児童生徒の人格を尊重し, 個性の伸長を図りながら, 社会的資質や行動力を高めることを目指して行われる教育活動のことです」。

　そして, その第5章に「教育相談」の章がある。その冒頭で「中学校学習指導要領解説（特別活動編）によれば,『教育相談は, 一人一人の生徒の教育上の問題について, 本人又はその親などに, その望ましい在り方を助言することである。その方法としては, 1対1の相談活動に限定することなく, すべての教師が生徒に接するあらゆる機会をとらえ, あらゆる教育活動の実践の中に生かし, 教育相談的な配慮をすることが大切である』とされています」と述べ, 学校教育制度の中における教育相談の定義と位置付けがなされている。そして, 教育相談は, 定義上は,「生徒指導の一環として位置づけられる（生徒指導提要 p.92）」。

（3）教育相談・生徒指導，そして特別支援教育
―多面的な児童生徒理解の重要性

　このような，制度上・定義上の生徒指導と教育相談の関係にも目を配った上で，学校でスクールカウンセラーが活動する上で有効な，生徒指導と教育相談の実践上の関連について述べてみたい。

　1980年代，教育上の大きな問題の一つが，校内暴力であった。とくに中学校で，生徒が教師に反抗し学校の授業の秩序が保たれず，教師への暴力・生徒間の暴力が頻発する事態になることがあった。このような状況の中で，生徒指導の機能は，学校の教育環境としての秩序を維持することに向けられることも多かった。そして「生徒指導」という言葉は，「校内暴力や非行などの『反社会的な問題行動』に対して，厳しい対応をすることだ」として一般に理解される傾向が強まっていった。

　一方で，同じ時期である1980年代から90年代の前半にかけては，不登校が学校教育の中で大きなテーマとなった時期でもある。この時期，不登校への対応は，居場所を作りながら再登校が可能になるような「時を待つ」という対応が功を奏する場合が多く見られた。「時を待つ」という働きかけは受容的・共感的関わりにつながり，その中で教育相談的関わりが不登校への対応の中核となった。ここで「不登校のような『非社会的な問題行動』に対して，受容的に関わりながら，再登校の時を待つ」という姿勢が「教育相談」と重ねてイメージされるようになった。

　こうして，「生徒指導は，非行・暴力事象など反社会的問題行動への対応を行う，父性的で秩序維持的な活動」であり，「教育相談は，不登校などの非社会的問題行動への対応を行う，母性的で受容的・共感的な活動」であるという，二項対立的なイメージが出来上がってきた。スクールカウンセリングの制度が発足した1995年頃には，この二項対立と分業が，「生徒指導と教育相談は『車の両輪』として，児童生徒の行動上の問題に対応していく」という形で機能していた。

　しかし，その後，この二項対立と分業の体制は大きく揺らいでいる。

　2000年代に入ったあたりから，家庭における養育環境の困難を抱えながら，居場所がないままに漂流するような子どもたちが見られるよう

になってきた。たとえば「家庭でネグレクトに近い状態の小学生が登校しなくなっている」というような場合には，「登校を待つ」ばかりではなく，かなり積極的な動き方を学校が取らなければならないであろう。生徒指導担当が関係機関と連携することが必要になることも出てくる。また，「家出を繰り返す女子中学生が万引きで補導された。この生徒の背景には，離別と再婚を繰り返す母親との葛藤がある」のであれば，家出や万引きの問題点を指摘して「指導」するだけでは，この生徒の行動は改善されないであろう。教育相談的な働きかけも必要になってくる。

つまり，「反社会的問題行動」と「非社会的問題行動」に二分することに無理があるような事態が増加し，「反社会的問題行動は生徒指導，非社会的問題行動は教育相談」のような「分担」が難しくなっているのである。こうした状況を踏まえて，一人一人の児童生徒に対して，生徒指導と教育相談がそれぞれの立場から連携して関わっていくような新しい体制を作ることの必要性が出てきている。

また，不登校，生徒間の対人関係のトラブル，非行などの背景に，高機能自閉症などの，発達障害が隠れている場合もしばしばある。こうした場合には，適切な理解や支援を進める上で，特別支援教育との連携も欠かせない。生徒指導・教育相談だけでなく特別支援教育も加えた，三位一体の多様な視点から子どもたちの問題や困難を理解することが重要である。スクールカウンセラーも，このような多様な学校内の動きを踏まえながら活動することが必要になってきた。

3. スクールカウンセリングにおける 教職員へのコンサルテーション

（1）コンサルテーションとは

これまでに述べてきたような，制度的な背景を踏まえながら，スクールカウンセラーは，個別の事象・個別の児童生徒について，教師と協働していく。その中で，スクールカウンセラーが教師に対して，教師の児童生徒への関わりについて助言をする場合がある。このような教師への関わりを「コンサルテーション」という。

　実際にコンサルテーションが行われる場面を思い描くために，いくつかの例を挙げてみよう。

①教師が児童生徒にどのように関わるかについて助言が欲しい場面

　たとえば，不登校の生徒への家庭訪問の際に，どのような配慮をしながら家庭を訪れればよいのかについて，助言を求められるような場合である。教師自身は，不登校の生徒の様子について，一定の理解をもっており，その上で行動についての助言を求めている場合である。

②児童生徒の行動の理解に関する助言を求められる場面

　たとえば，授業の中で落ち着いて座っていられない児童について，なぜそのような行動をとるのかについての助言を求められるような場合である。彼の行動は，ADHD などの発達障害の可能性もあれば，家庭の状況などの養育環境から来る行動統制の難しさの場合もあれば，教師との関係が良くないことの表れであることもあるだろう。このような時に，どのように理解をすればよいのかについて助言を求められることがある。

③複数の人々の心の動きに関する助言を求められる場面

　いじめの場合がその典型であろうが，加害・被害を含んだ複雑な人間関係について関わる場合もある。とくに，被害を受けた側などが「心に傷を負った」と思われるような場面では，スクールカウンセラーの助言が求められることが多い。関与するそれぞれの人々（教師が含まれる場合もある）の「心の動き」と，人々の「関係性」とに目を配りながら，状況全体を読み取った上での見立てを伝えることが大切である。

（2）コンサルテーションの基本姿勢
　　　　　　―「見立て」と「手立て」と「関係性」

　このように，コンサルテーションでは，「児童生徒をどのように理解したらよいのか」という「見立て」に関わる助言と，「児童生徒にどのように働きかけたらよいのか」という「手立て」に関わる助言が求められる。その際には，学校現場の中にいる大勢の人々の「関係性」にも配慮しながら，事態を読み解いていくことが重要である。基本的な姿勢と

して留意すべき点をいくつか挙げる。

① 「一緒に考える」という姿勢

　学校や教師との関係がまだ十分に成熟していない段階では，コンサルテーションが「情報を与えたら答えをもらえる場」とイメージされている場合が多い。コンサルテーションが実り多いものになるためには，カウンセラーと教師が，同じ児童生徒や同じ問題に対して，「一緒に考えていく」という関係を築いていくことが重要である。

② 分かりやすい言葉で伝える

　心理学の専門用語はできるだけ使わないということは当然である。それだけでなく，独りよがりにならないように，相手に通じる言葉で「見立て」と「手立て」について語ることが重要である。

③ 「事実関係」ではなく「理解」や「見立て」を語るようにする

　学校におけるコンサルテーションの中では，カウンセラーがカウンセリングを担当している児童生徒や保護者のことについて，教師と話し合うことが起きる。このような時には，カウンセリング内容に関する守秘をどのように考えるのかが大切なことになる。私自身は，コンサルテーションの中で教師と話し合う場合には，「面接の中で語られた児童生徒や保護者の言葉そのものや事実関係ではなく，面接の中で生まれた『理解』や『見立て』について伝える」ということを心がけるようにしている。そして，「今ここで，クライエントである児童生徒や保護者が聞いていたとしても，『大丈夫』な言葉で語る」ように努めるようにしている。もちろん，本当に「大丈夫」であるかどうかは分からない。自分自身の言葉への配慮が問われる瞬間が続くことになる。それでも，「言葉や事実そのものではなく，カウンセラーの中に生まれた理解を語る」姿勢は重要であると考えている。

　また，一方で，教師との協働が重要になる場合には，クライエントである児童生徒や保護者に対して「今，あなたが話しておられることを，私としてはこのように理解している。それを，教師にこのように伝えることは，あなたにとってもプラスになるように判断しているが，そのことをどう思われますか」という尋ねかけを，日ごろから面接の中で行っ

ていくことも大切である。

　どのように配慮しても，面接を継続している児童生徒・保護者について教師と協働する場合には，面接の内容を「開いて伝える」ことと「閉じて抱える」ことの狭間で苦闘することが多い。単一の正解は導けない問いだが，クライエントの児童生徒・保護者にとって何が最善なのかを考え続けることが重要であろう。その「見立て」の精度を上げていくためには，絶えざる研鑽が必要である。

4．コンサルテーションの事例

　この事例は，以前別のところで述べた（香川，2004）創作事例である。創作したものではあるが，実際のコンサルテーション経験に基づいている。

　——ある中学2年生の女子生徒が，保健室に頻繁に出入りをしていた。当初は頭痛や手足の疼痛などの体調不良を訴えていたのだが，やがて「自分の中に別の自分がいるような気がする」というような訴えを，養護教諭に語るようになってきた。また，よく聞いてみると，虐待というほどひどくはないらしいが，父親から怒鳴られたり叩かれたりすることも時々あるようだ。あまりはっきりしないのだが，過去にはかなりの暴力にさらされることもあったらしい。養護教諭は，このような話を聞く中で，自らの対応に不安を感じ，スクールカウンセラーに定期的に相談していた。一方で，この生徒は，教師に対して反抗的な態度をとることもあり，また，夜遅くまで家に帰らないこともしばしばあったために，「非行傾向のある生徒だ」と多くの教師から思われていた。養護教諭は，「他の先生たちは，反抗的で非行傾向の生徒だというレッテルを張っているが，本当は心に傷を負っていて辛い思いをしている」ととらえていた。一方で，生徒指導担当の教師は「厳しい指導を続けて問題行動を収めていかねばならず，保健室の対応は甘やかすことにしかならない」と考えていた。養護教諭と生徒指導担当の教師の理解が平行線をたどる中で，それぞれがそれぞれの理解をもとに生徒に関わっていた。

　スクールカウンセラーは「この生徒は，恐らくは家庭内における何ら
かの外傷的な体験を抱えている。そのために，解離^{注1)}的な心性を持ちな
がら過覚醒のような状態で敏感に周囲に反応してしまうところが『反抗
的』な行動として表れてしまっている」と理解していたが，養護教諭に
断片的に伝えるだけで，教師の方々に伝えることはできないままだった。

　ある日，生徒指導担当の教師が，この生徒の反抗的な行動に対し，厳
しく叱責することがあった。それに対してこの生徒はさらに反抗的に
食って掛かり，大暴れするという「事件」が起きた。そして，この事件
への対応をめぐって，養護教諭と生徒指導担当教師との理解の食い違い
から，二人の口論に近い形に発展してしまった。この段階で，教頭がス
クールカウンセラーに，ケース会議に出席するよう依頼してきた。教頭
は，スクールカウンセラーが養護教諭に定期的にコンサルテーションを
行っていたことを知っていた。教頭の主導のもと，学級担任・学年主任・
生徒指導担当・養護教諭・教頭が出席して，ケース会議が行われた。

　その席上，スクールカウンセラーは，次のような内容を，少しずつ伝
えていった。

　①この生徒は，はっきりしたことは分からないけれど（そしてそれは
無理して明らかにしない方がよいだろうけれど），深く傷つくような体
験をたくさんしてきているようだ。

　②このような"傷つき"を抱えている場合，心が敏感になって，ちょっ
とした不愉快な経験でもものすごく強く反応してしまったりして"反抗
的"と思われることが多い（"フラッシュバック"という言葉を使わず
に，外傷体験と似た体験をした場合に，以前の体験が"よみがえる"こ
とを伝えた）。

　③一方で，こうした"傷つき"は，自分でも思い出せないくらい強く
抑え込まれる。誰も触れないように，心の奥の分厚い扉の冷蔵庫の中で
凍りつかせてしまったりする（「抑圧」に関する心理的な理解）。

　④この生徒も，自らの"傷つき"を凍りつかせて閉じ込めていたのだ

注1）解離とは，心がいくつかの部分に分かれてしまったように体験される現象で
　　あり，外傷的な体験を持つ場合にしばしば現れる。

けれど，最近，保健室で話す中で，少しずつそのふたが開き始めてしまったようだ（話を聞くほど不安が高まる，ということも起きる）。

⑤こういう時には，話を聞いてくれた人は現実離れしているくらいに「ものすごく良い人」に思えたりする。一方で，その反対の「ものすごく悪い人」のイメージを誰かに向けて，その人を攻撃したりする。今，養護教諭が「良い人」になっていて，生徒指導担当が「悪い人」の役割を担わされてしまっている（山下（2004）にあるような，splittingと投映同一視の機制である）。

⑥いま大切なのは，こうした心の動きを踏まえた上で，適当な役割分担をすることであろう。

⑦さらに，この生徒の「開き始めたふた」は，閉めてしまうのではなく，彼女が語るペースに応じて耳を傾ける人が必要だろう。その役割は，引き続き保健室が担うのがよいのではないか。

スクールカウンセラーのこの提案を受けながら，話し合いが続いた。その中で①養護教諭は，引き続き，彼女の話を受け止めていくこと，②その際には，スクールカウンセラーと継続的に話し合うこと，③夜間の外出なども含めた問題行動に対しては，担任と学年主任が中心となって対応すること，④生徒指導担当は，全体を視野に入れながら学外機関との連携を行うこと，などの方針が出された。

このケース会議を通じて問題の全てが解決したわけではなかったが，この生徒がひどく厳しく叱られて，それへの反応でパニックのように暴れてしまうことはなくなった。また，孤立しがちだった養護教諭と周囲との関係も円滑になった。

5. 中央教育審議会答申「チームとしての学校」

さて，この事例で見るように，スクールカウンセラーは，「学校のチームの一員」として活動することが重要である。その中では，守秘義務とインフォームドコンセントを得ることにまずは配慮しながらも，必要に応じて情報の共有と連携も行っていく必要がある。

スクールカウンセラーの活動が始まって以来ずっと，チームの一員と

して活動することや連携は、スクールカウンセラーの活動の基盤であり続けていたが、平成27（2015）年に中央教育審議会が、「チームとしての学校の在り方と今後の改善方策について」という答申を取りまとめた。これは、今後のスクールカウンセラーの活動にも大きく関連してくるものとなろう。この答申から、スクールカウンセラーに最も関連するところは「現在、配置されている教員に加えて、多様な専門性を持つ職員の配置を進めるとともに、教員と多様な専門性を持つ職員が一つのチームとして、それぞれの専門性を生かして、連携・分担することができるよう、管理職のリーダーシップや校務の在り方、教職員の働き方の見直しを行うことが必要である」という部分であろう。この「専門家」として、「心理や福祉等の専門スタッフ」という言葉も、この答申の中には見受けられる。そしてさらに、この答申を受けて、平成29（2017）年4月には、学校教育法施行規則が改正され、「学校における児童の心理に関する支援に従事する」ものとして、スクールカウンセラーが法的に位置づけられた（中学校・高等学校では「生徒の支援」として準用される）。

　この「チームとしての学校」という考え方は、今後のスクールカウンセラーの活動に影響を与えていくであろう。その際に、留意しなければいけない点を二つ、指摘しておきたい。

　第一に、教員とスクールカウンセラーとの間で、子どもたちへの支援が「狭間に落ちる」ことにならないようにしなければならない、ということである。これまで、学校での児童生徒への責任は、一義的には、校務の中で教員が担ってきた。スクールカウンセラーが専門家とはいえ、人数も勤務時間も、圧倒的に教員の方が多いわけであるし、「専門家まかせになることで、子どもへの支援が抜け落ちてしまった」という形にならないようにしたいものである。このあたりについては、答申の中でも、「まず、教員が学校や子供たちの実態を踏まえ、学習指導や生徒指導等に取り組むことができるよう、指導体制の充実が必要である」と、教員による取り組みの重要性が強調されている。

　第二に、「チームとしての学校」は、学校を運営する「システム」に関する考え方である、ということである。「システム」がこの形で整備

されていく方向性は，非常に重要である。しかし，個別の子どもたちの心理的な支援を考える上では，その都度，一人一人の子どもへの理解に立った，オーダーメイドのチームを組み立てることが必要になる。そこでは個別的な「見立て」と「手だて」に関して，スクールカウンセラーと教員とが話し合うという，個別性の高い関わりが求められる。スクールカウンセラーも参画しているとはいえ，「システム」の中で，自動的に子どもたちの「問題」への「対処」が行われるような営みばかりになってしまうことは，避けたいものである。子どもたちの心理的な痛みや苦しみの個別性に立脚した実践を積み重ねていくことは，「チームとしての学校」の中にあっても，やはり重要なことであろう。

6. おわりに

　本章では，教師へのコンサルテーションの前提となる，学校教育の目標や学校コミュニティの仕組みについてやや詳しく述べた。最後に取り上げた事例には，そうした学校のシステムがさまざまな形で反映している。この事例が示すように，教師との協働は，教師との個別のコンサルテーションだけではなく，教育相談や生徒指導に関する会議への出席やケース会議などを通したコンサルテーションの形をとることもある。個々のケースに応じて，あらゆる妥当な回路を通じて教職員との連携を模索することが重要である。

🎸 研究課題

1．学校の校務分掌表を手に入れ，スクールカウンセラーとして活動する際に手がかりとなることを読み取ってみよう。
2．「生徒指導提要」を読み，教師とスクールカウンセラーの連携について考えてみよう。
3．事例の中での生徒の心の動きについて，コンサルテーションで説明するための言葉を考えてみよう。

引用文献

香川克（2004）．スクール・カウンセリング　橋口英俊・滝口俊子（編）新臨床心理学．八千代出版．

香川克（2012）．スクールカウンセリングの教育　村山正治・滝口俊子（編）現場で役立つスクールカウンセリングの実際．創元社．

山下一夫（2004）．教職員に関する支援　倉光修（編）学校臨床心理学．誠信書房．

参考文献

倉光修（2004）．学校臨床心理学．誠信書房．

文部科学省（2010）．生徒指導提要．教育図書．

山本和郎（1986）．コミュニティ心理学—地域臨床の理論と実践．東京大学出版会．

10 | 保護者に対する面接

香川　克

　スクールカウンセラーの仕事の中で，保護者に対する面接の比重はかなり大きい。児童生徒は，学校にいる間は授業や部活動などの教育活動の中にいるため，面接に来ることが難しい場合もある。また，不登校への支援の場合でも，不登校の児童生徒はそもそも学校に足を向けることが難しいのだから，本人へのカウンセリングを行うことができないことも多い。そのような場合には，保護者に対する相談活動が非常に重要になる。

　本章では，このような保護者に対する面接が果たす役割と，その中での留意点について述べていきたい。

《**キーワード**》　保護者カウンセリング，生育歴，家族歴，原家族

1．保護者との面接における出会い

（1）「子どもの問題」とは

　スクールカウンセリングにおける保護者に対する面接の導入は，まず，子どもが何らかの「問題」を呈したことから始まることが多い。その「問題」に困った保護者が自らスクールカウンセラーの面接を求めてくる場合もあれば，学校の教職員が「問題」を感じて保護者にスクールカウンセラーの面接を勧める場合もある。いずれにせよ，「子どもの問題」をめぐって，保護者への面接は開始される。

　さて，ここで，「子どもの問題」とはいったい何だろうか。

　子どもの中に，何らかの「故障」のようなものがあって，それが「問題」を引き起こしていると考えればよいのだろうか。もしそうであるならば，子どもへの支援は，この「故障」を明確化して，それを「修理」するための方法を提示することが重要となろう。もしも「故障」の修理が難しいのであれば，「故障」の特徴を明確化して問題への対処方法を

提示することになろう。これをとりあえず「故障モデル」と呼ぼう。

　昨今，発達障害の診断を受ける子どもたちが増加しているが，そうした場合には，一見すると「故障モデル」での理解が有効であるようにも思われてしまうことも多い。発達障害の諸概念は，背景に中枢神経系の機能不全が考えられるためである。たとえば自閉スペクトラム症であれば，「社会的コミュニケーションおよび対人的相互反応の持続的障害」の背景に，中枢神経系のなんらかの機能不全が想定されている。

　しかし，生活の現場で子どもたちが呈する「問題」は，たとえその基盤に中枢神経の機能障害としての発達障害があったとしても，他の様々な要因が絡み合っている。自閉スペクトラムの傾向を抱えた子どもが衝動的な問題行動を指摘されるような場合，これは彼の「故障」が衝動的な行動を生んでいるというよりも，周囲との相互作用が彼の衝動的行動を引き出している場合が多い。このように，単純な「故障」モデルで考えることは，多くの場合，「問題」の説明にはならず，支援に資することは少ない。子どもの持つ資質と，周囲の環境の相互作用として「問題」を捉える姿勢が，子どもの問題を理解する上では常に求められている。

　一般に，子どもが呈する「問題」は，その時点までに子ども自身が積み重ねてきた「持ち味」と，周囲の環境との相互作用で生じる。「持ち味」の中には，「生まれ持った資質」ももちろん含まれる。前述の，発達障害のような場合には，この「生まれ持った資質」の側面は無視することはできないが，それでもそれが全てではない。「持ち味」の中には，生まれ持ったものだけでなく，「育ってくる中でその子どもが自分の中に培ってきた行動の形」も含まれる。標準的とされる生育環境の中で育っている子どもばかりではないから，育ちの中で心的外傷を抱えている子どももいるだろうし，他者への漠然とした怒りを強く抱えた子どももいるだろう。「今，ここ」にいる子どもの背後には，生まれ持った資質と生まれてからこれまでの歴史が深く息づいている。「問題」があるならば，その「問題」の背後にも資質と歴史が大きな役割を果たしている。

（2）保護者との協働作業関係を構築する

　前節で述べたように，子どもの「問題」は，子どもを取り巻く現在の環境と子どもの「持ち味」との間の相互作用の中で生まれる。そして，子どもの「持ち味」は，生まれ持った資質と現在までの生育・生活の歴史の中で培われたものの集大成である。保護者は，子どもの資質についても，子どものこれまでの歴史についても，カウンセラーよりも相当多くを知っていることに，まずは留意したい。子どもの問題でどんなに困惑していようとも，また，子どもの問題への取り組み方に問題があるように思われようとも，それでも子どもについての最大のスペシャリストは保護者自身である。

　この保護者と，まずは「子どもの問題」を探っていくための協働関係を作ることが，保護者との面接にあたっては重要である。その際に，これまでに述べてきた「子どもの『問題』は，子どもの持ち味と環境の相互作用である」ということと，「子どもの持ち味は，生まれ持った資質とその後の育ちの中で育まれたものの総体である」ということは，問題を探索する際の姿勢として保つことが大切であろう。

　しかし，カウンセラーの側のこうした姿勢は，保護者に，自らの子どもとの関わりを振り返り，内省することを求めることにつながる。保護者にとってこの過程は辛いものになる可能性も高い。そのため，カウンセリングの過程自体への抵抗が生じることも多く，カウンセラーとの面接が保護者にとって「しんどいもの」になるリスクをはらんでいる。実際，前述したような「子どもの中に故障のようなものがある」という，比較的単純に「問題」を理解して，内省することからは距離をとる傾向は，保護者の間に広く見られるようになってきている。何しろ，「子どものこれまでの歴史の総体」には，保護者自身が子どもに関わってきた歴史が大きく刻み込まれているわけだから，その過程（失敗の過程と感じられることも多い）を振り返るよりは，子ども自身の中に「故障」を見つけ出す方が保護者の自尊感情は損なわれなくて済む。

　近年，発達障害への関心が高まってきた中で，発達障害やその周辺のさまざまな「診断概念」が，保護者との面接の中に持ち込まれることが

増加しているが，このような「診断概念」が，時として保護者が自らと子どもとの間の歴史を振り返ることの妨げになってしまう場合も少なくない。保護者の側の「防衛」であることもしばしばである。保護者との間に協働作業関係を作り出す，という営みは，クライエントである保護者の葛藤を和らげるというよりも，むしろ強めてしまう可能性もある。

　このような場合に，どのようにして協働関係を作り上げ，維持していくのかということは，保護者面接における重要なポイントである。内省を深めることと，そのことが傷つき体験にならないようにすることという，時に矛盾する二つの作業が，面接の中で同時並行的に求められる。

（3）「子どもの問題」の経過と対処の経緯を共有する：問題歴

　これまで述べてきたように，「子どもの問題」を，単なる「故障」としてではなく，子ども自身が生きてきた歴史が深く刻み込まれていると考えるならば，その「問題」の様子やこれまでの経過を保護者と共有することは，保護者との協働関係を構築するためにも，「問題」への理解を深めて見立てを形成する上でも，非常に重要である。いつ頃から，どのようにしてこの問題が生じたのか。それに対して，誰が（母親が，父親が，それ以外の家族内の誰かが，家族外の誰かが）どのような思いを抱き，どのように行動したのか。問題への対処としてどのようなことをしてきたのか。対処の中には，カウンセラー側から見て適切ではないと思われるものが含まれていることもあるかもしれないが，そうした“価値判断”は脇に置きながら対処の方略を見ていくと，本人・保護者・それを取り巻く人々の持っている「対処のためのリソース」や「共有されている価値観」が見えてくることも多い。また，「きっかけとなる出来事」は，「原因」とは少しまた異なる意味合いで，問題の抱えている背景を表現していると思われることもある。

　こうした「問題歴」は，単なる事実関係の集積としてだけでなく，今起きている事態への，本人・保護者・家族の対処の歴史として，情緒的な側面も含めて共有し理解しておくと，その後に続く面接関係の重要な基盤になる。

（4）子どものこれまでの歴史：生育歴

　「問題の歴史」と重なるようにして，問題が発生するまでの，長い期間にわたる子どもの歴史が面接の中で話題になってくることも多い。こうした「生育歴」について，子どものアセスメントのためという視点だけでなく，保護者がこれまで子どもとの間で作り上げてきた「保護者の歴史」でもあるという視点から共有していくことは，面接の過程として非常に重要である。

　子どもの生育歴としては，以下のような諸点がポイントとなる。

　まず，周産期の様子である。妊娠・出産の時期の状況は重要で，このあたりを聞いていく中で，夫婦関係の強い葛藤がうかがわれることも多い。また，子どもの祖父母（保護者の両親）の受け取り方も含め，家族歴へとつながる様々な情報（と保護者の体験）が得られることもある。さらには，出産にあたって，未熟児での出産などの通常分娩とは異なる状況があったかどうか。出産後早期に先天的な心疾患などの大きな疾患のために，母子が離れなければいけなかったかどうか。こういった諸点は，子どもの人生の出発点において何があったのかという重要な情報になることが多い。母親がどのように事態を体験したのかとともに共有しておくことは，面接関係を深める上でも重要である。とくに，母の側が受けた衝撃を共有しておくことは大切である。

　続いて乳幼児期の様子である。寝返り，つかまり立ち，始語・始歩などの時期については，初期の発達の様子として，情報を得ておくことが望ましい。また，1歳6か月健診，3歳児健診など，市町村による健診の際の様子なども尋ねておくことが大切である。とくに，健診の時に担当者に言われたことは，保護者にとってかなり大きなインパクトを持っていることもある。事実関係としてだけでなく，保護者がその時に体験したことに思いを馳せながら寄り添いつつ聞くことが求められる。

　健診は，保護者にとって最初の「専門家」との出会いである。ここでの健診担当者との関係は，その後の「専門家」との出会いにおける保護者の感情体験に影響を与えることがある。ネガティブな体験になっているのであれば，その痛みは面接早期に共有しておきたい（もちろん，ポ

ジティブな体験になっていることも多いのだが）。さらに，幼稚園・保育園での様子がどうであったのか，保育者からどのように子どものことを言われてきたのか，というあたりについても，保護者の体験に添いながら情報を得ておきたい。

　乳幼児期の子どもの様子として，愛着の形成にまつわる様子を尋ねておくことは，子どもの発達の状況だけでなく，母子の関係の歴史についてカウンセラーが思いを巡らせるためにも重要である。幼児期の「人見知り」は，１歳前から始まり，初めての人や場所に慣れずにぐずったり泣いたりする子どもの行動である。また，「後追い」も，１歳前から始まり，養育者（多くの場合は母親）が子どもから離れようとした際に不安な様子で後を追う行動である。これらは，特定の愛着対象（多くの場合は母親）との関係が成立しつつあるからこそ生じる行動であり，ある年齢までに生じてくることは，むしろ，順調な発達の証であることも少なくない。しかし，最近，育児の中では「うちの子は，『後追い』も『人見知り』もなく，順調でした」と，後追いや人見知りがないことがむしろ子育てが順調に進んでいることのように体験され，語られることも多いようである。人見知りや後追いが全く見られないことは，むしろ，特定の養育者（多くの場合は母親）との間での愛着形成の弱さの表れであることは留意したい。こういった言及の仕方は母親の不安の高さの表れである可能性もあり，カウンセラーとしては，少しばかり気をつけながら聞いておくようにしたい。

　小学校に上がる時期には，子どもも母親も，入学という環境の変化によるものだけでなく，様々な要因から不安が高まるものであるが（フロイトは，この時期をエディプス期と呼び，その不安を重視した），これが保護者と子どもの間でどのように扱われてきたのかについては，関心を向けたいものである。また，同時に，学校との出会いの中での具体的なエピソードも聞いておきたい。

　小学校に上がってからの様子は，学年ごとに，教室での居心地や子どもと担任の関係などがイメージできるように，保護者面接の中で話題にしていきたい。小学校は学級担任制を取っているので，担任や学級との

相性は，子どもの学校環境の中での適応に大きな影響を及ぼしている。どのような学級・担任に，どのように適応したり適応できなかったりしたのかという情報は，子どもが適応しやすい対人関係と適応しにくい対人関係を理解する上で，貴重な情報となろう。

　すでに思春期を迎えている年齢になっているならば，思春期の身体の変化がどの時期に起きていたのかは，子どもの歴史の中で重要な一コマである。第二次性徴は秘められたプロセスの中で進むので，話題にすることが難しいことも多いが，この時期には心理的・行動的にも変化が著しい。

（5）家族のこれまでの歴史：家族歴

　さて，子どもの歴史を保護者との間で共有していくと，どうしても，家族のこれまでの様々な経緯も共有してくことになる。子どもが育つ中でこれまでに起きてきた大きな出来事は，子ども自身の病気，怪我，事故などの歴史（そして，それらを保護者がどのように体験して来たか）を聞くことになる。その他にも，転居，転校などについても，子どもの育ちの中では大きな出来事である。転居は，「保護者の転勤に伴う転居」であれば比較的平穏な事態であるが，昨今，保護者の失職や家業の危機に伴う転居も増加している。このような，家庭の社会経済的な状況や，その変化の歴史などにも目を向けておきたい。

　また，転居は離婚や再婚などによる場合も多い。転居を伴っていたかどうかにかかわらず，離婚や再婚を体験しているのであれば，その経緯について，保護者自身がそれをどのように体験してきたのかということと併せて聞いていくことがのぞましい。一人親世帯となっている場合には，「わが国の一人親世帯の相対的貧困率は 50％ を超えている」という事実も念頭に置く必要がある。経済的困難の中での生活に対する想像力を働かせることは，離婚・再婚があろうがなかろうが，重要である。また，離婚や再婚の歴史の中で，家族の中に暴力が存在した時期があったかどうかにも注意を向けておきたい。暴力は，多くの場合に，それを体験した人々の中に解離的な心性を残す。そのために，その場面での強い

感情が切り離されて語られる場合も多く，「たいしたことない」という様子で語られることが実は深刻な事態であった，ということもあるので注意を要する。

このような，さまざまな歴史の中で，保護者自身がどのように親子関係を取り結んで来たのか，子どもにとってどのような親であったのか，ということは，子どもの側の「生育歴」にとって，非常に重要な要素である。

2. 保護者自身のテーマ

（1） 保護者の歴史に触れていくこと

子どもの家族の歴史は，同時に，保護者の家族の歴史でもある。そのため，家族の歴史に保護者と共に目を向けていく営みを進めていくと，必然的に「保護者自身の歴史」に触れていくことになる。現在の子育てに関する保護者自身の両親（子どもの祖父母）の関与を話題にすることなどから，保護者自身の原家族のことが面接の中で触れられることも出てくる。子どもに対して十分な養育環境を提供できていない保護者の原家族の歴史に触れていくと，保護者自身が両親との関係の中で痛みや傷つきを経験しているという事実に出会うことは少なくない。保護者自身が自分自身の両親との間で強い葛藤を抱えている場合もある。このような場合には，「子どもの問題」の背後から，保護者自身が生きてきた中での苦しさや辛さまでもが現れ出てくるのである。

さて，保護者の苦しさや痛みは，原家族の問題ばかりではない。現在の家族である配偶者や配偶者の両親との関係に苦しんでいる場合もある。離婚は家族の歴史としてテーマとなることもあるが，現在進行中の事態として現れることもある。暴力の存在には，家族歴の問題だけでなく，現在の問題として注意を払うことが必要になる場合もある。

家庭内での配偶者間暴力について，いささか強調しすぎているように思われるかもしれない。しかし，筆者のスクールカウンセラーとしての経験の中では，「暴力の存在も含め，配偶者間の秘められた支配関係」に出会うことは少なくなかった。そして，そのような問題が，結果として

「子どもの問題」として現れることとなって，学校関係者（スクールカ
ウンセラーももちろん含まれる）であればこそ気づき得たという体験も
多かった。子どもの問題としては，不登校のほか，多動性や衝動性の問
題（発達障害と関連する場合もしない場合もある），万引きや家出など
の非行などが含まれる。そして，被害者である側の保護者（母親の場合
が多い）は，子どもの問題と配偶者の「荒れた状態＝加害」との間に関
連があることに気づかず，「夫も子どもも，うまくいかない」「夫との関
係も子どもとの関係も，うまくいかない」と，「別々のこと」のように
苦しんでいる場合もある。

　家族の問題以外でも，保護者が問題を抱えていることがある。保護者
自身の歴史の中での傷つきとして，思春期・青年期における友人関係の
中での外傷的な体験を挙げることができる。現在，学齢期の保護者たち
が思春期を送っていた頃には，すでに，いじめやそれに類似した学級内
の友人関係に多くの子どもたちが悩むようになっていた。その中で，「明
確ないじめの対象となって，深く傷ついた」という体験を持つ保護者も
おり，さらには，「かなりハードな人間関係の中を，どうにかこうにか
乗り切ってきた（生き延びてきたというニュアンスが伴う場合も少なく
ない）」という保護者となると，相当の数になる。このような体験を保
護者自身が持っている場合，今，子どもが友人関係の中で何か「うまく
いかない」ことを抱えることになった場合，保護者の心の中では，「昔
の思い出」がよみがえるかもしれない。そして，「あんな風なことにな
るのではないか」と，現在の子どもの現実とは異なる，「思い出に基づ
く恐怖感」に襲われることもあるだろう。さらに，「私はどうにかこう
にか乗り切ってきたのに！」という思いにも駆られて，つい，子どもに
言ってしまうこともあるであろう。「どうして，あなたは，友だちとう
まくやれないの!?」と。このような，自らの体験を現在の子どもに映し
出しながらの「子どもがいじめられるのではないかという不安」から，
子どもが実際に友人関係に悩み苦しむ時に，その子どもの心をうまく包
んで護（まも）ってあげることがうまくいかず，子どもの辛さがさらに増してし
まうこともある。

　このように，保護者が生きてきた中で抱えている様々なテーマは，保
護者のテーマでもあるが，同時に子育ての中でのテーマともなって，子
どもの問題と分かちがたく結びついて，保護者との面接の中で現れてく
る。

（2）「保護者のテーマ」とカウンセリング

　さて，このような「保護者のテーマ」が現れ出てきた時，スクールカ
ウンセリングの面接はどのように行っていくことが大切になってくるで
あろうか。どんな場合にも，まず，大切なことは，「保護者自身は，自
分のテーマと子どもの『問題』の間の関係を，どのように考えているか」
ということを，的確に捉える（見立てる，と言ってもよい）ことである。
かなり多くの場合，「子どもの問題」で始まった面接が，いつのまにか，
「自分自身の問題」をめぐる面接になってきた時，多くの保護者は，非
常に戸惑う。この戸惑いを，しっかりと受け止め，理解することは，保
護者面接の「勘所」である。

　「子どもの問題は子育てと関連しており，子育ては親自身の内的なテー
マと関連している」という命題は，はたから見ていて「言うのは簡単」
なのだが，保護者にとってこの命題を引き受けることは，場合によって
はかなり難しい。難しいが引き受けてもらわなければ困る，と，子ども
の育ちに目を向けた時には思う時もある。しかし一方で，「このような，
不適切と見られがちな子育ての形になってしまったこと」は，保護者の
側の状況を考えれば無理からぬことであって，その内省を保護者に求め
ることは酷であると思えることもある。この二律背反を，どのように持
ちこたえるかが，保護者との面接を通して子どもの成長や適応へのサ
ポートを進める上で重要になる。

　こうした二律背反の中で，保護者の面接を通じて子どもへの支援を進
めようとすると，保護者面接は，実に多岐にわたる役割を担うことにな
る。子どもの見立てを深めるための情報収集という機能を担うことは確
かであろう。そしてさらに，保護者が適切な子どもへの関わりができる
ようになるための心理教育・コンサルテーションという機能を果たすこ

ともある。また，保護者が子育てのあり方に関する洞察や内省を深める
という意味では「親としてのあり方をテーマとした，親自身のカウンセ
リング」という面もある。そして，保護者自身の個人的で内的なテーマ
をめぐっての「個人としての親自身のカウンセリング」の役割を果たす
こともある。さらに，保護者との面接が，児童相談所や医療機関などの
関連機関との関係を調整する機能を果たす時もある。そして，スクール
カウンセリングの場であれば，学校と家庭の間の連絡調整の役割を求め
られることもある。

　多義的な役割の中で，今現在，カウンセラーである自分とクライエン
トである保護者との関係は，どのような機能を果たしているかについて，
自覚的であることが求められる。

3．事　例

　スクールカウンセラーによる保護者面接について，事例を取り上げて
考えてみたい。ここで取り上げる事例は，筆者の出会ったいくつかの母
親面接の事例を重ね合わせた模擬事例である。

（1）面接の経過

　中学 2 年生の女子，A子さんが教師に反抗的で，生活も乱れ始めてい
るようだということが，学校の生徒指導部会で話題になった。A子さん
の母親への反抗も強まっているために母親もかなり困惑しており，生徒
指導部会の中で，スクールカウンセラー（以下 SC と略記）が母親と面
接してはどうかということになった。担任から母親に SC との面接を勧
めると，母親はすぐに面接を申し込んできた。

　A子さんの最近の様子を語る母親（以下，Mo と略記）は，A子さん
の様子に困惑して，非常に疲れた様子であった。Mo が語るところによ
れば，A子さんの反抗的な様子は，中学 2 年に進級した半年前ころから
始まっている。確かに非行の一歩手前のようなところがあり，学校での
授業からのエスケープの他，9 時すぎまで友達と遊んでいて帰ってこな
いことなどがあった。また，知らぬ間に化粧品などの持ち物が増えてい

ることがあり，万引きの可能性も考えられた。Mo の困惑も教員の心配
も，無理からぬことかと思われる状況であった。

　一方で，Mo の語り口を聞いていると，SC は，しばしば窮屈な思い
をすることがあった。

　たとえば，A子さんは，朝なかなか起きてこない。それを何度も起こ
しにいかなければならないことは，Mo にとって，確かに煩わしいこと
には違いない。しかし，その語り口の中に，「一回起こしに行けば，起
きて当然」という前提が，「子どもが守るべき鉄則」のような形で伝わっ
てきて，SC 自身もなんだかA子さんと一緒に叱られているような感覚
が湧いてきた。

　また，夕方の帰宅時間についても，「帰ってくるのがひどく遅いんで
す」という Mo の強い口調からは，まるで中学生の娘が 11 時過ぎの深
夜に帰ってくるかのように聞こえた。しかし，実際の帰宅時間を確かめ
てみると，8 時頃がほとんどである。確かに中学生の帰宅時間として適
切とは言えないものの，Mo の厳しい口調との間には埋められないズレ
が感じられた。また，帰宅が遅くなり始めた頃の様子を聞くと，6 時半
の帰宅があり得ないような逸脱行為であったかのように語られ，SC の
中にはどうしても違和感が残った。

　Mo の醸し出す独特な窮屈さが，Mo とA子さんの間のやり取りを，
いっそうとげとげしくしてしまっており，そのことからA子さんにとっ
て帰宅が気重なものになり，結局，帰宅時間が遅くなったり逸脱的な行
動を強めたりしてしまっている可能性が考えられた。そのために，SC
は，Mo に対して，この「窮屈さ」を緩めるような働きかけをすること
が，つい，多くなった。もちろん，SC の持つ常識を Mo に押し付ける
ようなことにはならないように配慮はするのだが，それでも，面接は押
し問答のような形になることもしばしばであった。

　具体的な対応の方法を考える，一種のコンサルテーションとして面接
を位置づけるならば，確かに，「あまり窮屈にならない方がよいかもし
れませんね」と言ったような，いささか指示めいたことを伝えていく応
答もあり得るであろう。しかし，Mo が SC の中に引き起こす「窮屈な

感じ」は，どうも，Mo 自身の内的な背景を持ったものでもあるようで
あった。結果として，SC も，Mo との応答の中で生じたいら立ちのよ
うな情緒的な反応から，「あまり窮屈にならないように」と "説得" し
ようとしてしまっているかもしれないと，SC 自身にも思えてきた。し
かし，面接の様子はなかなか変わらないまま，しばらく面接を重ねてい
た。

　やがて，面接の様子に変化が生じてきたのは，Mo の抱える次のよう
な様々な事情が語られるようになってきた頃であった。

　A子さんと Mo は，今は二人で暮らしている。二人にとってとても頼
りになる存在の Mo の夫（以下，Fa と略記）は，現在，海外に単身赴
任しており，半年に一度帰国するだけであった。単身赴任は1年前から
始まっており，その半年後からA子さんの「非行」が始まったとのこと
であった。夫が単身赴任した時に，Mo は「急にさびしくなると同時に，
私がしっかりしなきゃと思った」と語っていた。

　夫は子どもに対して，優しい一方でどこか放任主義のようなところが
あり，あまり細かなことは言わないとのことであった。そのために，Mo
は「もう少ししっかり叱ってくれればいいのに」と思うこともしばしば
あったそうだ。ただ，夫の実家を訪ねた時に，夫と夫の母親を見ている
と，「二人のやり取りがあまりにさばさばしていて，私の実家と対照的。
ああ，こんなに違うんだなって思って，ああ，こういう中で育った人な
んだな」と感じたとのことであった。

　この話と重ね合わせるように，Mo 自身の実家のことが語られ始めた。
Mo の実家は自営業を営んでおり，一家が商売を中心に一まとまりに
なっていた。「夫の実家とは全然違う。もっと『濃い』んです」と Mo
は語った。濃密な情緒的な関わりが繰り広げられる中で，Mo は，母か
らも父からも，いつも気にかけられる中で育ってきた。それは愛情豊か
な雰囲気でもあったのだが，同時に，思春期に入った頃の Mo にとって
は，かなり「口うるさい」と感じられるものでもあったようだ。そのあ
たりのことを，Mo は，「父は昔風の『昭和の雰囲気』の厳しいしつけ
をする人でした」と語った。中学の頃はもちろん，高校に入ってからも

帰宅が6時を過ぎるのであれば家に電話を入れなければならない。8時の帰宅など，あり得ないことであった。他にも様々な厳しい「家の規則」があった。しかも，「お父さんが家のルールブック」だったので，反抗することなどは考えにくかった。「とっても窮屈で，大人になって早くここから出たいな，と思っていた」が，一方で，「お父さんが考えてくれるから，自分では判断しないでいい，お父さんに任せておけばいい，みたいになっていたかも」と語るように，Mo から父親への"甘え"もあったようであった。「思えば，いかにも反抗期って感じですよね」と Mo は語ったが，愛情に包まれながらも，それが同時に窮屈でもあった思春期の Mo の様子が SC にも伝わってきた。

　その父親は，3年ほど前に他界している。Mo は，夫が単身赴任した時に，「一人で頑張らなきゃ」と思ったと言っていたが，「その時の『一人になったな……』という感じは，父が亡くなった時と似てるかも」とも語り，夫の不在と父の死去の喪失感を重ね合わせるように体験しているようであった。

　夫の単身赴任で母一人子一人の生活になってから，Mo は，父親の代わりもしなければと思うようになった。その中で，A子さんが自由に振る舞うのを見るにつけ（この自由さは夫の"子育て"の形には適合していた），「夫よりも父に似たやり方になっちゃうんですよ」と，Mo は言う。知らず知らずのうちに，事細かに A子さんに指示を出すという，口うるさい働きかけをすることになっていたようだった。

　Mo 自身の娘としての父との関係，父の死去に伴う Mo の喪失感，夫の不在をめぐる Mo の孤独感，夫の不在をめぐる A子さんの寂しさ，A子さんへの関わりにおける Mo と夫のズレ，その背景にある Mo と夫の育ってきた環境のズレ……。これらは，一つ一つ分けて取り上げることが難しいほどに相互に関係しあいながら，Mo の人生の歴史をめぐる物語を織りなしていた。

　面接の中では，相変わらず，Mo の A子さんへの働きかけに漂う窮屈さを緩める方向での SC からの働きかけは多かった。Mo の様々なテーマを焦点としたカウンセリングとなることは，あまりなかった。しかし，

この窮屈さの背景に，Mo の内的なテーマを感じられるようになったことで，面接の場に漂う雰囲気からは，少しずつ窮屈さが薄らいでいった。

（2）事例を通して

　このように，現在の自分と娘の関係と，子ども時代の自分と親との関係を，重ねながら体験しているクライエントとの面接を，しばしば体験する。「親としての自分」と「子どもとしての自分」と，「自分自身としての自分」とは，さほど明確に区分されないまま，人は自分の人生を生きているのであろう。とくに，生涯発達心理学的に考えた時に，20 代・30 代において，子育てを通じて自分の子ども時代を再体験し，再統合することがテーマとなることは，頻繁に見られることである。

　このようなテーマを抱えた保護者の心持ちに丁寧に寄り添いながら，しかも同時に，今，問題を呈示している子ども自身を支える機能を担うような面接関係を維持することが求められている。

4．おわりに

　保護者との面接について述べてきた。独特の，多義的な役割を果たす面接が求められることは，これまでも様々なところで言われてきている。スクールカウンセリングの中では，さらに，「学校との間をどうつなぐか」というテーマも含まれてくる。面接を通じて見えてきた，子どもの歴史・家族の歴史・保護者自身の歴史について，誰にどのように伝えるのか。あるいは伝えないのか。守秘義務に配慮し，保護者からインフォームド・コンセントを得ることはもちろん必要だが，一方で，学校に伝えることによって，児童生徒や保護者・家族にとって利益になる場合もあろう。むしろ，秘することによってマイナスの結果となる場合も，ないわけではない（案外，多いのではないか）。また，学校のほうが多くの情報を持っている場合もある。教員との協働作業も視野に入れながら，保護者との面接を進めることも重要である。

　とくに，児童福祉関連の機関との連携については，地域の状況に適合する形で進めていくことが，強く求められている。

🔔 研究課題

1．「心理臨床学研究」などの学会誌の中から母親面接に関する事例論文を探し，そこに描かれた「母親自身の問題」について考えてみよう。
2．20代から30代の「現代の発達課題」について考えてみよう。
3．「親は子育ての中で自分の育ちを見直すことになる」という命題について考えてみよう。

参考文献

小俣和義（2006）．親子面接のすすめ方―子どもと親をつなぐ心理臨床．金剛出版．
中釜洋子（2008）．家族のための心理援助．金剛出版．
橋本やよい（2000）．母親の心理療法．日本評論社．
山本和郎（1986）．コミュニティ心理学―地域臨床の理論と実践．東京大学出版会．

11 | 心理教育 ―いじめの事例を通して考える―

廣澤愛子

　近年，学校現場におけるスクールカウンセラーの役割として，不登校やいじめなどの問題が生じた後への対応・支援のみならず，これらの問題が生じないよう未然に防ぐ取り組み―心理教育―が，定着しつつある。また，薬物乱用や自殺の予防，性規範意識や防犯意識の獲得など，問題に巻き込まれないよう知識とスキルを身につける取り組みも増えつつあり，日頃からこころの健康を促進・維持し，より生きやすくなることを目指すのが心理教育と言える。本章では，いじめとそれに係わって行った心理教育の事例を通して，心理教育の在り方について考える。

《**キーワード**》　心理教育の在り方，いじめ事例への介入と予防，チーム学校

1. はじめに

　本章では，心理教育の基本的な考え方や扱われるテーマ，さらに具体的な方法について概観したのち（2節），小学校において生じたいじめとそれに係わって行った心理教育の事例を通して（3節），「心理教育を行う上で大切なポイントは何か」について考える（4節・5節）。

2. 心理教育とは

（1）問題の未然防止と予防

　学校現場における心理教育とは，心理学的な知見や技法を援用しながら，児童生徒がこころの持ちようや対人関係の在り方について学び，彼らのこころの健康や社会的な健康を育む教育実践活動を意味する。児童生徒の心理的・社会的健康を促進・維持することは，不登校やいじめ・暴力といった学校不適応を未然に防ぎ，ストレスフルな事態に遭遇しても心身の健康を損ねないよう予防することにつながる。つまり心理教育

では，問題が生じる前にそれを未然に予防することに力点が置かれており，近年は，たとえばこころの減災教育など，災害が起こる前に災害に遭った時の心の被害を少なくするような心理教育プログラムも開発されている(窪田ら，2016)。学校で心理的支援を行うスクールカウンセラーも，不登校やいじめなどの問題が生じた後に対応を求められるだけでなく，こういった問題が起こらないよう，事前に心理教育的取り組みを行うことがますます求められている。公認心理師の業務に，こころの健康に関する教育及び情報の提供が明確に義務付けられたことからも，心理教育の必要性・重要性の高まりがうかがわれる。

（2）扱われるテーマ

心理教育は，学級集団を対象として一斉に実施されることが多く，窪田（2013）によると，基本的な対人スキルの獲得・維持を目指したものと，特定問題に対する予防教育を目的としたものに分かれると言う。基本的な対人スキルの低さ（コミュニケーション力や対人関係解決スキルの不足）と学校不適応とには関連があることが指摘されており（鈴木・森田，2015），基本的な対人スキルや自尊感情・自己理解などを高めることは，学校不適応を未然に防ぐ効果があると言える。一方，特定問題の予防には，「薬物乱用」や「自殺」の予防，「性規範意識」や「防犯意識」（岸・安彦・西畑，2020）の獲得，さらに「情報モラル」の習得などがあり，たとえば自殺予防教育の中では，辛い時に他者に助けを求める援助要請行動を育むプログラム内容が盛り込まれるなど，その問題に特化した学習内容も含まれる。

しかし，他者に助けを求める援助要請行動は，広く考えれば対人スキルにも含まれる。したがって，基本的な対人スキルを育むことは，どんなスキルを身につける時にも土台になると言え，日本においてはとくに，「対人関係能力（他者の意見を聴くことのみならず，適切な自己主張を行うことも含む）」，対人関係能力とも関連する「他者理解（他者への肯定的な関心）」及び「自己理解（自尊感情の涵養を含む）」を育む心理教育が最もよく実施されていると言える。そして，これら3つの基本的な

テーマを土台に，ストレスフルな事態に巻き込まれた時にこころの健康を害さないよう，「ストレスマネジメント」を通してストレスへの対処方法を学び，「アンガーマネジメント」を通して感情の適切なコントロール方法を学ぶと，「ストレスフルな出来事に遭遇した際に，他者と建設的な関係を築きながら良い解決策を導き出す」といった，適応的な行動を取ることができるようになる。このような，生きるためのスキルを育むことが心理教育の目的であり，この真逆の状態が，「いじめ」などに代表される集団における対人関係の問題と言えるだろう。

（3）具体的な方法

　心理教育には多様な方法があり，基本的な対人関係能力を育むものとしては，「ソーシャルスキルトレーニング」や「構成的エンカウンターグループ」，「ストレスマネジメント教育」（第3章参照）などがよく知られている（山下・窪田，2017）。また，それらに加えて，「SEL（Social and Emotional Learning），社会性と情動の学習」も近年盛んに行われており，ここでは対人関係能力に限定せず，社会性と情動に焦点を当てながら規範意識や自己理解を育むことも含め，幅広い課題をターゲットとして実施されている。

　このほかに，「ピアサポート」も日本内外で幅広く行われており，困りごとや相談ごとを友達に相談し，ともに解決していけるような仲間関係を築くことを目指す。たとえば，心理教育を通して，友達の課題解決のために悩みに耳を傾け，ともに考えてくれるようなピアサポーターを養成したり（Cowie&Sharp，1996），「相手のために何かをして感謝される」といった体験を通して，他者と良い関係を築く感覚を身に付けたりする（滝，2001・2004・2009）。そのほかにも，心理教育にはライフスキル教育やキャリア教育，人権教育などがあるが，これらも含め心理教育が扱うテーマは重複していることも多く，実施者が指導内容の重複を避けつつ，関連するテーマを有機的にむすびつけながら実施することが，児童生徒の学びに資すると言える（小川，2015）。

（4）いじめに焦点を当てて

　日本では，いじめや不登校といった対人関係に起因する問題が多く，対人関係に焦点を当てた心理教育が多く実施されていると言う（伊藤，2004）。とくに，いじめは学級集団全体の問題であり，日本の学校で生じる問題として，誰もがある程度，わがこととして捉えることができると言える。心理教育では，問題が起こる前にそれについて考えることを求められるため，実感が伴わない難しさがあり，心理教育を行う時には，そのテーマについて実感をもって考えられるよう工夫することが求められる。そこで本章でも，心理教育を学ぶにあたり，誰もがある程度，実感を持って考えることのできるいじめの事例を通して，心理教育の在り方や心理教育を実施する際のポイントについて考えることとする。

3．事　例

　以下の事例は，複数の事例を組み合わせて創作した模擬事例であり，いじめとそれに係わって行われた心理教育の経過が記されている。本事例を通して，心理教育の在り方や実施のポイントについて考える。

（1）当初の学級の様子

　小学5年生の本学級は男女合わせて30名ほどであり，これまでにも何度か，友人間のトラブルが起こっていた。その都度，学級担任を中心に対応し，道徳の授業を使って他者理解を促すワークを行ったり，スクールカウンセラー（以下，SC）が全員面接を通して児童の気持ちを聴いたりするなど，さまざまな取り組みを行ってきた。しかしあまり改善が見られず，自分がおかしいと思うことをする児童を強く批判する場面などがしばしば見られた。たとえば，忘れ物をする児童を何人かで責めたり，偏食がある児童を「わがまま」と批判したり，走るのが速い児童を「走り方が変」と揶揄するなど，他者の個性を認めて良い関係を築く姿勢に欠けていた。

（2）事例の経過

Ⅰ期：心理教育の実践（X年4月〜5月初旬）

　5年生になり，新しく担任となった女性の教員は，このような学級の状態からいじめなどの大きな問題へと発展しないよう予防的な取り組みを行いたいと考え，SCに心理教育を依頼した。同じく，新しくこの学校に着任したばかりのSCはさっそく学級を観察し，確かに担任が言うように，児童らが他者に掛ける言葉がとげとげしいと感じた。そこでゴールデンウィークに入る前に，友達の良い面を見つけ，お互いに良い仲間関係を築くことを目的として，「ドジ話をリフレーミング」と「友達のキャッチコピーをつくろう」の2つのワーク（小川，2015）を，道徳などの授業時間を 2 時間もらって実施した。

　「ドジ話をリフレーミング」とは，他者の失敗談やドジな話を聞いて，それを肯定的な言葉で表現し直すワークであり，たとえば，「電車に乗って本を読んでいたら，いつの間にか降りる駅をふたつも過ぎていたんです」という友達の失敗談に対して，「○○さんは本を読むのが好きで，降りる駅を乗り過ごしてしまうくらい熱中することもあるそうです。すごい集中力の持ち主なんです」とリフレーミングしたりする。また，「友達のキャッチコピーをつくろう」では，友達の人柄が素直に肯定的に表れるようなキャッチコピーを作って本人にプレゼントし，たとえば，「優しくて，いつも相談に乗ってくれる○○さん」とか「バスケットボールを頑張っていて，走るのが得意な△△くん」など，友達を肯定的に形容する。これらのワークを通して，他者を肯定的に捉え，他者を大切にする言葉を日常的に使えるようになることを目指した。

　児童らは授業に真面目に参加し，これらのワークの後に返ってきた感想には，「みんなそれぞれ個性があっていいと思う」「自分にも苦手なことがあるから，お互い苦手なことは助け合えばいい」といった，他者を認め他者と良い関係を築こうとする言動が書かれてあった。しかしSCは，児童らがこのようなワークにとても慣れており，大人が期待する回答を汲み取って表現しているように感じ，これらの言葉が実感をもって語られているようには思えなかった。SCは，自らが行った心理教育に

手ごたえを感じられないまま，ひとまず，担任と協力しながら学級を見守り続けることとした。

Ⅱ期：いじめの発覚（Ｘ年５月，ゴールデンウィーク直後）

　ゴールデンウィークが明けてすぐのことであった。女子児童Ａの保護者から担任に電話があり，「いじめられているから学校に行きたくないと本人が言っている。対応してほしい」と，相談があった。保護者の話をまとめると，４年生の３学期から，女子児童Ａ・Ｂ・Ｃ・Ｄの４人グループの中で，Ｄが「Ａに話しかけられても無視するように」とＢとＣに指示し，Ａを孤立化させたり，「他の児童の持ち物をＡの机の中に入れるように」とＢとＣに指示し，Ａが他の児童の持ち物を勝手に取ったように見せかけたり，「待ち合わせ時間を 30 分遅く言うように」とＢとＣに指示し，Ａが待ちぼうけをくらうよう仕向けるなど，Ｄが中心となってＡをいじめ，しかもＢとＣに指示していじめを行っているという。

　担任は早速，Ｂ・Ｃ・Ｄの３人に，個別に聞き取り調査を行ったが，Ｄは，「いじめなんてしていない」と言い張り，保護者もＤの言うことを信頼し，学校への不信感を口にした。ＢとＣもＤへの恐怖心からか，「何もない。大丈夫です」と口をつぐんだ。Ａはおっとりしているが，自分の考えをしっかり持った芯のある児童であった。しかしこれまで，本人からいじめについての相談はなく，担任・ＳＣともども，このいじめを把握できていなかった。いじめについての聞き取り調査に同席していたＳＣは，いじめを否認・黙秘している３人の児童の様子を観て，ゴールデンウィーク前に行った他者の個性を認めるワークが何の意味も持たなかったことを痛感した。そしてＡは，ゴールデンウィーク明けから学校を休み続け，担任の家庭訪問にも応じなかった。

Ⅲ期：いじめの解決に奔走する（Ｘ年５月中旬〜６月中旬）

　このいじめを受けて，担任，他の教員，管理職，そしてＳＣも含めて，今後の対応について話し合った。ＳＣが「先日，私が行った心理教育は意味を持たなかったと思う……大人の側から助言・指導するような形で

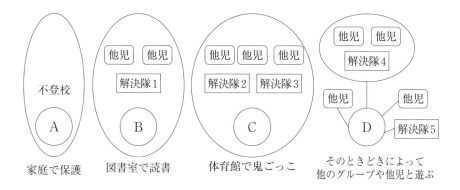

不登校
A
家庭で保護

他児　他児
解決隊1
B
図書室で読書

他児　他児　他児
解決隊2　解決隊3
C
体育館で鬼ごっこ

他児　他児
解決隊4
他児　　　　他児
D　解決隊5
そのときどきによって
他のグループや他児と遊ぶ

図11-1　グループの解体と新たなグループ

はなく，児童が主体的に考え，動く中でいじめを解決していくような方法が何かあれば……」と呟くと，ある教員が，つい先日研修で学んできたことを思いだし，「たとえば『いじめ解決隊』として数名の児童を選出し，それらの児童が中心となっていじめを解決することはできないかな？」と提案した。そこでこのアイデアをもとに，担任，SC，管理職など他の教員が加わり，具体的な実現方法について意見を出し合い，最終的に 5 名の児童を『いじめ解決隊』として選出することとした。5 名の児童は男女混合で，自分の意見を，相手の気持ちも考えながら言えたり，ものごとをしっかりと客観的にとらえられたり，温厚でおだやかだったり，それぞれに良いところがあり，教員らはこの 5 名の児童たちに任せてみようということになった。

　担任は，翌日速やかに児童 5 名に声をかけ，教頭先生と SC も同席する中で話し合いの場を持った。その際，①学級のいじめを解決するために力になってほしいこと，②いじめが起こっていたら，いじめられている子のそばに行き，その子がひとりぼっちにならないよう一緒に遊んでほしいこと，③困ったことがあれば，どんな些細なことでも担任や SC に相談してほしいことを伝えた。

　5 名の児童は，解決隊に選ばれたことを前向きにとらえており，中には「B さんと C さんのことですよね。B さんは読書が好きなので，休み時間は，私が普段遊んでいるグループで一緒に，図書館で過ごします」

と言う子がいたり,「Cさんを誘って,私たちのグループで一緒に鬼ごっこをします」と話す子がいるなど,担任の意図を汲み取る児童もいた。そして実際,解決隊に選ばれた児童らが,それぞれにうまくBとCを誘って遊び,Dも全く別の児童のグループの中で遊んだり,解決隊のメンバーがDに声をかけて一緒に遊ぶなど,B・C・Dの3人がばらばらになったため(図11-1参照),いじめは起こらなくなった。しかし,Aの不登校状態が続いていること,B・C・Dがいじめを認めていないことに担任をはじめ教員は頭を悩ませていた。

しかし,いじめが発覚して3週間が過ぎた頃,Aの様子に変化が見られ始めた。Aが学校を休み始めてすぐに,学校がAと保護者の了解を得て,大学生ボランティア[注1]を週に2回,話し相手になったり学習を支援したりする人としてAの家庭に派遣していた。その大学生ボランティアにAが,「なぜ,何も悪いことをしていない自分が学校を休んで,悪いことをしているDが学校に行っているのか。おかしい」と,理不尽さを訴えるようになったと言う。大学生ボランティアが,「Aさんの言っていること,本当にその通りだと思う。私もおかしいと思う。今,学級の多くの友達が,いじめが起こらないように奮闘しているよ。Aさんの考えをちゃんと伝えたら,きっといい方向に向かうと思うよ」と伝えると,Aは「みんなが見守ってくれるなら,Dに自分の思いを言えると思う」と話す。

大学生ボランティアはAの了解をとって,SCにこのやりとりを伝え,SCから話を聴いた担任は,再度BとCにそれぞれ個別に聞き取り調査を行った。すると,Dと離れている今だからこそ言えたのであろう,Bは「Dさんに言われてAさんをいじめていた。つらかった。Aさんに悪いことをした。謝りたい」と言い,Cは「言われた通りにしなければ,自分がいじめられると思って怖かった。Aさんに悪いことをした」と反省の言葉を口にし,2人ともいじめの事実を認めた。そして2人とも,「Dさんとは離れていたい」と言った。

注1)教育委員会―小中学校―大学の3者間の連携のもと,教職を志す大学生が学校現場や家庭で,支援を要する児童生徒に学習支援などを行うシステム。

これを踏まえて，担任とSC，教頭，そしていじめ解決隊5人の立ち会いのもと，A・B・C・Dの4人が話し合いの場を持つこととなった。BとCは涙ながらにAに謝罪し，Aはそれを聞きながら，無言で涙を流していた。そして沈黙の後，「ずっとつらかった。学校に行きたくなかった。でも，誰にも言えなかった。わたしの気持ちが分かりますか？」と，まっすぐDに問いかけた。Dは，最初は無言であったが，担任が介入してAの気持ちを代弁し，Dの返答を促した。するとDも下を向いて涙を流しはじめ，長い沈黙のあと，「ごめんなさい」と小声で言い，いじめの事実を認めた。

この後もしばらく話し合いを行い，その中で，A・B・CがDとは遊びたくないと明言したため，それについてDにも了解してもらった。実際Dは，いじめ解決隊のメンバーや他の児童と遊んでおり，孤立化する心配もなかったため，A・B・CがDと距離を取ることが，今は先決と考えた。そしてそのような守られた環境の中で，Aも徐々に登校を開始し，プール学習が始まる6月中旬ごろには，完全に登校を再開した。

Ⅳ期：いじめを振り返って芽生えてきた思い─いじめの予防こそ大事─
（X年6月下旬〜7月中旬）

いじめの問題がひと段落ついた頃に，担任とSCはいじめ解決隊の児童5名を集め，皆のがんばりにお礼を伝えるとともに，今回の出来事を振り返る場を持った。児童らは率直な意見を述べ，たとえば，以下のような言葉が聞かれた。

解決隊児童①：「ずっと前から，いじめにうすうす気づいていたのに，見て見ぬふりをしている自分がいた。今回解決隊に入ることができて，少しは助けることができて，本当によかった（罪悪感があったから……）」
解決隊児童②：「いじめを止めたい気持ちはずっとあったけど，どうしたらいいのか分からなかった。今回，やっとやり方が分かった。一人じゃなくて，皆でいじめをやめる方向に動いたらいいと分かった」

解決隊児童③:「私もいじめの止め方が分からなかったけど，いじめられている人のそばに行って，一緒に遊んだらいいと分かってよかった。いじめられている人のそばに行く時に，自分一人で行ったら，自分もいじめのターゲットにされるような気もするけど，何人かでいけば，それも防げると分かった」

解決隊児童④:「先生が，いじめている人も一人にならないようにって考えているのが分かって，最初は，なんで？と思ったけど，なるほどと思った。いじめはダメだけど，いじめをしていた人が，今度はいじめられたり一人ぼっちになったりしたら，永遠にいじめはなくならないから」

解決隊児童⑤:「いじめの止め方が分かってよかったけど，やっぱりいじめが起こると大変だし，できたら，いじめは起こらない方がいいと思った。いじめが起こらないようにするにはどうしたらいいのかな？」

　担任とSCは，このような言葉を聴きながら，児童らがいじめ解決隊の体験を通して深い洞察を得ており，期せずして，「心理教育」が生じていると感じられた。そして，児童から最後に出てきた「いじめが起こらないようにするにはどうすればいいのか？」という問いこそ，心理教育の原点—いじめを予防するための取り組み—であり，児童の側から出てきたこの問いをもとに，いじめの予防について考えていくことが心理教育になると考えた。そこで，いじめの当事者であるA・B・C・Dの気持ちが少し落ち着く頃（2学期以降）に，学級の中で「いじめを予防するためにはどのような取り組みがあるといいのか」について，道徳や総合の授業の中で考える方向で検討することとした。

V期：心理教育，再び—いじめを予防するための具体的な取り組み—
　　　（X年9月〜X年12月）
　夏休みが明けて2学期に入り，担任，SC，管理職らで学級を丁寧に観察し，学級が落ち着いていることを複数の教職員で確認した。さらにA・B・C・Dの4人に対して，担任がひとりひとり個別に，「道徳と

総合の授業で，いじめが起こらないためにはどうすればいいのか話し合えるといいなあと考えている」と伝え，各自の気持ちを聴いた。すると４人とも，そのような場を持つことの必要性を感じ，いじめがなくなるよう話し合いに参加すると肯定的に応えてくれた。また，解決隊の５名の児童にも，Ａ・Ｂ・Ｃ・Ｄが一緒に考えていけるように，積極的に声かけをしてほしいと伝えた。SC や管理職も話し合いの授業に参加し，今回のいじめの当事者であるＡ・Ｂ・Ｃ・Ｄを中心として児童らの様子を丁寧に観察しながら，時に話し合いに加わった。

　児童らは４月当初に行ったワークの時とは異なり，真剣にグループディスカッションを行っていた。そしてその話し合いの中で，児童から出た意見としては，「もし自分だったら（もし自分がいじめられたら）と想像することができたら，いじめは起こらない」「いじめをするような人間になったらダメ。そんなちっぽけな自分にはならないぞって自分を大切に思えたら，いじめはしなくなると思う」「自分が嫌だなと思うようなことを言う相手がいたとしも，その人を傷つけずに自分の意見をちゃんと言えばいい」「どうしても嫌な相手がいるなら，離れておけばいい」といった，まさに心理教育の中心的テーマである『他者理解』『自己理解』『対人関係能力』を育む意見が出てきた。もちろんこれらの意見は，担任や SC，管理職らがグループディスカッションに参加して意見を促すなど，後方から児童らを支援してきたことも大きいと思われるが，それを差し引いても，とても大切な意見が，実感を持って児童から主体的に出てきたと言える。

　そして，いじめを抑止するために学級全体で行うことのできる取り組みとしては，「いじめは絶対ダメという空気を作ること」，「いじめをする暇がないくらい楽しいことをすること」という２つの意見が出された。さらに「いじめはこのクラスだけの問題じゃないから，児童委員会で話し合って，どんなことをすれば『いじめは絶対にダメ』という空気を作ることができるのか，学校全体で考えてみてもいいんじゃない？」という意見も出され，その具体的方法について児童委員会で検討することとなった。

「いじめをする暇がないくらい楽しいことをする」については，「ご褒美シールがたまったら，みんなでドッジボールがしたい」，「認定こども園の訪問で行ったゲームが楽しかったから，自分たちでもそのゲームをする時間が欲しい！」など，いくつも意見が出てきたため，担任が授業時間を工夫して冬休み前にそれらを実現することを，児童らと約束した。また，「いじめをする暇がないくらい楽しいことをする」についても，学校全体でできる具体案を検討したほうがいいだろうという話になり，これについても児童委員会に提案することとなった。担任はこのような学級での話し合いの結論を管理職や他の教員にも伝え，了解を得た。

　この後，児童委員会でいじめの予防策について話し合いを行い，「いじめは絶対ダメという空気を作る」ことについては，いじめの予防を促すポスター作りや，児童委員会のメンバーによるいじめ見守り隊の結成などの案が出され，実現する方向で動き始めた。「いじめをする暇がないくらい楽しいことをする」については，縦割り（学年を越えた）お楽しみ会の開催や，マラソン大会を高学年と低学年のペアで行うなどの案が出された。そして，お楽しみ会の開催は実施することが決まり，高学年と低学年のペアによるマラソン大会については，単独での上位入賞を目標に頑張っている児童もいることを踏まえて，今回は見送られた。

　このように，本校においては現在も，児童主体でいじめ予防のための活動を継続しており，教職員も後方から支援し続けている。

（3）事例のまとめ

　当初この学級は，児童らの他者への言葉かけがとげとげしく，以前にも対人トラブルが何度か起こるなど，安定しない状態であった。5年生になり新しく担任となった女性の教員は，このような学級の状態からいじめなどの大きな問題が生じないよう，SCに心理教育を依頼する。しかし心理教育を行ったSCは，児童らがこのような心理教育に慣れてしまっており，大人が求めている回答を実感もないまま口にしているように感じ，手ごたえが得られなかった（Ⅰ期）。

　するとその後，いじめが発覚する（Ⅱ期）。担任が直観的に危惧した

ことは，すでに4年生の3学期から起こっていたのである。そしてこの時から，いじめの解決にむけて，担任，SC，さらに管理職も含めた話し合いが行われ，児童らがいじめ解決隊としていじめをなくすよう働きかける方法が採用される（Ⅲ期）。

　しかし一足飛びにいじめが解決したわけではなく，いじめの当事者である4名の児童がばらばらになり，グループが解体されることによっていじめは消失するものの，Aは不登校となり，いじめの中心的加害者であるDもいじめを認めないという状況に陥る。しかしその後，Aが勇気をもって自らの気持ちをDに伝えたことを契機に，Dもいじめを認め，Aに謝罪する。この出来事を境にAは徐々に登校を再開し，いじめも完全に消失する。

　いじめが沈静化したのち，いじめ解決隊の児童から「いじめは起こったら大変。できれば起こらないほうがいい。いじめが起こらないようにするためにはどうすればいいのか？」という問いが，主体的に生まれる（Ⅳ期）。そしてこの発言をもとに，いじめを予防する方法について，学級で話し合うこととなる。Ⅴ期にはその具体的方法について学級で検討し，「相手（他者）の立場に身を置くこと」「自分を大切にすること」「他者を傷つけずに自己主張すること」といった，心理教育の中心的テーマに係わるような意見が児童らから主体的に出る。さらに，「学級のみならず学校全体で，いじめは絶対にダメという空気を作る」など，いじめ予防策について具体的な意見も出され，児童委員会で，学校全体でできるいじめ予防策を検討し，実行することとなる。

　このように本事例では，教員やSCらが後方から支える中で，児童らが主体的にいじめの解決に係わり，そこからさらに，いじめを予防する具体策を学校全体で検討するに至った。このような児童の主体性と意欲に基づいたいじめ予防活動は，確かな効力を持つと思われる。

4．心理教育を行う上で大切なことは何か

　前節で記述した事例のプロセスからは，「心理教育を行う上で大切なことは何か」について，多くのことを学ぶことが出来る。本節では，こ

の事例に基づき，心理教育におけるポイントを提示する。

（1）児童・生徒のこころに響く心理教育

　I期でSCが行った心理教育プログラムは，児童らのこころには響いていなかったと言える。この学級はこれまでにも問題が多く，しばしば心理教育が実施されていたため，児童らは大人が求める正解を知的には理解していた。しかしその知的な理解が，実際に，他者を傷つけない言葉を使うことや他者のつらさを共感的に理解することにはつながっておらず，むしろ，大人の目が届かないところでいじめが潜行していた。

　では，児童・生徒のこころに響く心理教育を行うにはどうすれば良いのであろうか。本事例でいじめ解決隊に選ばれた児童らが，自らの体験を通して，「いじめの止め方が分かってよかった」「いじめを起こさないためにはどうしたらいいのか？」といった意見を主体的に述べていることを踏まえると，身をもって体験することからこそ，人は多くのことを学ぶと言える。

　しかしもちろん，「いじめをしてはいけない」ということを学ぶためには，実際にいじめを体験するしかない，と言いたいわけでは決してない。そもそも心理教育は，予防を主な目的としているので，いじめにせよ学校不適応にせよ，そのような状態を引き起こさないことが重要である。ではどのような心理教育を行うと良いのであろうか。

　たとえばいじめであれば，ロールプレイの中で，いじめの被害者や加害者，傍観者や観衆といった役割を体験したり（増田，2015），「いじめをテーマにした劇を作って演じる」など，それぞれの立場に疑似的に身を置く体験を通して学ぶことが，他者理解や自己理解，また適切な他者とのコミュニケーションを促すことに繋がると言える。但し，体験型のワークにおいては，いじめを疑似体験することになるため，児童生徒らのこころの負担も大きく，とくにいじめられた体験を持つ児童生徒は，このような体験型のワークが，いじめによる再トラウマを引き起こす可能性もある。したがって，児童生徒らにかかる負荷を慎重に見極めながら，体験型のワークを通して，感情を伴って「いじめは絶対にしてはい

けない」と思える心理教育を行うことが肝要と言える。

（2）日常場面で生かされる心理教育

　心理教育で学んだことが実際の日常場面で生かされること―一般化(はんか)―
は，何よりも重要な点である。本事例では，5年生の初めに行った心理
教育を含め，それまで行ってきた心理教育は日常場面では生かされてい
なかったと言える。しかしいじめが発覚し，いじめ解決隊と教員らの支
援によっていじめが消失した後，いじめの予防について話し合う場が持
たれた時には，児童らは誰もが真剣にディスカッションに参加していた。
この違いは何によってもたらされたのであろうか。おそらく後者におい
ては，児童の一部（解決隊のメンバー）が主体的にいじめの問題に取り
組み，そこから，自ずといじめを予防するためにはどうすればいいのか
という問いが生まれてきたことが大きいと思われる。実体験を通して，
自然とこのような問いが生まれ，そのことを考えたいという意欲が児童
の側に生じたからこそ，真剣なディスカッションと，そこから極めて有
効ないじめ予防案が出てきたと言える。ここから示唆されるのは，大人
の側が教え導くというスタイルではなく，児童生徒が主体的に取り組み
たいと思える内容・形式を出来る限り尊重し，心理教育に取り入れるこ
との重要性ではないだろうか。児童生徒の主体性・意欲が原動力となり，
教員らが後方支援して創り上げるようなスタイルが肝要と言えるだろう。
　また，本事例ではこのような話し合いが，学校全体でいじめ予防策を
考えることに発展し，教員らが後方支援しているものの，児童委員会を
中心に児童同士で自治的にいじめ予防運動を行うことに繋がっている。
このように，児童同士で自治的に取り組むというかたちが生まれた原点
には，いじめ解決隊というかたちで，児童同士の関わり合いの中でいじ
めを解決していったことがあるのではないだろうか。本事例におけるい
じめ解決隊は，いわゆる「仲間の力を使った暴力・いじめの防止」（松
尾，2002）であり，ピアサポーターやピアメディエーターに近い。本事
例では「ピアメディエーター」（Mayer. et. al, 2000）のように，特別な
訓練を受けた児童をいじめ解決隊に選んだわけではないが，児童同士で

互いに助け合うという姿勢が，いじめ解決隊の活動を通して自然と芽生えたと思われる。このような『児童同士で自治的に』という感覚を養い，日頃からそのような姿勢でいられることが，いじめ抑止に繋がると言える。日本でも，児童同士が支え合う関係作りを行うための「ピアサポートプログラム」は従来から多くあるので（滝，2001・2004・2009など），これらを参考にし，児童同士が日頃から自治的に協働し合い，学校生活を送ることを促すような心理教育を行うことが，日常場面における良好な対人関係や助け合いの精神に繋がると言える。

（3）心理教育を行う教員や SC に求められること

　心理教育は，誰がどのように行うと良いのであろうか。本事例では，最初の心理教育は SC が行っているが，いじめ発覚後の介入支援や，その後のいじめ予防のための話し合いなどは，担任，SC，管理職も加わり，さらに児童委員会を中心とした学校全体でいじめ予防を考える段階においては，教員全員が関与し，児童生徒がいじめ予防策を提案し実行することを後方から支援している。このように，担任，SC，管理職，さらに他の教員も含めて，連携しながら支援の方向性を共有し，その方向性の中でそれぞれが役割分担を行い，いじめの解決及び予防を行っている。つまり，心理教育のワークそのものを誰が担当するのかという点はさほど重要ではなく，大きな支援の方向性を管理職も交えて皆が共有し，その中で，その都度適した人がそれぞれの役割をしっかり果たすことが肝要と言える。昨今，「チームとしての学校の在り方と今後の改善方策について（答申）」（文部科学省，2015）が提案され，教員以外の専門職や地域・家庭との協働を通して児童生徒を育てる方向性が明確に示されている。とくに心理教育のような，生きるちからそのものを養う領域においては，より一層，多様な専門家・非専門家が連携・協働し，児童生徒に真に有益な体験知を提供することが求められていると言える。

　また，心理教育とは，ある種のプログラムやワークを実施することそのものが目的ではない。日々の生活の中で，自己理解や他者理解を深め，他者と良好なコミュニケーションを取り，学校不適応やいじめといった

問題を生まないような心持ちでいられることが目的である。そうであれ
ば，一回一回のワークの内容も大切ではあるが，それ以前に，教員やSC
自身の自己理解や他者理解，他者との関係性，モラルなどがまずは問わ
れていると言えるだろう。子どもは大人の言動をよく観ており，そして
それを取り入れている。教員やSC自身が日々の振る舞いの中で，人と
しての当たり前の優しさや親切さ，他者への思いやりなどを体現してい
ることがまずは大切であり，教員同士が良い仲間関係を築いて働く姿を
見せることこそ，児童らの良好なコミュニケーションや社会性を育むこ
とにつながる。心理教育とは，限られた何回かのワークの内容としての
み捉えられるものではなく，教員やSCの日々の態度や係わりの中にこ
そ心理教育的要素が含まれており，その上に，具体的な心理教育のワー
クが実効性のあるものとして機能すると言える。

5. おわりに─まとめに代えて─

　本章では，いじめの事例を通して心理教育の在り方や実施のポイント
について考察した。本事例を通して，心理教育を行う際のポイントとし
ては，①体験型のプログラムなど，児童生徒のこころに響く内容・形式
であること，②児童生徒の主体性・意欲が担保されること，③児童同士
が自治的に助け合いながら学校生活を送ることに繋がるような内容・形
式であること，④チーム学校の中で，教員同士や他職種が連携・協働し，
支援の方向性を全体で共有しながら心理教育が行われること，⑤教員や
SCらの日々の振る舞いの中に，児童生徒が取り入れることのできる心
理教育的要素が多くあり，教員やSC自身が人としてのあたりまえの優
しさや思いやりなどをもって行動することがまずは重要であること，の
5点にまとめることができた。

🎸 研究課題

1．今現在，国内外を問わず，多種多様な心理教育が実施されている。その取り組みを整理し，児童生徒のこころに響く心理教育を実施するための工夫やポイントを捉えてみよう。
2．もしもあなたが，SC として本事例に出会ったとしたら，どのような支援を行うのか，また，支援を行う時にどのような点を押さえておく必要があるかについて考えてみよう。
3．本事例において，児童生徒がいじめ予防策の検討を意欲的に継続していくには，教師や SC がどのように後方支援していくと良いか。その工夫やポイントについて考えてみよう。
4．児童生徒同士が，日頃から自治的・協働的に学校生活を送るには，教師や SC に，日頃からどのような係わりが求められるか考えてみよう。

参考文献

Cowie, H., & Sharp, S. 1996 *Peer counseling in sckools : A time to listen*．高橋通子（訳）（1997）．学校でのピア・カウンセリング：いじめ問題の解決にむけて．川島書店．

伊藤亜矢子（2004）．学校コミュニ・ベースの包括的予防プログラム―スクール・カウンセラーと学校との新たな協働に向けて―．心理学評論，47，348-361．

松尾直博（2002）．学校における暴力・いじめ防止プログラムの動向―学校・学級単位での取り組み―．教育心理学研究，50，487-499．

増田健太郎（2015）．いじめ問題への対応の方法　増田健太郎（監修）　教師・SC のための心理教育素材集―生きる知恵を育むトレーニング―．遠見書房．

Meyer, A. L., Farrell, A. D., Northup, W. B., Kung, E. M., & Plybon, L. 2000 *Promoting nonviolence in early adolescence : Responding in peacefuland positive ways*. NY：Kluwer Academic/Plenum Publishers.

岸　俊行・安彦智史・西畑敏秀（2020）．NETWALKER 2020―危険がいっぱい！ 情報化社会を歩く。―．三惠社．

窪田由紀（2013）．学校に迫る危機　速水敏彦（編著）　教育と学びの心理学．名古屋大学出版会，265-280．

窪田由紀・松本真理子・森田美弥子・名古屋大学こころの減災研究会（2016）．災
　害に備える心理教育．ミネルヴァ書房．

小川康弘（2015）．はじめに　増田健太郎（監修）　教師・SC のための心理教育素
　材集―生きる知恵を育むトレーニング―．遠見書房．

小川康弘（2015）．他者を知ろう（第 2 章）　増田健太郎（監修）　教師・SC のため
　の心理教育素材集―生きる知恵を育むトレーニング―．遠見書房．

文部科学省（2015）．中央教育審議会　チームとしての学校の在り方と今後の改善
　方策．retrieved from http://www.mext.go.jp/b_menu/shingi/ chukyo/chukyo0/
　toushin/13656

鈴木美樹江・森田智美（2015）．不適応に至るまでのプロセスに着目した高校生版
　学校不適応感尺度開発　心理臨床学研究，32，711-715．

滝充（2001）．ピア・サポートではじめる学校づくり　実践導入編―「予防教育的
　な生徒指導プログラム」の導入と実践．金子書房．

滝充（2004）．ピア・サポートではじめる学校づくり　中学校編―「予防教育的な
　生徒指導プログラム」の理論と方法．金子書房．

滝充（2009）．ピア・サポートではじめる学校づくり　小学校編―異年齢による交
　流で社会性を育む教育プログラム―．金子書房．

山下洋平・窪田由紀（2017）．我が国の学校臨床における心理教育の現状と課題
　―学校への本格的導入に向けての促進要因・阻害要因の検討―，名古屋大学大学
　院教育発達科学研究科紀要（心理発達科学），61，51-61．

12 緊急支援

佐々木　誠

　危機について Caplan（1961）は「人生上の重要目標が達成されるのを妨げられる事態に直面した際，習慣的な課題解決法をまず初めに用いて，その事態を解決しようとするが，それでも克服できない結果生じる状態」と定義した。スクールカウンセラーが通常行う支援は，相談者の日常生活で起こる危機がほとんどであろう。しかし，事件や事故あるいは自然災害といった，突発的で日常を一変するような出来事による危機もある。そのような危機に対して，学校機能の回復を目的に学校外の心理専門家によって行われる支援を緊急支援という。そこで，普段から緊急的な支援を行う側とそれを受ける側のイメージを持ち，「もしも」に備えておくことが重要となる。ここでは緊急支援について，東日本大震災の実践紹介も含めながら論じる。
《**キーワード**》　心的外傷（トラウマ），喪失，心理アセスメント，東日本大震災

1. 支援の枠組み

（1）緊急支援を必要とする事態

　個人がその人の持つ対処の方法で問題を解決できるならば，支援の必要はない。支援が必要な事態とは Caplan（1961）が述べるような危機，つまり当人の持つ対処方法では限界がある状態と言え，それは学校コミュニティにも当てはまる。学校の危機とは出来事や事態の収拾に際して，外部の助けが必要な状況とも言える。

　そのような出来事の量的側面としては，対応する人員が不足するような規模であること，質的側面としては専門的スキルや知識が不足している状況などが考えられる。それらの側面を考慮し，学校が行う支援要請は，最終的に学校長の責任によって判断される。スクールカウンセラー

が配置されている場合でも，外部の心理専門家の支援は要する。もちろん学校に配置されているスクールカウンセラーの緊急時の活動も十分に期待されるが，たとえばカウンセラーが関わった生徒の重大事案や，学校全体の安全が脅かされる出来事など，スクールカウンセラーも学校の一員として影響をうける場合は支援の対象となるからである。

　学校の危機に関して『学校コミュニティへの緊急支援の手引き（第2版）』（福岡県臨床心理士会，2017）では，「構成員の多くを巻き込む突発的で衝撃的なできごとに遭遇することによって，学校コミュニティが混乱し本来の機能を発揮できない状態に陥ること」と述べ，学校に危機をもたらす出来事として以下の出来事を挙げている。

◎自殺（学校内，学校外）

◎事件・事故による児童生徒の死傷

◎交通事故，火災など学校の管理責任外の事故による児童生徒の死傷

◎自然災害による被害

◎地域で生じた衝撃的な事件

◎児童生徒による殺傷事件

◎教師の不祥事の発覚

◎教師の自殺など突然の死

ここに挙げられている出来事の多くは，突発的で児童生徒にとって自身の生存に対する脅威を感じさせるものである。

（2）緊急支援の必要性と目的

　先に挙げられたような衝撃的な出来事を経験すると，当然私たちにはいつもと異なる変化が起こる。そして組織とは，個人を基本単位とするネットワークであるから，個人と組織は相互作用的に影響を及ぼす。大雪が降れば交通渋滞が起こるように，衝撃的な出来事によって学校機能が乱されるのは当然である。そして学校を維持する機能の麻痺や混乱により，普段の活動ができない，新たな課題に対処できないという悪循環が生じ「学校コミュニティが混乱し本来の機能を発揮できない状態」（福岡県臨床心理士会，2017）が深まっていく。このことから，緊急支援に

関わるカウンセラーは，個人の変化に対するミクロな視点と，学校コミュニティの変化に対するマクロな視点，そして危機を生じた出来事から派生する事態への視点等が必要となってくる。また，福岡県臨床心理士会（2017）では，「学校コミュニティが児童生徒の反応を受け止め，健全な成長・発達を支援するという本来の機能を回復するために，学校，教育委員会の要請を受け，緊急支援チームが外部の専門家として学校コミュニティに出向き，支援することが必要」とし，緊急支援の目的と，外部性について述べている。

小澤（2010）は危機介入の目標を「少なくとも個人が危機に陥る以前に保持していた機能遂行の水準まで回復すること」とし，「セルフケアのための支援」と述べている。これは，緊急時にその機能を代行するのではなく，学校が主体となってその機能を取り戻すための環境調整や手法の提言を行うことを意味する。そのような支援活動は学校の対処モデルとなり，学校のシステムに組み込まれていくことで，学校機能の回復に貢献するものと考えられる。これらのことから，学校における緊急支援の目的は，外部性をもった支援者と学校の協働による，学校が本来持つ維持機能の可及的回復と言える。

（3）支援開始までの過程

支援開始までの過程は地域によって異なるため，自分が活動する地域のシステムについて確認しておくのがよい。ここでは一般的な例として説明する。緊急支援の支援要請は学校長が決定し，その学校の設置者に伝えられる。たとえば，公立小中学校では市町村が設置者にあたる。要請を受けた設置者の所管組織は，状況把握とそこで得た情報をもとに支援チームを組織する。公立小中学校でいえば，市町村教育委員会が所管組織となり，たとえば他校のスクールカウンセラーの勤務調整などを行い必要なメンバーを集めることになる。その後，チーム間の情報共有，スケジュール確認，予想される支援プログラムの概要等の打合せを行い，当該校での支援を開始する。地域によっては，教育機関以外の保健福祉機関や臨床心理士会等で緊急支援システムを用意している団体や組織も

あり，連携して支援活動を進める地域もある。

2. 緊急支援の活動過程

（1）支援過程

　小澤（2010）は，緊急支援のステップとして 5 つの項目を挙げている。順に，①**心理的接触を図る**，②**アセスメント**，③**解決法の検討**，④**行動計画の立案と実行**，⑤**フォローアップ**である。これらの項目を参考にして，緊急支援に関連する事柄や留意点を整理してみよう。

①心理的接触を図る

　対象者との接触で留意すべきことは，信頼関係の構築は言うまでもないが，その際に対象者は強いストレスから通常とは異なる状態であったり，普段はとらない行動をとる可能性を考慮することである。支援時に支援者に向けられる怒りや，拒否などはストレスによる反応であることも考えられる。また，学校では外部から人が入ることで「自分の指導の不備や間違いを指摘されるのでは」と普段より疑心暗鬼になる教職員がいることも考えられる。支援はあくまで事態収拾のためであり，子どもが早く日常生活を送れるように協力して欲しいという意思を伝え，脅威や不安を与えないようにしながら信頼関係を築くことが重要である。

②アセスメント

　情報収集と分析を行う作業をアセスメントと言い，とくに支援のための心理的な側面について行う場合は心理アセスメントと言う。心理アセスメントは，その人の状態に応じた支援の内容と優先度を決めるための緊急支援における大事な作業となる。冨永・高橋（2009）は，学校における災害後の心のケアの中で子どもを 3 つの状態に仮定し，普通の生活が送れない子どもをレッドゾーン，問題はあるが何とか日常生活を送れている子どもをイエローゾーン，セルフケアができる子どもをグリーンゾーンとし，状態に応じた支援方法について述べている。また，子どものアセスメントをする際，生活を共にする教師の意見を参考にすること

の大切さも述べている。

　心理アセスメントを行う際に，対象者の多少にかかわらず，ストレス尺度のような心理尺度を用いることが多い。これは多数の状態を効率よく把握するためだけでなく，必要な情報を漏れなくチェックするためにも有効である。実際には，既存の尺度をそのまま使うのではなく，項目数の多さによる回答者の負担や，質問による二次的な傷つきの可能性などを考慮し，項目数や表現を変更する場合もある。また，インフォームドコンセントを行い，答えないことを保証するなどの配慮も必要である。

③解決法の検討

　危機の克服を考える時，危機を生じた出来事へのアプローチだけでなく，二次的に発生する出来事への対応も考慮する必要がある。たとえば，出来事が社会的関心を集めるものであれば報道への対応，教員間のコミュニケーションが不全の場合は，話し合いや伝達方法の変更など様々ある。全国精神保健センター長会（2016）「学校危機対応こころのケアチームガイド（公開資料）」では，学校危機対応の学校側の活動メニューとして危機対応，喪の対応，保護者，報道対応，学校安全，学校ケア，教師対応，個別ケアの8つの領域を想定している。また支援チームの支援対象として，校長・教育委員会への助言，保護者への対応サポート，報道対応サポート，教職員へのサポート，子どもと保護者への個別ケアを挙げ，それらに対応する具体的な支援や配布資料などのツールが載せられている。これだけでも支援に関わる領域の広さと対応の多様さが分かる。このように支援マニュアルやガイドブックはこれまでに行われた支援の積み重ねによって作られた支援全体を見渡せる地図のようなものであり，多くの学校の設置者も用意しているので，必ず参考にすべきである。また，全ての立案を心理専門家が担う必要はなく，多くの経験や研修を積んだ教員が支援チームの担当として派遣される場合が多く，心理的側面について助言や提案をしながら協働していくイメージである。

④行動計画の立案と実行

　行動計画の立案については，支援チームの提案を受けて学校が決定する形が多い。実行については関係者の協力が必須であり，協力していただく方々の意見や，その学校の持つ文化を考慮することが重要である。とくに緊急時下の計画は，５Ｗ１Ｈ（Who：だれが，When：いつ，Where：どこで，What：何を，Why：なぜ，How：どのように）のように明快な枠組みがあると，急な立案や，説明する時にも役立つだろう。たとえば，支援プログラムとして「（Why）ストレス反応への間違った対応でお互いにストレスを強めないようにしたいので，（What）ストレスの理解と対処を，（Who）全員に伝えたい」と提示し，残りの実行部分（When，Where，How）については，実際に行動していただく関係者と協議して決定するという方法もある。具体的なやりとりとしては，専門家の意見として「大事なことなのでなるべく早く行いたい」と思えば，それができる時間を訪ねるか，こちらから「○○の時間でできますか」と尋ねることができる。最終的に「朝の会の時（When）に，各学級（Where）で，絵の付いた大きい字のプリントを使って教員がゆっくり話す（How）」などのようになるだろう。教員が自分の行動をイメージする時，慣れている枠組みとして，指導案も参考になるだろう。指導案は授業の台本のようなもので，その時間の目的，所用時間，活動内容（発問や予想される生徒の反応），手立て（留意点や評価）で構成され，教員の共通言語とも言える。

⑤フォローアップ

　支援活動の終了と，それ以後の支援について確認する段階である。小澤（2010）は，「この段階では，目的の達成，支援の適切さ，問題の有無，改善や支援ニーズなどを確認する必要がある」と述べている。緊急支援は数日で終了する場合が多いが，その時の状況から，継続，支援体制を変更，終了など柔軟に判断される。終了の際必要な活動として，引き継ぎとフィードバックがある。引き継ぎは，支援チームが引き上げた後で学校が行う支援の進め方を学校に伝えることである。たとえば，児

童生徒を配置のスクールカウンセラーにつなぐ，要観察の児童を見守る際に観察のポイントを伝える，などが考えられる。フィードバックとは支援活動について改善点，今後予想されるニーズ，所感等を学校から得ることである。学校からの意見と支援側が支援時に得た意見は，支援マニュアルやガイドブックに反映され，次の支援活動に貢献する貴重な情報となる。学校関係者の中には支援者の面目をつぶすと感じ発言を控えたり，逆に感情に任せて批判的に伝えてくる場合もあるかもしれない。趣旨を十分に説明し，無記名のアンケートや間接的伝達方法などの工夫も考えられる。いずれにせよ，真摯な活動，受容的な態度を心がけ，率直な意見交換ができるよう心がけるべきである。

（2）緊急支援に関連する活動

　緊急支援の対象には，いじめによる重大事案も想定される。ここでは関連する活動として学校でのいじめにおける調査，いわゆる第三者調査委員会の活動について触れておく。これは近年憂慮されているいじめによる重大事案の発生を鑑み，文部科学省により平成25（2013）年に施行された「いじめ防止対策推進法」によるもので，その運用は「いじめの重大事態の調査に関するガイドライン」に詳細がある。この委員会はいじめによる重大事案が発生した場合に，学校あるいは設置者によって組織され，事実の解明と再発の防止を目的に調査を行う委員会である。調査結果は公表されることが望ましく，その結果を踏まえ学校の機能強化のための提言がなされる。再調査の場合は広域地方公共団体（都道府県）が委員を組織する。この委員会には各領域の専門家の参加が望まれ，その中には心理・福祉の専門家も含まれる。また，調査を主導し，委員をまとめる役割として弁護士が委嘱される場合が多い。

　第三者に関する研修会（日本臨床心理士会2018年7月16日開催，東京）において，調査を経験した弁護士は「心理職に求める事の中には，聞き取りにおける対象者の心理的負担の査定など，弁護士が苦手とする部分の補完がある」とし，加害者の断罪でも，被害者やその家族の遺恨を晴らすのでもなく，あくまで再発防止を目的とするが，「被害者やそ

の家族の気持ちに応えるべく，できるだけ足を運び，丁寧に説明をし，ここまでしてくれたのでもう十分です，というところまで思ってもらえるよう活動することが肝要」という趣旨の発言をされている。同趣旨の記述は上述のガイドラインにも記載されている。被害家族の心情として，事件の背景や経緯，学校で起きた事実を知りたいという思いがある。しかし，事実解明の手段がない，関係者からの調査結果に対する懸念が払拭できない，といった無策を感じた場合それはある意味で危機と言える。第三者による調査はそういった危機に対する 1 つの支援の形と言えるかもしれない。

3．緊急支援に関わる背景理論

　緊急支援にあたり理解しておくと役立つ心理学的事項として，ここでは心的外傷後ストレス障害，喪失，支援による支援者のストレスについて述べる。

（1）心的外傷後ストレス障害

　冒頭に紹介した学校に危機をもたらす出来事は，アメリカ精神医学会発行の『DSM-5 精神疾患の分類と診断の手引き』（American Psychiatric Association, 2013）では，ストレス障害の項目における心的外傷的出来事に相当するものが多い。これによると生存に関わる体験は，trauma（トラウマ；心的外傷）を生じ特徴的なストレス反応を起こすことが分かる。それらは**侵入症状，回避，認知と気分の陰性の変化，過覚醒**の 4 大症状に分けられる。DSM-5 では症状の分類を専らとし，その機序や対応については記されていない。一般的に何かが未知なものであるほど，人々に恐怖や驚愕をあたえ，自制心を失わせ，あまつさえその圧倒的な理不尽さで生きる力を奪うこともある。この反応は通常ではない事態の自然な反応である，とノーマライズするだけでも安心する人がいるように，支援の際には出来る限り機序や対応の方法を示すことは，未知が既知となり安心感を与えられる 1 つの要因となる。以下に上述の 4 大症状について，機序的な説明の例や対応を交えながら紹介する。

①過覚醒

　心的外傷的出来事の体験によって，活動性を高める交感神経が鋭敏化した状態が過覚醒である。これは，同様の出来事が起きた時自分を守るため，いち早く予兆に気づき対応するためとも考えられる。図12-1は岩手県の学校において使用されているトラウマ反応を示した教材で，「心とからだの健康観察」（冨永，2014）と呼ばれている。この中の項目1から項目5が過覚醒の反応例である。図12-2は，先ほど紹介した過覚醒をはじめとするトラウマの4大反応を説明する際に，その対処を紹介するためのリーフレットである。過覚醒への対処は1番で示されてお

この1週間(先週から今日まで)に,つぎのことがどれくらいありましたか? あてはまる□の中に☑をしてください。	ない(0)	1～2日ある(1)	3～5日ある(2)	ほぼ毎日ある(3)	
1　なかなか、眠れないことがある	□	□	□	□	
2　なにかをしようとしても、集中できないことがある	□	□	□	□	
3　むしゃくしゃしたり、いらいらしたり、かっとしたりする	□	□	□	□	
4　からだが緊張したり、感覚がびんかんになっている	□	□	□	□	1-5の計
5　小さな音やちょっとしたことで、どきっとする	□	□	□	□	／15
6　あのこと(大震災や他の大変なこと) が頭から，離れないことがある	□	□	□	□	
7　いやな夢や、こわい夢をみる	□	□	□	□	
8　夜中に目がさめて眠れないことがある	□	□	□	□	
9　ちょっとしたきっかけで、思い出したくないのに、思い出してしまう	□	□	□	□	6-10の計
10　あのことを思い出して、どきどきしたり、苦しくなったりする	□	□	□	□	／15
11　あのことは、現実のこと・本当のことと思えないことがある	□	□	□	□	
12　悲しいことがあったのに、どうして涙がでないのかなと思う	□	□	□	□	
13　あのことは、できるだけ考えないようにしている	□	□	□	□	
14　あのことを、思い出させる場所や人や物には近づかないようにしている	□	□	□	□	11-15の計
15　あのことについては、話さないようにしている	□	□	□	□	／15
16　自分が悪い(悪かった)と責めてしまうことがある	□	□	□	□	
17　だれも信用できないと思うことがある	□	□	□	□	
18　どんなにがんばっても意味がないと思うことがある	□	□	□	□	
19　楽しかったことが楽しいと思えないことがある	□	□	□	□	16-20の計
20　自分の気持ちを、だれもわかってくれないと思うことがある	□	□	□	□	／15

図12-1　心とからだの健康観察（岩手県教育委員会，2013より抜粋）

| 心とからだの変化 | こうすればいいよ！ |

1 緊張・興奮 — — — — — — → 落ち着く・リラックス

からだが大変なことに立ち向かっています！

なかなか眠れない

顔やからだに
力を入れてから、
力をふわーっと
ぬいてみよう

ちょっとしたことで
どきっとする

いらいらしたり
かっとしたりする

まずは
落ち着いて

息をゆっくり
はいてみよう

楽しいことを
考えてみよう

2 思い出してつらい 信頼できる大人に話を聞いてもらう

こわい夢をみる

思い出してつらい…

やっと体験を話せるときが来たんだね

3 まひ・さける — — — — — 楽しいことをする・少しずつチャレンジ！

本当のことと思えない

つらいことをさけることで、心とからだを
守っているのです。

まずは、楽しいことをみつけましょう！
楽しいことをして、心とからだのエネルギーを
たくわえたら、少しずつできそうなことから
チャレンジしてみましょう。

悲しいのに
涙がでない…

そのことは話さない

4 マイナスの考えがうかぶ

自分が悪かったと
思ってしまう

つらいことがあったときは、マイナスの考え
がうかんでくるのも自然なことです。
でも、自分をせめないでくださいね。

人はマイナスの考えをエネルギーにして、
プラスの考えに変えていくことができます。

将来の夢もエネルギーになります。

自分の気持ちを
わかってもらえない

何だか楽しくない

図 12 − 2　心的外傷後ストレス反応への対処を紹介するリーフレット
（岩手県教育委員会，2013 より抜粋）

り，呼吸法や，筋弛緩法によって副交感神経を優位にすることで自律神経系のバランスを取り戻すことが勧められている。

②侵入体験

　私たちは体験を蓄え，必要な時に想起して人生に生かしている。しかし，心的外傷的体験は想起することで強い苦痛を感じるため，想起しないように記憶を封じ，自分を守ろうとする場合がある。その状態で思い出したくないのに思い出させられることを侵入体験という。図12-1の項目6から項目10が侵入体験の例である。睡眠中に心の守りが緩み，苦痛のイメージが悪夢となって体験される場合もある。あるいは，太鼓のうねるような演奏で，押し寄せる津波を思い出すという人もいる。この太鼓の演奏のように心的外傷的体験を思い出すきっかけをトリガーと言うが，トリガーは人によって異なる。また，津波で家を失った人が就寝中に起きて「くやしい」と言いながら布団を叩いていた事を，朝になって家族から尋ねられても覚えていないという事も起こる。この反応は解離と呼ばれ，一部の心的活動や行動が本人のものとして自覚できていない現象である。中には五感的な記憶が一気に想起され，心的外傷的出来事に引き戻され失見当を起こし取り乱すような場合もある。これはフラッシュバックと呼ばれ，ケアの必要な解離と言える。

　侵入体験は苦痛な体験ではあるが，体験を自身に取り込もうとする心の努力であると考えることもできる。その文脈では心身のSOSが，適切なケアを受けるきっかけと見ることもできる。図12-2の2番に「やっと話せるときがきたんだね」と書いてあるのはそういう意味である。体験を表現（語り，絵，音楽，踊りなど）する事で，トラウマの克服に役立つとされるが，無理に表現させる事は二次的な傷つきを生じる可能性があるので慎重に行うべきである。たとえば語る機会は定期的に設けつつ無理のない語りを待ち，語り出した時周囲の人が傷つけない聴き方をできるようにしておく事も対処のひとつとなる。

③回避

　図 12 - 1 の項目 11 から項目 15 は回避やマヒの反応例である。これはトリガーを避ける，あるいは体験しなかったかのように忘れる事で自分を守る心の働きとも言える。冨永（2009a）は，「回避することで，一時的には安定するが，行動範囲や生活が狭められる。回避は短絡的によい対処でも，長期にわたると日常生活に支障をもたらす」とし，心的外傷後ストレス障害の遅発性の要因として言及している。周囲から見て，回避反応は健康なのか反応なのか判断が難しい場合がある。たとえば，アンケートに全て同じ回答をするといったような行動は，回避反応の目安となりうる。また回避をしている人に個別の支援を提案しても拒否される場合が多い。冨永は，岩手での東日本大震災を支援している際に「回避の場合，会議や集会のような場面を利用して，全体に伝える形でその人に伝えたい事を話すといった工夫ができる」と述べている。図 12 - 2 では，項目 3 に回避の対処法として，できる事から少しずつチャレンジしていくことが示されている。

④認知と気分の陰性的変化

　図 12 - 1 の項目 16 から項目 20 が認知と気分の陰性的変化の例である。これらは感じ方を抑え出来事の衝撃を和らげたり，人との関わりを断つことで新たな傷つきから身を守ろうとしている，という考え方もできる。また，陰性的変化の最中は重く辛い体験が続くが，何かのきっかけでそのエネルギーが転じ，新しい価値の気づきや，人生の目的への強い動機づけに転じるものであるように思われる。たとえば，家を流され辛い思いをしたが，同じ経験をする人が出ないように災害に強い街づくりを目指す，失った兄弟の思いを自分が実現するといった話として耳にするだろう。これらの事はトラウマを体験した後に建設的な変化を感じる心的外傷後成長（Posttraumatic Growth；PTG）との関係も考えられる。図 12 - 2 では，項目 4 に認知と気分の陰性的変化への対応例が載っている。

（2）喪失によるストレスと対処

　その人にとって自分の支えとなる人や物事を失うことを喪失と言う。人の場合，死別（相手の死による別れ），離別（生きているが会えない別れ），「あいまいな喪失」（Boss, 2006）など様々ある。あいまいな喪失とは，相手との繋がりはあるが身体を喪失している「さよならのない別れ」（例，行方不明等）やその逆の「別れのないさよなら」（例，認知症等）のような喪失である。心的外傷的出来事の多くには喪失を伴う。これについて冨永（2009a）は，トラウマは忘れたい記憶であるが，喪失は追い求め失いたくない記憶であるとし，「トラウマの視点だけしかない場合には，その支援が二次的な被害をもたらすことがあることを知っておかなければならない」と注意している。

　喪失による心身や行動の変化を悲嘆といい，その表れ方は強い後悔，集中力の欠如，食欲不振，ひきこもり，記憶への拘泥など人さまざまである。たとえば「私はこれから母ではなく，何として生きればよいのか……」「あそこに行けば，もしかすると会えるかもしれない……」というように，これからも続くはずの生活が突然終わってしまったという絶望や，強い理不尽，戻りたいという切望などを感じることもある。

　悲嘆からの回復の過程は諸説あるが，ここでは二重過程モデルを通した意味の再構築（Nimeyer, 2001）を紹介する。二重過程モデルとは，喪失への対処として対象の喪失に向き合うこと（喪失志向）と，自己実現や社会に適応すること（回復志向）の2つの場面を交互に「ゆらぎ」ながら過ごしていくとするもので，その中で対象の喪失の意味を吟味し，それを自分の人生の物語として織り込みながら，必要なだけの痛みを伴いつつ喪失対象との心的対話をつづけていくものと述べられている。たとえば，連れ添いを失った人が，遺影の前で毎朝声をかけたり，墓碑の前で日々の報告や相談をしている場面を想像すると理解しやすいかもしれない。

　喪失の支援で重要な点は，回復過程もまた人によって異なり，ある回復過程が全てに通じるものではないと自覚しておくこと，である。たとえば，ペットを失った人が再びペットを飼うことで乗り越えようとした

時「前のペットのことはもう忘れたのかと責められた」，あるいは「今はもう幸せなんですけど，無性にあの時に戻りたいって思うんです。だけどそれを周りに話そうとすると，今，幸せだからいいじゃないって言われます。だから誰にも話さなくなりました」など，無理解な態度や決めつけなどの声がけは相手を深く傷つける。支援者は傾聴の態度を持って，この人なりの喪の作業が進んでいるという認識で支援することが大切であろう。

4．支援者のメンタルヘルス

　支援者も支援活動によってストレスを受ける。日本赤十字社（2004）『災害時のこころのケア』では，危険な場所での活動や悲惨な情景を目の当たりにすることなどによるストレス（危機的ストレス），任務の困難さや支援対象者の感情の矢面に立たされることによるストレス（累積的ストレス），不慣れな現場での不便な生活を強いられることやチームのスタッフとの対立などから受けるストレス（基礎的ストレス）の 3 つがあると述べている。また，支援者のストレス反応として，「"私にしかできない"状態」「燃え尽き症候群」「被災者離れ困難症」「"元に戻れない"状態」があると述べ，その対処として自己管理と所属組織で行う活動があるとしている。

　上述のガイドには，組織的対処として 3 種類のミーティングが挙げられている。まとめると①「**出動前ブリーフィング**」ブリーフィングは報告，指令，説明といった意味で，任務の確認やストレス処理の情報提供を出動前に受けること。②「**現場でのデフュージング**」デフュージングはもともと爆弾の信管を抜く意味があり，ここでは感情の爆発を防ぐため一日の終わりにスタッフが集まり体験を批判なしで話し合うことである。③「**任務完了時のデブリーフィング**」デブリーフィングは上官への報告の意味で，ここでは活動終了時に，秘密保持等の条件を守りつつ体験を共有し，ストレスへの理解や具体的な対処について考える集まり，となっている。デブリーフィングが職務として行えない場合には，スーパーバイズを受けるなどの自己管理的な対処を用意しておくのがよい。

また，人の命を預かる職業の中には，一定の睡眠時間が義務付けられているものがあるほどで，体験の共有や休養をはじめ，支援者のメンタルヘルス保持は良い支援のためにも必要である。

5．支援の実際

　次に支援の実際として，東日本大震災における岩手県の実践について紹介する。これまでに述べた事柄がどこに生かされているか留意しながら読み進めていただきたい。なお，活動の詳細については冨永（2014）が詳しい。また，このケースを取り上げる理由は，支援の規模と支援の内容が今後発生の懸念される大規模地震も含め，災害支援へのニーズに対して参考になると判断したためである。災害の規模については割愛するが，被害の甚大さはそれまで経験がなく，単一校に入る支援とは異なる方法で県全域の学校を支援する必要があった。そこで岩手県教育委員会はスクールカウンセラー（以下SCと表記）として勤務していた6名の臨床心理士と教育委員会の指導主事2名による"いわて子どものこころのサポートチーム"（以下サポートチームと表記）を編成し，こころのサポートを目的とした全県を対象とするプログラムの作成と，その実施支援を任務とした。筆者はメンバーとして活動したSCのひとりである。

（1）支援の枠組みと流れ

　岩手県教育委員会では発災（3月11日）後直ちに，支援体制を整えるため予算の獲得と，日本臨床心理士会より紹介を受け，全県担当1名と被害の甚大な沿岸部担当3名の臨床心理士をスーパーバイザーとして招聘し，支援プログラムの監修と支援活動のバックアップを依頼した。実働チームは，4月を待ち通常の手続きを経て任用された。初回の打合せは発災20日後の4月6日，学校再開のため早急に先生方に会う必要があり，初回の研修は2日後の4月8日と設定し準備を行った。全支援プログラムの活動の時期と期間は1年間であり，支援活動と並行しながら計画された。主な活動内容は**表12-1**の通りである。

表 12 - 1

（4月）教員対象研修 1
　　支援体制の説明，トラウマ理解，リラクセーション実習について
（5，6月）派遣スクールカウンセラーへの支援
　　緊急支援の要請によって全国から来県した SC へのサポート
（8月）教員対象研修 2
　　学校で行う支援プログラム実施についての説明
（9月）学校での支援プログラム実施とそのサポート
　　教師によるトラウマの心理教育（授業）とストレス・チェック
　　教師による面談活動の支援
（9月以降）内陸部支援
　　内陸に避難している児童生徒のカウンセリング
（翌年1月）職員対象研修 3
　　震災1年目の留意点（アニバーサリー反応の理解と対応）
　　ストレス・チェックの結果について

　この中から，4月の教員対象研修と，9月に行われたサポートプログラムの概要，そして内陸部支援について紹介する。

（2）活動の紹介
① （4月）職員研修 1 について

　4月に行われた教員対象研修の目的は，学校再開に際して学校に対して行われる支援の概要と，トラウマ反応について子どもへの関わりを通して説明することだった。そしてトラウマ反応への対処としてリラクセーション実習の時間を設けることで，少しでも先生に休んで欲しいという願いがあった。当時の新聞記事

図 12 - 3　震災直後の学校教員対象研修の様子（毎日新聞 2011 年 4 月 30 日付より）

（図12-3，毎日新聞2011年4月30日付）にはにこやかに演習を行う先生方の写真が掲載されている。出来事の直後の時期は，文書や言葉でのアプローチよりも，ノンバーバルなアプローチがよいという意見もある。この研修では先生方から，両親がまだ見つかっていない児童生徒にどう接したらよいか，児童が亡くなっている場合にはどのようにしたらよいかといった質問があり，再開のための不安がうかがえた。これらの質問に対しては，亡くなっているかもしれないということを説明するよりは，まだ見つかっていないという気持ちを認めること，亡くなった児童を悼む場所を作って悲しむ時間と楽しむ時間を切り分けるように生活することなどをお伝えした。

②職員対象研修2と「心のサポート授業」について

　支援活動の中心となるプログラムは，トラウマに関する心理尺度をもとに作られた「心とからだの健康観察」と呼ばれるアンケート教材（図12-1）を使った授業で，「心のサポート授業」と呼ばれている。授業内容は，トラウマについて学び，ストレス・チェックを行い，自分のストレス状態を知り，リーフレット（図12-2）を使って対処を学ぶ，あるいはリラクセーションを実習するというものである。これは，ストレスを知る，自分の状態を知る，対処を学ぶ，対処を活用するというトラウマティック・ストレスマネジメント（冨永，2009b）の考えに基づくものである。ストレス・チェックによる心理アセスメントの結果は，教師が優先的に行う面談のスクリーニングにも用いられた。授業の実施に際しては，保護者の承諾，事前の説明，教師も含めて参加しないことの保証，反応が起こった場合の対応などが手引きとして作成され，教員が実施しやすいように配慮されている。また，ストレス・チェックの結果は個票化され，進級や進学の際には引き継がれるようにした。個票には教員が分かる範囲で児童生徒の被災の状況が記されるので，何度も自分の被災について語ることがないようになっている。アンケートの裏面には授業の感想を記入する部分があり，絵で記入してもよいことになっている。このプログラムの実施はトラウマティック・ストレスマネジメン

トが目的ではあるが，普段言いにくい心のことを語るきっかけという側面もある。

③（9月以降）内陸部支援について

避難して内陸部の学校に通う子どもたちを支援するために訪問活動が行われた。その活動内容は，教員とのコンサルテーションと，児童生徒との面接であった。面接場面で，ある子どもは授業中に不思議な絵が浮かぶと訴えた。時間をかけてよく聞いていくと流された自分の家の様子だった。内陸部では物的な被害が沿岸ほどではなく，生活の様子も以前と変わらなかったので，被災時の話や沿岸での生活は内陸の人に理解されないのではないか，あるいは疎まれて浮くのではないかという考えがあったのかもしれない。別の子どもは「被災者と呼ばれたくない」と涙を流し，また別の子は「一緒に被災を経験した元のクラスの人たちを裏切るような気がするからこっちに馴染んではいけないと思っている」と話してくれた。

6. おわりに

緊急支援に関わった支援者の話を聞くと，普段の学校臨床活動を丁寧に行うことだったと言う人が多い。学校での緊急支援は，臨床心理学的知見と活動を基本としながら，面接室外での多数への対応，多職種協働，支援環境の構築，派生する出来事の予測と対応の想定など，精神医学や精神衛生学などの視野を持つ，学校臨床心理学的エッセンスがつまった活動と言えるだろう。今後，災害の発生や，心理社会的な問題が多様化あるいは重篤化していくことが懸念されるなかで，社会の期待に応えるためにも緊急支援の手法や発想を練り上げていくことが私たちには求められている。

研究課題

1．場所をひとつ決めて，学校における緊急支援の運用について調べて
　まとめてみよう。
2．心的外傷後ストレスの反応について調べてまとめてみよう。
3．喪の作業に関する諸理論について調べてまとめてみよう。
4．被災後の津波遊び（トラウマティック・プレイ）に対する接し方に
　ついてカウンセラーとしての返答を考えてみよう。
5．支援者のメンタルヘルスについて調べてまとめてみよう。

参考文献

American Psychiatric Association（2013）. *Desc Reference to the Diagnostic Criteria from DSM-5*　日本語版用語監修日本精神神経学会，高橋三郎・大野裕（監訳），染谷俊幸・神庭重信・尾崎紀夫・三村將・村井俊哉（訳）（2014）．DSM-5 精神疾患の分類と診断の手引き．医学書院.

Boss, Pauline（2006）. *LOSS, TRAUMA, AND RESILIENCE : Therapeutic Work with Ambiguous Loss*. W.W. Norton & Company, Inc.　ポーリン・ボス（著）中島聡美・石井千賀子（監訳）（2015）．あいまいな喪失とトラウマからの回復—家族とコミュニティのレジリエンス—．誠信書房.

Caplan, Gerand（1961）. *An Approach to Community Mental Health. Crune & Stratton*　山本和郎・加藤正明（監修）（1968）．地域精神衛生の理論と実際．医学書院.

福岡県臨床心理士会（編）・窪田由紀（編著）（2017）．学校コミュニティへの緊急支援の手引き（第2版）．金剛出版.

Neimeyer, A. Robert（2001）. *Meaning Reconstruction and the Experience of Loss*, American Psychiatric Association　ロバート・A・ニーマイアー（編）富田拓郎・菊池安希子（監訳）（2007）．喪失と悲嘆の心理療法—構成主義からみた意味の探求—．金剛出版.

日本赤十字社（2004）．災害時のこころのケア．日赤サービス.

小澤康司（2010）．危機における心理支援学とは　日本心理臨床学会（監修）危機への心理支援学 pp. 11-17, 遠見書房.

冨永良喜・高橋哲（2009）．心のケアとは　杉村省吾・本多修・冨永良喜・髙橋哲（編）トラウマとPTSDの心理援助 pp. 47-55, 金剛出版.

冨永良喜（2009a）．トラウマとストレス障害　杉村省吾・本多修・冨永良喜・髙橋哲（編）トラウマと PTSD の心理援助　pp.40-46，金剛出版.

冨永良喜(2009b)．トラウマティック・ストレスマネジメント　杉村省吾・本多修・冨永良喜・高橋哲（編）トラウマと PTSD の心理援助 pp.56-62，金剛出版.

冨永良喜（2014）．災害・事件後の子どもの心理支援―システムの構築と実践の指針―．創元社.

全国精神保健センター長会（2016）．学校危機対応こころのケアチームガイド（公開資料）http://www.zmhwc.jp/pdf/news/CareTeam.pdf

13 | 幼稚園でのカウンセリング

坂上頼子

　1995 年，文部省（当時）スクールカウンセラー活用調査研究委託事業が開始されてから四半世紀が経ち，公立学校にスクールカウンセラーの存在が根付いてきた。学校臨床におけるこのような流れの中で，保育臨床の場にも心理士を活用する動きが出てきた。2003 年開始の大阪府私立幼稚園連盟「キンダーカウンセリング事業」と，2004 年開始の東京都日野市教育委員会と公立幼稚園長会による「日野市保育カウンセラー事業」の共通点は，一人のカウンセラーを幼稚園に配置し，年間を通して定期的（月 1 ～ 4 回）に勤務する体制を組織的に始めたことにある。先駆的なこの 2 つの事業は 2020 年現在まで継続しており，他府県にまで広がりを見せている。本章では，この組織的な保育カウンセリングの始まりと現状について解説する。また，園単独の実践例にもふれて，保育臨床について考える。

《キーワード》 保育カウンセラー　キンダーカウンセラー　幼稚園　保護者支援　保育者支援

1．はじめに

　わが国の公立学校にスクールカウンセラーが導入されて 10 年を経た2004 年，文部科学省が全国 6 地域で「新しい幼児教育のあり方に関する調査研究」を開始した。この研究指定を受けた東京都日野市教育委員会では，公立幼稚園長会と協力して 3 園の公立幼稚園に保育カウンセラーを試行的に導入した。翌 2005 年には，公立幼稚園全 5 園，私立幼稚園 7 園に保育カウンセラーを配置し，公立保育園には保育者への巡回相談を開始した。日野市教育委員会は中学校 8 校と小学校 18 校の全校にスクールカウンセラーを配置し成果を上げていたが，現場ではもっと幼い時期からの実施が必要ではないかとの意見があった。

　このため 2006 年度，文部科学省「幼児教育支援センター事業」を受

け，引き続き保育カウンセラーを配置し（公立幼稚園全5園に月2回程度，希望の私立幼稚園7園に月1回程度，公立保育園全12園に年3回程度，一回6時間），日野市保育カウンセラー制度を確立した。2008年度より日野市の事業として継続し，2020年度現在は，公立幼稚園全4園，私立幼稚園7園，私立認定こども園2園に保育カウンセラーを配置（月1回，7時間）している。小・中学校のスクールカウンセラー事業を幼稚園にまでつなげた日野市教育委員会の保育カウンセラー事業は全国でも珍しい。以下にその詳細を解説する。

2. 東京都日野市保育カウンセラー事業

（1）保育現場に心理士を導入

　筆者は2005年，日野市保育カウンセラーを務めるに当たり，その10年前のスクールカウンセラー活用調査研究委託事業で公立中学校に派遣された当時を思い出した。学校に初めてスクールカウンセラーを受け入れる教師の反応はさまざまだが，子どもに対して各々の役割を果たすことで連携が可能になることを，このとき身をもって学んだ。

　保育カウンセラーは幼稚園の要請で導入されたとはいえ，それまで保育者のみであった職場に心理士が終日在園することに戸惑う人もいる。保育カウンセラーは幼稚園の営みを理解し，園長の立場や保育者の役割を尊重することを大事にした上で，心理士としての役割を果たすことが求められている。

（2）保育カウンセラーが行う保育臨床活動

　保育カウンセラーが勤務する月1回7時間の中で，幼稚園の要望と保育カウンセラーができることをすり合わせ，主に次のような保育臨床心理活動を行っている。①子どもの育ちへの支援（保育の場における行動観察，関与しながらの観察，アセスメント），②保護者への子育て支援（講演会，懇談会，ワークショップ，個別相談），③保育者への支援（保育後のカンファレンス，コンサルテーション，保育者研修），④地域の子育て家庭への支援（情報発信，子育て講演会，個別相談）の4点である。

①子どもの育ちへの支援

保育の場に入らせていただく時には活動の妨げにならないよう配慮して行動観察を行うが，思いがけず子どもとかかわりながらの観察になる場合もある。その時には，その子の動きや思いに添ってみようと心を決めると，思わぬ発見や気づきがあり，新たな理解につながることがある。以下はある園でのお片付けの一場面である。

> 筆者は園庭の脇に座っていた。スッと近づいて来た子どもが「こっちきて」と筆者の手を引いた。その子に手を引かれてついていくと，近くの保育者がよろしくと目で合図した。園の裏手の方に行き静かな場所で止まると「虫いるよ」と石をのけた。ダンゴムシがいて，「いた」とうれしそう。園庭の方では片付けが始まったようだが，もっとここに居たい様子。まもなくして園庭が静かになると「行こう」と筆者の手を引いて戻った。誰もいない広い園庭で手を引かれるままにこの子のペースに任せてただ歩いていると，そこは特別な時間と空間に感じられた。そして，「ぼくはこの感じが好きで落ち着くんだ」という思いが伝わってくるようであった。歩くことで気持ちを切り替えてから，自分でクラスに戻った。
>
> 入園後半年を経て徐々に集団生活に慣れてきたものの，子どもたちが群れて遊ぶ場面や，一斉に片付けに切り替わる場面が苦手なようである。心の安定がゆらいだときに，その対処法として，手の空いている大人を求めるという行為に見られるその子の主体性・能動性を大事にして応えたいと思う。

②保護者への子育て支援
・子育て講演会

乳幼児の心の育ちを理解することを目的として，子どもとのかかわり方のヒントを提供することを心がけている。参加した保護者からは「安心した気持ちになった」「子どもがいる園で相談できるのは心強い」「自

分の育児を見直すきっかけになった」などの感想が聞かれた。保護者に対して保育カウンセラーが自己紹介する機会にもなり，これをきっかけに来談につながることもある。

・懇談会

　保護者との懇談会は，子どもの送迎時に合わせて 9 時〜10 時や 13 時〜14 時の 1 時間に自由参加の小グループで行われる。各園それぞれに「ほっとタイム」「子育てトーク」「ママ's ルーム」「パパ's ルーム」など親しみやすい名称をつけている。懇談会では，同じような悩みを抱えた保護者がいることを知って安心したり，子どもの言動の意味を考えることが新鮮だったり，子どもとかかわる工夫やヒントが得られたり，きょうだい喧嘩に対して少し寛大になれたり，保護者同士の関係がつながったりする。保育カウンセラーはファシリテーターの役割を担い，保護者全体に心を配る。

・育児疲れを緩和するワークショップ

　母親に育児の負担が集中している家庭生活においては，「睡眠不足」「自分の時間がない」「子どもが言うことを聞かない」「おもちゃを片付けない」「食べるのが遅い」「きょうだい喧嘩がはげしい」「朝のろのろすると怒ってしまう」など，疲れがたまりイライラしながらも日々奮闘している保護者が多い。乳幼児期の待ったなしの対応に追われて自分のことは後回しになりがちな母親に，いつでもどこでもできるセルフケアの技法を体験的に紹介するミニワークショップを行った。

　幼稚園では椅子座位で行うが，家庭で行う呼吸法は添い寝や就寝時に仰臥位で行うこともできる。

「肩の上げ下ろし」動作

　両肩にていねいに注意を向けて，①ゆっくりと両肩を上げていき，②精一杯の所で止めて 3 秒待つ，③肩に入れた力をゆるめながらゆっくりと下ろしていく，④両肩に注意を向けて感じを味わう。これを 3 回繰り返す。

> 腹式呼吸法
> 下腹部に手を当てて，①吸う息は下腹が膨らむように深く吸う，②１秒止める，③吐く息は細く長くゆっくりと下腹がゆるむように吐く，これを３回繰り返す。吐く息と共に疲れやイライラが出ていくようなイメージを用いるとより効果的である。
>
> 安静タイム
> 軽く目を閉じてぼんやりとからだの感じに注意を向ける（３分ほど）。
>
> 目覚めの動作
> 手の指をグーパーと動かし，大きく背伸びをする。

　参加者からは「肩こりが楽になった」「頭痛が緩和した」「自分を大切にできた」「視界が明るくなった」「ゆったり落ち着いた気分」「今なら子どもにやさしくなれそう」などの感想が聞かれた。不要な力みをゆるめてからだを労う（ねぎら）と，心にゆとりができることが分かる。心身の不調やイライラを軽減・緩和し，本来の落ち着いた気持ちを取り戻すことができる。心身を労うこのような子育て支援の在り方は，孤立した育児不安や不適切な育児を予防する手立てとなり得る。

・個別相談

　個別相談の予約は園で受け付けている。相談時間は園により 30 分～60 分。相談内容は，言うことを聞かない，うそをつく，約束を守らない，登園を渋る，友達をたたく，下のきょうだいをたたく，チック，指吸い，爪噛み，食の好き嫌い等，保護者が気になる子どもの行為に関することが多い。保護者が気になっていることをていねいに受け止めて保護者の願いを聴くこと，そして，一見マイナスに見える子どもの行為には理由があるので，その意味や背後にある子どもの願いを分かりたいと思って聴くことを同時に心がける。親の願いも子どもの願いももっともなのに，焦るとボタンを掛け違うようにズレが生じてしまう。可能な限り面接前に子どもを見ておきたいが，時には，保護者と一緒に子どもの様子を遠目に見ながら話し合う場合もある。

　保護者の視点と保育カウンセラーの視点と合わせて子どもの行為について考え合うプロセスで，その子どもの新たな良さを発見することがある。新たな理解が得られると保護者は主体的に子どもとの関わり方を工夫し始めるので，家庭でできそうなことや園全体で工夫できることなどを一緒に話し合う。保育カウンセリングでは，ふだんの送迎のついでに相談できるので比較的早い段階で対応できることが多い。内容によっては継続相談が望ましい場合もあるが，頻度の少ない保育カウンセリングにおいては継続面接を前提としない一期一会の面接を心がけている。

③保育者への支援

・保育の観察に基づく幼児の理解

　保育の場における幼児の姿から，心身の育ちをアセスメントできるのが保育カウンセリングの強みである。とくに親子通園の公立幼稚園では送迎時に見られる親子の別れと出会いの姿から，その日の子どもの心もちや親子関係のあり様が伝わってくる。朝の支度，自由遊び，片付け，朝の集まり，点呼，室内遊びや園庭遊び，手洗い，トイレ，お弁当，友だちとのかかわり，先生とのかかわり，終わりの会などで，子どもの動きと表情の変化を見ることができる。また，壁に展示してある描画もアセスメントの参考になる。保育カウンセラーの視点から見た子どもの姿と，保育者が日常のかかわりの中で見ている子どもの様子を総合して話し合い，一人の子どもを理解する。

・保育者とのカンファランス

　保育時間後のカンファランスでは，保育現場の専門家である保育者と，月に一度の協働者である保育カウンセラーとで，その日の保育を具体的に振り返り，相互に検討し合う。子どもの行為の背景にある意味を理解しようと努めることで，子どもの行為の見え方が変わり，新たに気づくことがあり，かかわりのヒントが得られる。異なる視点を交えた話し合いを積み重ねることで，互いに学び合い，保育の質の向上を目指している。一人の子どもをめぐる話し合いの際にも，できるだけ園全体で情報交換できる場になるよう心掛けている。園内で行う保護者相談の守秘義

務については，保護者の了解を得ることを原則として集団守秘とする場合もある。

④地域の子育て家庭への発信
・「子育て講演会」を地域に公開

　地域の子育て支援のセンター的役割を担う公立幼稚園においては，園長と保育カウンセラーが協働して保護者への予防啓発活動に取り組んできた。「子育て講演会」は在園児の保護者をはじめ，父親や地域の方が参加しやすい行事（公開保育，未就園児体験保育，一日入園など）に合わせて開催し，地域の方へ保育カウンセラーを紹介することを兼ねている。

・保育カウンセラー通信の発行

　公立幼稚園長会では保育カウンセラー通信「ほっ♡」を年3回発行して，在園の保護者のみならず地域の保護者や関連機関にも保育カウンセラー事業を周知している。通信には各園の連絡先を明記し，保育カウンセラーの取り組みの様子を紹介している。保育カウンセラーは順番に通信の記事を担当する。

・「こんなときどうするＢＯＯＫ」の発行

　2011年3月には園長会の企画により小冊子「こんなときどうするBOOK」が作成された（**図13-1**）。これは，どこの家庭でも起こりそうな12の悩みに，保育カウンセラーが答えたQ&A集である。この小冊子は在園の保護者へ配布するほか，乳幼児の保護者が利用する公的機関に置いて地域の子育て支援に貢献した。

・保育カウンセラー10周年記念誌の発行

　2015年3月，保育カウンセラー10周年記念誌「子どもたちの未来のために～保育者と保育カウンセラーの二人三脚～」を発行した。日野市立幼稚園長会長，日本臨床心理士会保育臨床専門部会長，日野市私立幼稚園協会会長らが，この事業を立ち上げ牽引してきた思いを綴った。そして，公立幼稚園5園と私立幼稚園2園がそれぞれ特色ある事業の取り組みを紹介している。

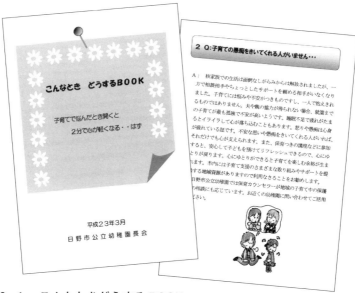

図 13 - 1　こんなときどうする BOOK

⑤私立幼稚園の保育臨床活動

　筆者は保育カウンセラー事業の始まりから公立幼稚園で上記のような保育臨床活動を行ってきたが，12 年を経て私立幼稚園に異動した。現在は月 1 回ずつ 2 園に勤務している。私立幼稚園は園長の方針により保育カウンセラーの活用の仕方に特徴がある。保護者支援に重点を置く園では 30 分枠の保護者面接が日に 9 枠組まれており，放課後は担任との個別コンサルテーションの時間が組まれている。保育者支援に重点を置く園では，毎月順番にクラスに入り参加観察を行う。放課後は担任と園長を交えてコンサルテーションの時間を持つ。働き方は異なるが，子どもの育ちを中心にして保護者と保育者を応援することにおいて変わりはない。

（3）日野市保育カウンセラー連絡会

　保育カウンセラー制度発足以来，年度末には日野市役所教育委員会において保育カウンセラー連絡会が開催されてきた。行政の担当者と，公

立幼稚園長，私立幼稚園長，保育カウンセラーが集い19時に開始される。年に一度ではあるが，保育カウンセラー事業の関係者が顔を合わせ，現状を把握し合う交流の機会は貴重である。

3．大阪府・京都府・兵庫県における「キンダーカウンセラー」

（1）大阪府私立幼稚園連盟「キンダーカウンセラー事業」の導入

　大阪府私立幼稚園連盟教育研究委員会では，1996・1997年に「乳幼児を持つ家庭の支援の在り方」のテーマで研究を行った結果，幼児を取り巻く環境の変化により，母親の8割が何らかのストレスを抱えており，そのことが子育てに影響を与えているのではないかという示唆が得られた。1998年改訂幼稚園教育要領の「子育て支援のために地域の人々に施設や機能を解放して，幼児教育に関する相談に応じることなど，地域の幼児教育のセンターとしての役割を果たすよう努めること」について連盟で検討した結果，預かり保育，園庭解放，行事や講演会を通じての地域との交流，未就園児の親子教室など，すでに各幼稚園で実施していた。しかし，親のストレスや悩みに対応する支援事業が見られなかった。そこで，個別的に11園で実施していたカウンセラー事業を元にして，2002年度3学期にモデル事業を実施した。その結果を受けて，大阪府私立幼稚園連盟は大阪府と協議を進め，2003年より大阪府独自の補助金事業「キンダーカウンセラー事業」を実施することになった。希望する幼稚園に主に臨床心理士を配置する取り組みを実施したのはわが国で大阪府が初めてである。

　配置先は2004年度47園，2006年度82園，2010年度107園，2018年度126園，と徐々に拡大し，加盟園の約4分の1の園に，キンダーカウンセラーが月1〜4回配置されている。「キンダーカウンセラー事業」のスーパーバイザーを務める菅野信夫氏は連盟理事である園長たちと保育に関する研究会を長く続けてきており，また，連盟教育研究会が開催している保育者研修会では，毎年講師の一人として臨床心理士の立場から保育者に向けて発言しておられ，まさに保育と心理臨床のかけはしとなっている。こうした信頼関係がこの事業が発展してきた基盤となって

いると言ってもよいだろう。

（2）京都府私立幼稚園連盟の「キンダーカウンセラー派遣事業」

　京都府私立幼稚園連盟は，大阪府の実践を参考にして，2009 年に「キンダーカウンセラー派遣事業」を開始した。この事業においても菅野氏は，私立幼稚園連盟と臨床心理士会をつなぐ役割を取り，キンダーカウンセラー希望者を対象に事業説明と事前研修を行った。カウンセラーの派遣回数は 1 年目は年 2 回，2 年目は年 4 回，3 年目は年 6 回と徐々に増えている。数年を経て加盟園の約半数（約 70 園）にキンダーカウンセラーが派遣されている。その背景には，京都府臨床心理士会子育て支援部門が，保育臨床における専門性を高める研修会を年 3 回開催していることが大きな支えになっている。キンダーカウンセラーがより実践力を高め，未経験の臨床心理士も派遣に備えて学ぶことができるこのような研修の機会は貴重である。私立幼稚園連盟と臨床心理士会とのコラボレーションによる子育て支援の展開に学ぶところは大きい。

（3）兵庫県私立幼稚園協会の「発達支援心理士（キンダーカウンセラー）事業」

　大阪府，京都府のキンダーカウンセラー事業を参考にした兵庫県は，2018 年度，兵庫県私立幼稚園協会の希望する園に発達支援心理士（キンダーカウンセラー）を配置した。兵庫県臨床心理士会子育て支援専門委員会は希望する園とカウンセラーとのマッチング業務と，年 3 回のキンダーカウンセラー研修会を開催し，キンダーカウンセラーを組織としてサポートしている。今後の展開が期待される。

4．保護者グループ相談

　筆者は 2001 年，東京都郊外にある私立幼児園から職員研修の依頼を受けた。研修内容は，①保護者相談へのスーパービジョン，②「こころとからだのセルフケア」ワークショップ，である。園長は「これは保護者にとっても大切なこと」と実感し，園主催の保護者向け講演会「子育

てストレスへの対処法」を開催した。参加した保護者たちは「肩も心も
ふわっとした」「もっと体験したい」と、「ふわっとセミナー」という名
のグループ相談会を企画した。2002 年，園と保護者会が協力して年数
回の保育カウンセリングがスタートした。一日の内容は，午前中は①ふ
わっとセミナー（地域会館で 10〜12 時），園に移動して午後は，②保育
参加，③保育者とのカンファレンス（〜16 時半）である。以下，保護者
グループ相談について紹介する。

（1）保護者対象のグループ動作体験
　保護者は自由参加で参加費はワンコイン（10〜12 時，500 円）。20 人
ほどの保護者が地域会館の和室に車座に集う。筆者の教示により 20 分
程度で「肩の上げ下ろし」動作，仰臥位になり腹式呼吸法，安静タイム，
目覚めの動作を体験する。からだを労うことで心を落ち着けて，グルー
プ相談へと気持ちを切り替える。

（2）グループ相談
　子どものこと，きょうだいのこと，自分のこと，夫のこと，祖父母の
ことなど，子どもと暮らす日常には親の思うようにならないことが多い。
初めての育児で悩み多い母親は同じ悩みを持つ方の話を聞いて自分一人
ではないことにほっとしたり，小・中学生の子を持つ母親はかつての自
分を懐かしく思えたり，保護者同士の共感の輪が広がり，視野が広がる
思いがする。グループ相談ならではのオープンな助言やヒントを保護者
は必要に応じて取り入れる。筆者の役割は①グループ相談のルールを確
認し安全で自由な雰囲気を作ること，②一人ひとりの思いを真摯に受け止
めること，③心理士の視点から具体的な助言を行うこと，④初回参加者
はもとよりグループ全体に気を配ること，⑤ポジティブな理解を伝えるこ
と，などである。

（3）託児室の開設による支え合いのネットワーク
　自然発生的に，卒園児の保護者らによる託児が始まった。「下の子を

預かるから一人でふわっとセミナーに行っておいで」と貴重な時間を先輩ママからプレゼントされた保護者は，遠慮なく思いを語り泣いた。保護者同士が温かく支え合い育ち合う場になっている。託児室の担当は希望する保護者に受け継がれて，保護者同士が支え合うネットワークが広がる基点となっている。出産や母親の病気入院などの期間を，園への送迎，お弁当作り，放課後の預かり，時にはお泊りなどを分担して，母親不在による子どもの危機を「お互い様」と支え合い乗り越えている。

（4）グループ相談の効用

　グループ相談後のアンケートには次のような感想が記されていた。
・２時間の限られた相談枠に約 20 名の保護者が参加できる。
・育児の大変さイライラ感を労われることで安心感が生まれる。
・具体的・現実的な困り事に対して，経験者から子育てのヒントが得られる。
・話すのが苦手な方でも聞くだけの相談で，孤立した育児を回避できる。
・自分と似たような悩みを持つ保護者がいることを知り楽になれる。
・思いを受け止め相互に支え合うことで，親同士が育ち合う。
・助けを求める関係性，保護者同士で助け合う関係性が育つ。
・卒園後も地域の中で支え合うネットワークがつながっていく。

5．保育園における保育カウンセリング

　2007 年，社会福祉法人保育園から子育て支援（夕方２時間・年５回の保護者相談）を依頼され，さらに年１回終日の園内研修を依頼された。2020 年現在は，保護者相談日を夕方２時間・年３回，園内研修を一日６時間・年２回，の保育カウンセリングを行っている。園内研修の日は０歳から年長までの各クラス活動を，９時半から 20 分間ずつ順番に拝見させていただくことから始まる。

（1）動作による赤ちゃんへの心理援助
　その日は０歳児クラスに赤ちゃんの泣き声が響き渡っていた。横抱き

でもタテ抱きでも抱きにくいようで，背中を反り返らせて激しく泣き叫んでいる赤ちゃんを落とさないようにと，保育者は必死で抱きかかえていた。その場にいる赤ちゃんたちも不安な表情で固まってしまい，大人たちも冷静ではいられず緊迫した状況にあった。筆者は部屋の入口で様子を見守っていたが，途中入園2日目の赤ちゃんへの緊急支援の思いから抱っこの交代を提案してみた。保育者も限界だったようで，ほっとした表情で交代した。

保育者に抱かれた赤ちゃんの背後から向こう向きのまま抱きとり，膝裏に腕をまわしてしっかりと抱っこした（**図13-2**）。「よしよし，ここ楽ちんにしようね」と反らせている背中の力を抜きやすいような動きを筆者の胸と腕で誘導し，「ここ楽ちんよ」と背中を反らせないように動作で働きかけた。筆者の胸に赤ちゃんが背中を預けた瞬間に「そう，じょうず」と赤ちゃんの動作を受け止めると，もう泣き止んだ。「楽ちん，楽ちん」と反りの力を抜いた背中を筆者の胸で受け止める抱っこのまま，一緒に外の景色を見ながら赤ちゃんの呼吸が落ち着くのを待った。

図13-2
乳児が背中の力を抜きやすい抱っこ

不安で一杯な心の問題を赤ちゃんは背中を反らせる動作で表現したが，抱かれ心地が悪くさらに反り返るという悪循環に陥っていた。動作による援助で，赤ちゃんは自分で背中の力を抜いた。そして，背中を人に預けて安心して泣き止むことができた。

動作を通して心の問題を援助しようとする臨床動作法は，近年，乳幼児に用いられて効果を上げている。幼稚園児を対象にした教育動作法の実際が放送大学教材『乳幼児・児童の心理臨床』（2007）で紹介されている（**図13-3**）。このような有効な実践知を保育園や幼稚園に活かしていくための指導者養成や保育者研修などを，今後の課題としたい。

（2）園内研修がストレス？

1クラス20分間の予定で，各クラスの活動を室内や園庭などで見さ

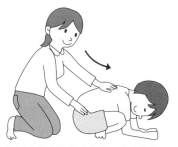

腰がうまく使えるようにする動作：
後ろから軽く押す。

バランス感覚を養う動作：ぐらつか
ないよう補助する。

図13-3　教育動作法の実践

せていただくが，保育者のなかには自分の保育の様子を見られることに
プレッシャーを感じている人もいた。保育者を応援する思いでいる筆者
が逆にストレスを与えているような可能性もあり，カンファレンスの持
ち方を課題とした。

（3）保育の場におけるストレスマネジメント

　園内研修で「保育の場におけるストレスマネジメント」のミニワーク
ショップを行った。会場では，座布団を丸く並べ（**図13-4**），子ども
を寝かせて急いでカンファレンスの場に集った保育者には，仰臥位で，
質の良い眠りのためのリラックス法（**図13-5**）と腹式呼吸法を体験し
ていただいた。後で感想を聞くと多くの参加者が仕事モードの緊張を解
いて，落ち着いた気持ちでカンファレンスに臨めたようである。

　保育カウンセリングにおけるこのような保育者支援のあり方を今後も

図13-4　園提供の研修風景

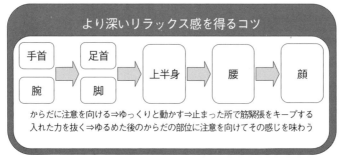

図 13-5　質の良い眠りのためのリラックス法（漸進性弛緩法を応用）

模索したいと思う。

6. 保育カウンセリングの活動を支える研修会

　2008年，日本臨床心理士会保育臨床心理士専門委員会が発足した。

　この委員会は保育カウンセラーの研修会を毎年開催し，その後も全国の保育カウンセラーやキンダーカウンセラーたちに学びの場を提供してきた。保育臨床に特化した専門性を学び，それを実践現場に持ち帰り，さらに創意工夫を重ね，自らの力量を高める努力がこの分野の心理士には常に求められる。年に一度の全国研修会に参加することに加えて，地域の同じ領域で奮闘している仲間同士で学び合い支え合い育ち合う場を持つことも有益である。このような保育心理臨床研修会が今後各地で創られることが期待される。

7. おわりに

　保育現場はあくまでも子どもが主体であり，そして保育者も主体である。保育カウンセラーは園長の方針や保育者の要請を理解し，その上で，心理臨床の専門性を発揮することが望まれる。すなわち，保育者と力を合わせて，保護者を応援し，地域の方々を応援し，子どもが育つ人的環境が豊かになるよう力を尽くすべきであろう。

　スクールカウンセラーは週に一度の勤務で一般的な継続面接が可能であるが，保育カウンセラーにはより時間的な制約が大きく，その中で，

保護者へのグループ相談や，保育者へのストレスマネジメント研修など
を行っていく必要もある。今後の課題は山積しているが，幼稚園，保育
園，認定保育園において，保育カウンセラー・キンダーカウンセラーが，
子どもたちのよりよい発達支援に役立つことを期待したい。

🎸 研究課題

1．スクールカウンセラーと保育カウンセラーの共通点と相違点をまと
　めてみよう。
2．保護者グループにおけるファシリテーターの役割についてまとめて
　みよう。
3．子育て支援に関わる心理士にとって，他職種との連携・協力が大切
　になる。協働することが見込まれる専門職を挙げて，それぞれの職業
　の役割をまとめてみよう。
4．幼稚園，保育園，認定こども園について保護者に説明できるよう調
　べてみよう。

引用文献

滝口俊子（2007）．乳幼児・児童の心理臨床．放送大学教育振興会．

参考文献

菅野信夫（2011）．京都府私立幼稚園連盟キンダーカウンセラー派遣事業　子育て
　　支援と心理臨床 vol.4　pp.59〜63，福村出版．
坂上頼子（2011）．日野市保育カウンセラーの活動の実際　子育て支援と心理臨床
　　vol.4　pp.54〜58，福村出版．
坂上頼子（2018）．保育カウンセリングの実際　子育て支援の保育カウンセリング．
　　（滝口俊子編著）pp.19〜40．ミネルヴァ書房．
滝口俊子・山口義枝（2008）．保育カウンセリング．放送大学教育振興会．

滝口俊子・他（編著）(2018)．保育と心理臨床をつなぐ．ミネルヴァ書房．

日本保育学会保育臨床相談システム検討委員会（編）(2011)．地域における保育臨
　床相談のあり方．ミネルヴァ書房．

鶴光代 (2010)．心を支援する　臨床心理学増刊第2号　発達障害の理解と支援を
　考える　pp.102〜127，金剛出版．

14 | 海外のスクールカウンセリング

伊藤亜矢子

　スクールカウンセラー事業や学校における心理的サービスの提供は，諸外国でもさまざまな形でなされている。当然ながら，各国の社会事情や教育事情を背景に，校内での役割分担や位置づけなども国によって異なっている。ここでは，米国・韓国・フィリピン・香港の心理臨床を紹介しながら，日本のスクールカウンセリングの特徴やあり方について考える。

《**キーワード**》　国際比較，学校コミュニティ，リーダーシップ

1. 日本のスクールカウンセリング

　日本のスクールカウンセリングは，一部の私立学校を除けば，いじめ自殺や不登校の増加を背景に，1995 年に公立学校への試行的な配置が始まったことを端緒とする。臨床心理学の専門家である臨床心理士とそれに準ずる人が任用されたことからも分かるように，いじめ自殺や不登校をメンタルヘルスの問題ととらえ，校内にその専門家を導入することで，それらの予防がめざされたことが特徴である。

　ここで，教育現場の課題を振り返れば，1980 年代前半のいわゆる "つめこみ教育" と校内暴力，1980 年代後半の不登校増加，1990 年代のゆとり教育といじめ自殺，ニュー・カマーの子弟の増加，2000 年代の低学力と学級崩壊，通常学級における特別支援教育や教育格差問題，そして 2010 年代には再びいじめと少子化による学校再編と，教育現場の課題は，時代の流れと共に移り変ってきた。

　その一方で，日本の公立学校におけるスクールカウンセリングは，1995 年の活用調査研究委託事業の開始に始まり，2006 年には公立中学校への全校配置が行われるようになった。また「ニッポン一億総活躍プラン」でも，2019 年までに全公立小学校への配置が示唆された。現在で

は，都市部を中心に区市町村が，都道府県配置のスクールカウンセラー（以下 SC）と同等かそれに準ずる SC や，心の教室相談員などを独自に配置している。そのように日本の SC は学校現場に浸透してきた一方で，地域によって，SC の勤務時間や頻度，形態，資格などがさまざまで，地域格差もある。東日本大震災以降には，被災地に遠隔地から派遣されて勤務する SC もおり，一口に SC といっても非常に多様なのが現状である。

　また，SC 以外の援助職・援助機関としても，不登校対策やニュー・カマーの子弟増加による日本語支援の必要等から適応指導教室が発展した。さらに，特別支援教育の展開によって，特別支援教育に関わる支援員，巡回相談員等が広まった。近年では，格差や子どもの貧困問題などを背景にスクール・ソーシャルワーカーが導入されるなど SC 以外の多様な援助専門職が設置されるようになってきた。1990 年代以前とは大きな違いである。

　こうした日本の変化を見ても明らかなように，スクールカウンセリングや校内の支援体制は，国や地域の教育課題や教育制度・教育政策，社会状況などによって異なり，同じ国であっても時代的な変遷を遂げていく。本章では，SC や校内の心理的支援について海外事情を紹介し，日本の SC 活動について特徴の理解と発展の手がかりを得る。

2. 米国のスクールカウンセリング

(1) ASCA（アメリカスクールカウンセラー協会）

　米国は合衆国で，州の独立性が高い。教育制度や周辺事情も州によって大きく異なる。現在の米国で，もっとも大きな SC の団体は，ASCA（アメリカスクールカウンセラー協会）であろう。ASCA は，スクールカウンセリングのモデルや国家基準（キャンベル・ダヒヤ，2000），年次大会や会報などを通して，全米の SC に実践的な情報を提供している。大学における SC の養成課程も，ASCA の実践モデルを下敷きに標準化されており，認定機関(Council for Accreditation of Counseling and Related Educational Programs；CACREP) によって，基準を満たす養

成課程が認定されている。内容としては，カウンセリングなど心理系科目だけでなく，教育法規や教育学など，日本の教職課程の「教科及び教職に関する科目」のうち，「教職に関わる科目」に近い教育系科目が含まれる。米国 SC の教育職としての基礎が伝わる。

　州によっては，こうした ASCA のモデルを採用せず，独自の活動を行う地域もあるが，本章では ASCA を中心とした実践モデル・実践活動を，米国の代表的なものとして取り上げる。

（2）スクールカウンセラーの基本的な位置づけ

　ASCA によるモデルで SC は，社会情緒面だけでなく，学業面，職業（職業指導・進路指導）面の 3 領域から子どもの学校生活を支援する。

　米国では，教師は各教科を教える教科教育の専門職というのが基本であり，いわゆる生活指導・職業指導は別の専門職が担う構造を基本とする。伝統的には SC が，職業指導や出欠席・成績の管理など，日本では学級担任が担ってきた生徒への個別サービスを担ってきた。

　日本では，全校の行事や，ホームルームなどの学級毎の活動など，あらゆる機会を通して，生徒指導・教育相談を行う（文部科学省，2010）とされ，学級担任教師（以下学級担任）が教科学習外の多くの指導を行うことが大前提となっている。出欠席や成績の管理など，生徒の個別支援は，教師，主に学級担任の仕事の範疇であり，学級担任が，児童・生徒の学校生活全般を把握し見守り指導する体制である。たとえば学級担任は，学級を単位に子どもの学校生活全般を監護する，学校での子どもの保護者・監督者のようでもある。進路指導や生徒指導等も，担当監督者が行う範疇の仕事として，学級担任の包括的役割の中に位置づいている。こうした体制は，米国とはかなり異なる。

　米国では，進路指導も，入試志望校を決めるだけでなく，働くということの理解や各職業への理解，自己理解とそれらを踏まえた進路選択を含むキャリア教育が，理論的にも整備され，かつてガイダンスカウンセラーとしての役割が大きかった SC の役割となっている。ピア・サポート活動など子どもの社会面での支援，学級単位の予防教育・心理教育を

通した学級全体への発達支援的な働きかけなども，SC の重要な役割である。学校によっては，季節の行事も，SC が校内生活を充実させるサービスとして有志の子どもたちと行う場合もある。教科指導以外の，子どもたちの学校生活全般の支援は，出欠管理も含めて，基本的に SC の仕事なのである。

　こうした体制は，日本ではイメージしにくいかもしれないが，日本でも大学では，大学教員は教科指導（各学問分野）の専門家であって，生活指導や就職指導など生徒への個別サービスや相談の実務を主に担う担当者としては通常位置づけられていない。学費の納入や単位の申請，個別の成績管理，就職情報などの実務は，学生課や教務課，就職課，あるいは学生支援チームなど，学生サービスの担当者が担う。サークル活動や対人関係上の悩みなど，学生生活上の悩みや，メンタルヘルスについての悩みは，学生相談室や保健センターで扱われる。つまり，教科指導と個別の学生サービスは別個のものとして扱われ，学生相談室や学生支援チームが学生生活を個別に支援する役割を担っている。こうした分担をイメージすると，教科指導は教師，子どもたちの学校生活全般の個別的支援は SC，という米国の分担も理解しやすいかもしれない。

（3）落ちこぼれ防止法と学習面での支援

　このように，米国の SC は基本的に，教師が行う教科指導以外を，常勤職として行う立場と考えられる。しかし一方でそれは，教科指導以外の間隙を埋める補佐的な役割と位置づけられたり，出欠席などの実務を担う事務職と位置づけられたりする可能性も含んでいる。その意味で米国 SC も，実は曖昧な立場になりやすい面を持つ。日本の大学でも，学生相談員が事務系職員として位置づけられている大学と，教員として位置づけられている大学があるが，教科教育以外の学校生活の支援を，出欠席や成績の管理など事務的サービスとその延長としての個別相談サービスと位置づけるのか，ガイダンス・カリキュラムなどに象徴される積極的な教育的活動と位置づけるのかでは，校内における意味や役割，その方向性が異なってくる。

　実際，米国 SC においても，SC のあり方やその役割については，他国と同様に社会情勢に応じて歴史的に変遷してきた。1940 年代からのカール・ロジャーズによるクライエント中心療法の社会的影響や，戦後の社会構造の変化などを背景に，生徒の適職発見を支援するガイダンスカウンセラーは 1960 年代から 1970 年代に大幅に増加した。1980 年代から 90 年代には，日本でも不登校が増加したように，米国でも社会情緒面における支援ニーズが大きくなり，個人カウンセリングの機能が比較的重視された。しかしながらまだ，ガイダンスカウンセラーとしての位置づけも引き続き濃厚であった。1990 年代終わり頃からは，現在の ASCA のモデルを中心とした，包括的に学校生活を支援する「スクールカウンセラー」へと SC の自己定義と改革が進み（Stone & Dahir, 2016；ヤギ，1998），その後も ASCA モデルの改訂が続いている。

　さらに，2001 年には落ちこぼれ防止法（No Child Left Behind Act）が出された。これにより，公立学校は一定の成果がないと統廃合を余儀なくされるなど，学校制度の効果やアカウンタビリティ（説明責任）が強く求められるようになる。また一方で，校内での銃乱射事件などを背景に，学校の安全性も市民の関心事となる。SC も，効果のある学校づくり，安全な学校づくりにいかに寄与できるかが問われることになった。

　こうしたことを背景に，SC の役割の明確化やその成果を説明するアカウンタビリティやエビデンスといったことが SC 側でも重視されるに至る。学習面および効果のある学校・安全な学校づくりに積極的に参画し，学校の教育目標を実現すべく活動する SC が求められることになった。

　具体的には，かつては出欠席管理など，教師が行わない「間隙」の仕事をうめる，ともすれば受身な面もあった SC が，効果のある学校づくりのため学校改革の「協働的リーダー」として自ら役割定義を見直し，計画的かつ主体的な役割を担おうというのが，SC 改革の骨子である。

　こうしてみると，長い歴史を持つ米国の SC であるが，校内での役割付与は，必ずしも当初から一貫して包括的なものとして完成していたわ

けではないと分かる。1990年代後半，つまり日本でのSC導入の頃から，現在のような役割定義が，より明確になってきたのである。

（4）スクールカウンセラーの活動内容

　学校から教科教育の専門家である教師がいなくなることは無くても，教科教育からみれば辺縁的で曖昧さの残る職務を行うSCは，役割と効果が明確でなければ，いつ消滅してもおかしくない面がある。

　米国でもSCは，長い歴史の中で，自らの役割を時代の中で刷新しながら，生き残りをかけてきたとも言える。

　SCの実際の活動内容として現在では，落ちこぼれ防止法下で奮闘する学校と子どもたちを効果的に支える，より積極的な活動がASCAを中心に推奨されている。校内の教職員でチームをつくり，子どもたちの動機づけを高める表彰のイベントを実施するなど，教科指導以外から学力形成への貢献ができる組織的な取り組みをSCがリードする。そうした取り組みの成果を，出欠席や成績に関する情報の整理などから，エビデンスをもって明らかにする。それを公表することで，校内に賛同者を増やし，意欲的な学校環境づくりを促進する。さらにその成果を成績等の数値で示し，SC活動のアカウンタビリティとする（ストーン＆ダヒア，2007），などである。

　当然ながら上記のような取り組みを行うには，SCの積極的な姿勢やリーダーシップが必要になる。パソコンに向かって事務的な出欠席の管理を行う傍ら，校長から依頼された雑用をこなすといった曖昧で消極的な役割に甘んじる場合もかつてはあったというが，現在では，効果的な学校づくりの一員として，戦略的に動く必要性が高い。

　同時に，テロ事件や，学校内でのいじめを背景とした銃乱射事件が複数生じたことから，学校内の安全をどう確保するかが現実的な問題となり，校内への武器持参を事細かに禁ずる校則や，ガードマンによる校門チェックなど，管理的な方向性が強まる傾向も2000年代の米国の学校で生じてきた。しかし，ゼロ・トレランス方式に象徴されるような，罰則規定を前提とする管理的な指導では，当然ながら子どもたちの支援ニー

ズは解消されず，問題行動の背景にある課題が解決することもない。む
しろ，学校風土・学級風土を相互尊重的で安全なものにする指導が必要
であること，それに SC は貢献できることが ASCA でも主張されるよ
うになった。学級全体でのアクティビティを通して，心理社会的な知識
スキルを養成する SC による生徒向け教育活動や，校内にお互いを思い
やる風土をつくるシークレット・パル（ヤギ，1998）などのイベントな
ど，SC による活動を通して，安全な風土を校内に醸成しようというも
のである。

　こうして，学習面での成功を最終的なゴールとしながら，心理社会的
な側面での教育や相談，校内での支援的活動を行う組織づくりや，その
リーダーとしての活動，保護者や地域資源と学校を結ぶコーディネー
ションなど，個人カウンセリングを超えて多様かつ積極的・主体的な SC
の取り組みが求められるようになってきた（Dahir & Stone，2012）。

（5）多職種連携と特別支援教育

　さらにもうひとつ，米国のスクールカウンセリングを理解するうえで
重要なのは，SC 以外の援助専門職との協働や分担である。

　現在でこそ，日本でも，特別支援教育に関わる巡回相談員や支援員，
スクール・ソーシャルワーカーなど，学校に教員以外の援助職が関わる
ようになってきたが，とくに SC 元年といわれる 1995 年以前には，教員
以外の援助専門職が学校に日常的に関わることは珍しかった。

　しかし前述のように米国では，地域によっては，学校心理士，行動療
法士，遊戯療法士など，心理職だけでも細分化された職種が複数で学校
に関わっている場合が珍しくない。

　とくに米国の学校心理士は多くの地域で学校に関わっており，知能テ
ストを始めとした心理アセスメントを伝統的な中心的業務とし，特別支
援教育に関わる就学指導などを行う博士レベルの高度な専門職として位
置づいてきた。しかし時代に伴う支援ニーズの変化と，発達障害のある
子が，特別支援教育だけでなくいじめへの対応や不登校への対応も支援
ニーズとしているなど，校内では諸問題が相互に関連している現実や，

予算の問題などから，学校心理士がメンタルヘルスに関わる問題も含めて扱う場合も多くなったという。SCとは役割が重複する傾向である。

　また，米国の特別支援教育では，対象者の増加とそれに伴う予算増加の中で，過剰な診断や措置が行われている懸念が増し，心理アセスメントだけを行って安易に特別な支援へと措置する前に，教育的な指導を丁寧に行うべきではないかという主張が近年増してきた。具体的にはRTI（Response to Intervention）といって，特別支援教育や学校心理士へつなぐ前に，マニュアル（McCarney & Wunderlich, 2006）に従って教育的な介入を行うのである。すぐに専門機関や学校心理士等に紹介して通常級での支援を止めてしまうのではなく，次のようなことを学級で試みながら，子どもの力が伸びるかどうかを見て，本当に専門的な支援が必要かどうかを慎重に判断しながら，通常級での支援を充実させるものである。たとえば，視覚認知の弱さが疑われる場合に，障害の有無を確かめるため，視力検査はもちろん，サイズ・色・形の違う対象の発見や分類課題ブロックなどを使ってパターンに従って物をつくる課題，数字を規則的に並べる，絵を正しい順に並べる課題，教室や校庭，写真などから特定の物を抜き出す課題，など多様な活動を難易度の低いものから試していくのである。

　こうした校内支援を推進する教師を校内で側面から支援するのがSCであり，その結果，本当に知能テストなどが必要となった際に活動するのが学校心理士という役割分担が基本的な構図だが，現実には，学校心理士・SC・教師それぞれの立場や思惑，学校・行政の事情も多様なようである。

　多様な職種がいる学校に存在することは，それだけ人的資源が多く支援の可能性も広がる一方で，現実の問題対応には，役割の重なりや相互理解に基づく高度な協働の必要性がある。あるいはいわゆる縦割りになれば，重なりや協働なく分担することで，必ずその間隙を埋める必要性が生じてくる。

　「制度化」でなく事業として進む日本のSCも，役割規定や周囲の理解，校内での職務分担など，まだ定式化されず現場での試行錯誤が続く

面があるのが現実である。米国SCも，上記のような背景から，各職種と協働しつつ，独自の存在意義を保つ努力が必要とされ，日夜奮闘しているのが現実ではないだろうか。その意味で，校内での臨床とは何か，ひいては，学校教育の目的やそこでの生徒の成功を支えるものは何かという問いを，米国のSCも他国のSCと同様に分かち持っているように感じる。

（6）アメリカのスクールカウンセラーに学ぶ

　このように，日本よりも長い歴史を持つ米国のSCも，時代によって主要な役割を変え，社会的な背景や学問背景の変化にも影響されながら，常に自らの役割を発展させる努力を迫られてきた。日常的には校内で活動するSCも，校内事情だけでなく，より広い社会的な状況，あるいは当然ながら教育政策に応じた変化や役割の追求が求められ，新しい活動の方向性や方法を模索する必要がある。子どもたちの潜在的な支援ニーズに応えるためにも，そうした社会的要請にも目をむけつつ，活動の方針や方法を模索することはSCに必要な事柄と考えられる。

　実際の臨床実践レベルで考えても，日本と米国では，背景となる社会情勢も，教育事情や教育政策も異なるが，子どもや学校ニーズに合わせて自らの活動を計画することや，校内に理解者をつくりながら協働的にリーダーシップを発揮すること，個人面接に限らず，より多くの子どもにサービスが届くように，予防教育や地域資源と学校を結ぶコーディネーションを行うことなど，いずれも日本でも参考になる。

　教育事情等の違いを考慮しても，そうしたSCの主体的な姿勢や，効果的な活動を実現するための実践の工夫には，日本のスクールカウンセリングにおいてもヒントになる事柄が含まれているように思う。

　またこのように，諸事情の違いを超えて，学ぶべき実践のヒントや，日本のSC理解につながる参照枠として興味深いのは，次節以降に述べる各国のスクールカウンセリングも同様である。社会的状況や教育事情等の違いを超えて，他国の実践に照らして日本の実践を対象化してみることで，日本の実践の特徴も見え，また，他国の工夫に新たなアイディ

アを得ることも可能ではないだろうか。

3．韓国のスクールカウンセリング

　韓国の SC の歴史は比較的新しく，1990 年にキャリア・カウンセリング教諭ができたが，まだ授業担当を兼務する教員であった。1997 年に専門 SC 教諭が誕生して，2005 年から授業負担なしフルタイムの専門 SC 教諭が導入されたという（Lee & Yang, 2008）。資格としては，現在では，現職教員以外は，SC 関係の学士か，教育学研究科の SC 専攻の修士号の取得が要件となっており，教育哲学，教育心理学，教育行政，教育社会学などの基本知識と心理学の試験がある。面接試験もあり，資格取得後も継続研修の単位を取得する必要がある。しかしここで注目すべきは，「SC 教諭」という常勤教育職として SC が位置づけられていることである。

　1990 年にはじまって 2005 年には常勤化というように，短期間で常勤の SC が配置された背景には，近年の韓国における教育改革がある。とくに 2009 年からの教育改革では，学力向上をめざして，全国の中学・高校を教科センター方式に転換することがめざされたという。教科センター方式は，日本でも一部の学校で取り入れられているが，数学や英語など，各教科の教室や職員室が設けられ，生徒が教科ごとに教室を移動するなど，教科という点を重視する方式である。多くの日本の学校のように，学級を単位に，各学級の教室で教科担当者が入れ替わり訪れて授業を行い，教科担当者が学級担任も兼ねて，教科指導だけでなくかなりの生活指導等を行う方式に比べ，教科センター方式は，基本的に教師の役割としても，教科指導に重点が置かれる。教師は教科指導，他は他の専門家という図式である。つまり，学校全体が米国型になったとも言える改革であり，当然の経緯として，教師は教科指導，生活指導・生徒指導は SC という米国型の常勤職 SC 導入がはかられたのである。

4．フィリピンのスクールカウンセリング

　フィリピンのスクールカウンセリングの歴史は，第二次世界大戦後の

米軍占領下に始まるガイダンスカウンセラーから始まる（Garcia, 2012）。1970 年代から 80 年代前半には，プログラム開発等を含む職能開発や，文化的背景に根ざしたあり方が問われ，1982 年の教育法でガイダンスカウンセリングサービスが生徒の権利とされて定着したが，職務内容は明記されなかった。その後 2004 年のガイダンスカウンセリング法制定で，SC が資格化された。修士号に加え，ガイダンスの哲学・心理学社会学的基礎，カウンセリング理論・ツール・技術，心理テスト，ガイダンスの組織・運営，グループ・プロセスと組織開発など，教育と心理学について試験がある。

　フィリピンでは，政情不安や経済問題，自然災害などから心理臨床へのニーズが高まり，ガイダンスカウンセラーから出発した心理臨床が，校内から地域コミュニティへと広まってきた経緯がある。ガイダンスカウンセラーはクリニックなどでの心理臨床に先駆けて臨床の出発点でもあるという。しかし一方で，国全体をみれば，就学率の低さや，私学と公立学校の大きな格差，主要なものだけでも 80 を超えるという多言語国家であることなど，国と地域の事情が日本などの先進国とは大きく異なっている。そうした中で，SC は必ずしも人数も多くなく，私学を中心にした配置になっている。授業担当兼任のカウンセラーも多いなど，日本の学生相談のようなイメージもある。

　ただ，そうした中でも，米国型の包括的モデルを取り入れながら，積極的に自己定義していこうという機運は強く，メンタルヘルスや特別支援教育など新たなニーズを前に，従来の進路ガイダンスを超えた役割を統合的に行おうとする役割変化も見られる。フィリピンの SC 活動からは，国や教育の成り立ち，人々の生活のあり方という個々の学校を超えた背景事情とスクールカウンセリングが直接かつ密接に強く関わっていることが明確に感じられ，それらの点についても考えさせられる。

5.　香港のスクールカウンセリング

　香港でも 1980 年代には対処的（治療的）なモデルのスクールカウンセリング（ガイダンスサービス）が行われていたが，90 年代から 2000 年に

かけて，予防的開発的モデルに変化して今に至っている。こうして見ると，各国の SC をめぐる変化が 2000 年前後に生じていることが分かる。こうした変化を支えたのは，教育局と大学と学校および専門機関，ガイダンス教師協会であり，それらが協働してこの変化を担ってきた（伊藤，2010）。

　1990 年代になって全校型の包括的なアプローチが目指されるようになり，たとえば，中学校では，スクール・ソーシャルワーカーと呼ばれる日本の SC に近い役割を持つ専門職だけでなく，教師が中心となって校内にチームを形成できるよう，ガイダンスについての専門研修をうけたガイダンス教師が置かれるようになった。

　この背景にはやはり 2000 年前後の教育改革があり，教育の目的が，知力・体力・社会面においてバランスのとれた発達をとげ，生涯にわたる学習や批判的思考ができる市民の育成，と位置づけられたことで，社会的スキルや生涯にわたって学ぶ力の育成もガイダンス・プログラム目的となった。そして 2001 ～ 2002 年には，包括的モデルがガイダンス・プログラムに導入された。

　この包括的ガイダンス・プログラムでは，スクール・ソーシャルワーカーの学校内の実践として，①システム支援，②ガイダンス・カリキュラム，③保護者と教師への支援，④個人の教育計画，⑤対処的サービス，が位置づけられた。1980 年代には，個人を対象とした⑤の対処的サービスが主な内容であったが，このプログラムでは，①のシステム支援や，②のガイダンス授業というように，組織・学級・個人という多層なレベルでの支援が行われるようになった。また，発達（開発）的，予防的，対処的（治療的）側面と支援の目的も包括的であった。さらに，教育局とコミュニティの協働，つまり大学や教師・校長，専門家との協働を含み，生徒のみならず，生徒・保護者・教師への支援を含む意味でも包括的なのだという（Lee & Wong, 2008）。

　ガイダンス・カリキュラムでは，個人的，社会的，学習的，職業的の 4 領域が含まれ，ガイダンス授業は時間割に組み込まれている。各学校の方針にしたがって，発達段階に応じた具体的な指針が策定される。プ

ログラムの具体的な内容や調整を担うのはスクール・ソーシャルワーカーであり，実践者は教員である。ガイダンス教諭は，こうしたガイダンス・カリキュラムを実践するだけでなく，個人相談も担当する。より専門的な対応が必要な事例や専門機関への紹介が必要な事例はソーシャルワーカーが担当するが，校内での支援は基本的にガイダンス教師が中心となってソーシャルワーカーの意見を参照しながら校内の教員チームで対応していくという（Lee & Wong, 2008）。

　香港のプログラムは，社会に貢献する市民の育成として，キャリア発達と個人プランニングが中心にすえられ，人生や職業において目標を持てば，子どもたちはより動機づけられ，より健康的なライフスタイルを持つようになるという考えが下敷きになっている。将来の目標をはっきりさせることで，自己への期待や動機づけを高める。そのことが，健康的なライフスタイルを身につけ，学業的達成を遂げることにつながるという考え方である。

6．これからのスクールカウンセリング

　アジアの実践例として，韓国・香港そしてフィリピンの例を見たが，このほかに，台湾でも，各学年に応じたガイダンス・カリキュラムが策定され包括的な実践が行われてきている（伊藤・石田・浅井，2007）。このようにアジア諸国においても，子どもたちに育成すべき力についての教育目標を背景に，個人臨床を超えた発達支援，学校内での生徒の成功を基本にする包括的モデルが 2000 年頃から急速に整備されつつあるといえよう。日本の SC も 1995 年に開始されたが，その後，どう発展してきたのか。全体としての総括も必要なことを他国の歴史は感じさせる。

　米国の SC 改革を始めとして，2000 年前後からの各国の動きの背景にあるのは，子どもたちに国際競争力をつけようとする革新的な教育改革である。その結果，SC はますます，刷新された学校という場での教育目標を教師と共に実現する責任を持つ者として，実効性ある職務の遂行を求められる。

こうした流れは，必然的に教師との協働へとつながっていくように考えられるが，分業の考え方を前提に，必ずしも日本のような側面から教師を支援する協働へとは進んでいないようにも思われる。

日本の初期のスクールカウンセリングでは，先にも述べたとおり，学校生活のあらゆる場面で生徒指導・教育相談を行う教師と，いじめ・不登校へ臨床心理の専門

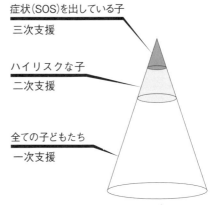

図14-1　全校型支援のモデル
伊藤（2011）

家としての対応が求められる SC という図式があった。「クリニックの出前」ではいけないといわれながらも，**図14-1** の三次支援のような，不登校等のニーズが顕在化した層への個人的対応・対処的対応がスクールカウンセラーに要請されることが多かった。

しかし，これら海外の実践を見ても，また，教育の場であり健康な子どもたちの成長を支援する場という，学校という場が本来持つ性質から考えても，三次支援のみならず，二次支援，一次支援にも力を注ぐことが要請されていると言える。日本でもこうした方向性は，チーム学校答申（文部科学省中央教育審議会（2015））や教育相談等に関する調査研究協力者会議（平成 27 年 12 月 4 日～）報告（文部科学省（2017）でも明確化されてきている。

米国の常勤型 SC のように，教科教育を担う教師と役割分担するのか，香港のソーシャルワーカーが，専門教育をうけた教員とチームを組みながら，より専門的な知識を提供することで校内支援を充実させているように協働の方向に進むのか。教師の役割や教育システムを背景に，専門性を生かした協働のあり方を実践するアイディア（伊藤，2011）も求められる。そうしたアイディアを蓄積しつつ，三次支援にとどまらない全校的な支援を，教師と協働で行うことは，日本の SC のこれまでの蓄積を生かすひとつの方向性のように思われる。

　非常勤心理職という特長を生かしながら，子どもたちの声を学校につなぐアドヴォカシーや，専門的知識経験を提供することで協働的リーダーシップを推進するなど，米国や他国のSCが蓄積してきた実践知を，日本の学校という場に合わせて応用し，それらを参照枠として日本の学校という場を生かす実践（伊藤，2009）を探求することも重要であろう。

　本章では海外のスクールカウンセリング事情を扱ったが，教育事情・学校事情は国それぞれである。こうした国や文化の違いへの理解は，日本国内においても，海外にルーツを持つ子どもたちへの支援などで潜在的なニーズがますます高まっている。たとえば米国では，多文化理解スキルの養成のために，国内における多文化の理解（伊藤・初澤・宮部他，2015）や，海外体験による多文化理解を促進するプログラム（伊藤・Dahir，2019）も重視されている。こうした様々なスクールカウンセラー養成の工夫も，今後は日本においても課題であるといえる。

🎸 研究課題

1．SCに与えられた役割と背後にある教育制度や教育政策について，本章にあげた各国の例を表にまとめ，同様の整理を日本についても行ってみよう。
2．教師とSCの役割分担と協働について，本章から学べることをまとめてみよう。
3．SCが教師と協働するために必要な知識にはどのようなものがあるか，本章をふまえて考えてみよう。
4．SCが教師と協働するために必要な資質にはどのようなものがあるか，本章をふまえて考えてみよう。

参考文献

キャンベル・ダヒヤ・中野良顕（2000）．スクールカウンセリングスタンダード
アメリカのスクールカウンセリング国家基準．図書文化．

Garcia, J. A. S. (2012). Charting directions for counselor education in the Philippines. *Philippine Journal of Counseling Psychology*, 14 (1), 119-141.

伊藤亜矢子（2009）．学校臨床心理学：学校という場を生かした支援　改訂版．北樹出版．

伊藤亜矢子（2010）．香港の包括的ガイダンスプログラムについて―Brian Lee 氏の講演から―　第9回学校心理士海外研修団　香港・台湾スクールカウンセリング研修旅行報告書―学校現場・大学・行政の三者間連携を模索する　日本学校心理士会・学校心理士資格認定委員会．111-113.

伊藤亜矢子（2011）．小冊子　スクールカウンセラー活用のアイディア：学校という場を生かした支援のために．東京法規出版．

伊藤亜矢子・Dahir, C. (2019)．国際協働によるスクールカウンセラー教育の試み：ニューヨーク工科大学との多文化理解のための共同授業　お茶の水女子大学心理臨床相談センター紀要(21), 1-10.

伊藤亜矢子・初澤宣子・宮部緑・菖蒲知佳・Dahir, C. (2015)．米国のスクールカウンセラー養成に学ぶ：ニューヨーク工科大学多文化スキル・サマーセミナーの体験から　お茶の水女子大学心理臨床相談センター紀要(17), 77-88.

伊藤亜矢子・石田素子・浅井沙央里（2007）．台湾における児童生徒への心理的支援―小中学校スクールカウンセラーの先進的取組の紹介　お茶の水女子大学心理臨床相談センター紀要(9), 63-70.

Lee, S., & Yang, E. (2008). School counseling in South Korea：Historical development, current status, and prospects. *Asian Journal of Counselling*, 15(2), 157-181.

Lee, B. S. F. and Wong, C. K. F. (2008). Transition to Comprehensive Student Guidance Service in Hong Kong, Counselling, *Psychotherapy, and Health*, 4(1), Counselling in the Asia Pacific Rim：A Coming Together of Neighbours Special Issue, 17-23.

McCarney, S. B., & Wunderlich, K. C. (2006). *Pre-Referral Intervention Manual* 3ed. Columbia, MO；Hawthorne Educational Services, Inc.

文部科学省（2010）．生徒指導提要

文部科学省（2017）．教育相談等に関する調査研究協力者会議（平成27年12月4日〜）報告　https://www.mext.go.jp/b_menu/shingi/chousa/shotou/066/gaiyou/1381049.htm

文部科学省中央教育審議会（2015）チームとしての学校の在り方と今後の改善方策

について　http://www.mext.go.jp/b_menu/shingi/chukyo/chukyo0/toushin/__ icsFiles/afieldfile/2016/02/05/1365657_00.pdf

Stone, C. & Dahir, C. A. (2016). *The Transformed School Counselor*, 3rd Edition. Sengage

ストーン, C.B.・ダヒア, C.A. 著　井上孝代（監訳）伊藤武彦・石原静子（訳）（2007）．スクールカウンセリングの新しいパラダイム—MEASURE 法による全校参加型支援—．風間書房．

ヤギ，ダリル（1998）．スクールカウンセリング入門　アメリカの現場に学ぶ．勁草書房．

15 | 全体を振り返って

倉光　修・良原惠子

　これまでの章で記載されているように，学校等で働く心理カウンセラーは，さまざまな子どもたちと会い，また，保護者や教職員などと連携して活動しているが，近年，「チーム学校」という捉え方がなされ，カウンセラーの専門性が今まで以上に問われるようになってきた。ここでは，そうした観点を含め，学校臨床心理学領域全体について振り返ってみる。

《**キーワード**》　スクールカウンセラーの専門性，チーム学校

1．非言語的表現と非因果的連関

　本章では，本書全体を俯瞰して，やや大きなテーマに言及したいと思う。といっても，ここで述べることは，これまでいろいろなところで言及されたことを含み，むしろスクールカウンセリングでは，日常的なことであるように思われる。

　まず，始めに取りあげたいことは，スクールカウンセリングにおける非言語的表現の重要性である。各章の事例で認められるように，カウンセラーはクライエントが辛い体験や切実な願望を表現しやすいような場を提供し[注1]，その場で表現されたことやクライエントの反応から，クライエントの苦悩を推測し，その苦しみを共感的に理解（追体験）しようと努めている。

　ところが，心の世界は一般的な概念で十分に表現できないことがある。

注1）一般の心理療法では内界に生じる感情やイメージの表現を促進するが，森田療法では苦悩の表現を制止する。しかし，それでもクライエントが耐えるのは，「森田が神経質者の苦しみを十分分かっていることがクライエントに分かる」からではないだろうか。

一人ひとりの感覚や知覚，イメージや思考，感情や欲求などは，一般的な術語で表現するとその豊かさが失われてしまうように感じる人も多いのではなかろうか（あるいは，言葉では嘘をつくこともできる）。スクールカウンセリングにおいては，このことはとくに重要である。本書で提示されたさまざまな事例で，絵画療法や箱庭療法の技法が導入されているのも，そのことと無関係ではない。カウンセラーは，クライエントの語る言葉だけでなく，そうした非言語的表現や，話している時の表情や声の調子，動作や態度，あるいは，症状や問題行動の変化から多くのことを推測している。実際，カウンセリングにおいては，「沈黙は雄弁，饒舌は防衛」ということさえあるのだ。

　むしろ，第 1 章でも述べたように，心理療法やカウンセリングでは，非言語的媒体を通してこそ，より深い共感的理解，つまり，苦しみの追体験が生じやすいのではなかろうか。たとえば，発達障害のある小学生なら教室の騒がしさがどんなふうに聞こえているのだろう，不登校状態にある中学生なら学校のことを考えた時どんな気持ちになるのだろう，リストカットをくり返す高校生ならその瞬間にどんなイメージや感情を体験しているのだろう，うつ状態に陥った大学生なら現在の自分と未来の可能性についてどれほど否定的に考えているのだろう，「死にたい」という気持ちはどれほど深刻なのだろう，などといったことは，あらゆる表現媒体から得られる情報を統合してこそ，幾分なりとも「分かり合い」「分かち合う」ことが可能になり，さらに，その過程を経ることを通して「互いに変わる」道が拓かれてくるのではなかろうか。

　ここで筆者（倉光）が，さらに付け加えたいことは，とくに，子どものカウンセリングでは，クライエントの心の傷と関連する基本的欲求がカウンセラーによって，あるいは，カウンセリングルームという場において，部分的・代理的・代償的・象徴的に多少なりとも満たされることが転機になることが多いという事実である。たとえば，母親から愛されていると感じられない女の子が動物のぬいぐるみを抱いたりお菓子の絵を描いたりするとか，学校で深刻な劣等感を感じてきた男の子がカウンセラーにゲームで勝利したり箱庭で敵を倒したりする場面を作ること

は，けっして珍しくない。これらは愛情欲求や優越欲求が象徴的な形で（ごくわずかではあるが）満たされる状況の創造と言えないだろうか。

そして，カウンセリングの中でこのようなプロセスが進んでいくと，やや不思議なことであるが，環境にも思いがけない変容が生じて，クライエントに暖かい光が差してくることが多い。たとえばクライエントが旧友と偶然出会ったり，隣の家の小犬が近寄ってきたり，郷里で老人と温かい交流ができたり，熱中して描いた絵がカウンセラーに感動を引き起こしたりするのである。このような，因果関係では捉えにくいような内外の現象がきっかけになって，クライエントの社会性が発展し，症状や問題行動がいつの間にか軽減・消失していくケースはけっこう多い。クライエントとカウンセラーの間の関係性が深まっていくと，とくにクライエントがカウンセラーないし大いなる者によって愛されていると実感できるときには，クライエントと環境の双方に変容が起こりやすくなっていくのかもしれない。

2. 「チーム学校」という考え方

個人と環境ということに関連して，ここでは，「チーム学校」という考え方と，その中で，スクールカウンセラーが他の専門家といかに連携すべきかについて述べよう。第1章で，教師とスクールカウンセラーの仕事の中心点の違いと相互の連携について少し述べたので，ここでは，とりわけ，スクールソーシャルワーカーとの連携について述べる。

まず，『生徒指導提要』(2010) を元に，福田憲明（2016）が作成した次の表を取り上げてみよう。ここには，両者の職務の違いが「チーム学校」という概念と共に記されている（**表15-1**）。

2015年12月，文部科学省の中央教育審議会は，「チームとしての学校の在り方と今後の改善方策について」という答申を出し，その中でスクールカウンセラーとスクールソーシャルワーカーの職務について記している。福田の表のように，両者の活動の中心点は異なり，だからこそ，専門性を生かした連携が重要になってくるのである。しかし，第1章で教師とスクールカウンセラーの仕事について述べたように，スクールカウ

表15-1　スクールカウンセラー（SC）とスクールソーシャルワーカー（SSW）の
　　　　職務（福田，2016）

SC	SSW
①児童生徒へのアセスメント活動	①問題を抱える児童生徒が置かれた環境への働きかけ
②児童生徒や保護者へのカウンセリング活動	②関係機関とのネットワークの構築・連携・調整
③学校内のチーム体制の支援	③学校内におけるチーム体制の構築・支援
④保護者，教職員に対する支援・相談・情報提供	④保護者，教職員に対する支援創案・情報提供
⑤関係機関の紹介	⑤教職員への研修
⑥教職員への研修	

ンセラーとスクールソーシャルワーカーの仕事も，厳密な境界線で区切れるものではない。たとえば，子どもが保護者から虐待されていたり，養護施設に入ったりするようなケースでは，スクールカウンセラーもこの地域ではこの子はどの施設に行くとよいだろうとか，児童相談所では誰に見てもらえるだろうかと考えることがあるだろうし，スクールソーシャルワーカーも，その子が学校や家庭でどんなことを考え，どんな気持ちでいるかについて推測し，時にはその気持ちを追体験しようとするだろう。

　また，第4章でも取り上げたが，不登校に関する調査研究協力者会議による「不登校児童生徒への支援に関する最終報告～一人一人の多様な課題に対応した切れ目のない組織的な支援の推進～」（文部科学省，2016）の中には，次のような文言がある。

　……現在においては，主に子供の内面に働き掛けるスクールカウンセラー，子供の周りの環境に働き掛けるスクールソーシャルワーカーは，相談支援体制の両輪として活躍しており，学校においては，これらの専門家を効果的に活用し，学校全体の教育力の向上を図ることが重要である……。

　この流れを受けて，2017年1月，第3次の教育相談等に関する調査研究協力者会議は「児童生徒の教育相談の充実について～学校の教育力

を高める組織的な相談体制づくり〜」という報告書を公表した。この会議に委員として参画した福田憲明は，この中で「スクールカウンセラーとスクールソーシャルワーカーの職務，機能や役割，特性を十分に理解し活用することが，教育委員会および学校教育関係者に強く要請されている」ことを強調している（福田，2018）。そして，2017 年 4 月には，学校教育法施行規則の一部改正により，「スクールカウンセラーは，小学校における児童の心理に関する支援に従事する（第六十五条の二）。スクールソーシャルワーカーは，小学校における児童の福祉に関する支援に従事する（第六十五条の三）」とされ，スクールカウンセラーは法律に規定されるに至った（両条項は中学校にも準用される）。スクールカウンセラーが法的に位置づけられたという点で，この規則改正は画期的と言えるが，その実践が有機的に連携されてこそ，子どもたちの well-being に貢献できることは明らかであろう。

3．スクールカウンセラーの外部性と守秘義務

「チーム学校」という考え方は，スクールカウンセラーにとって大切な「外部性を守り，守秘義務を貫く」という精神（スピリッツ）と相反するニュアンスを持つこともある。そこで，この両者をいかに止揚すればよいかについて，熟慮することが必要であろう。改めて言うまでもないことであるが，心理療法やカウンセリングにおいては，クライエントの秘密を守ることが非常に大切になってくる。もしも，個人の秘密が守られなければ，クライエントは自分にとって恥ずかしいことや責められそうなこと，周囲から攻撃されそうなことはカウンセラーにも話そうとしないだろう。しかし，それでは，おそらく症状や問題行動の背景に潜在しているであろう「深い心の傷や強い欲求不満」は明らかにされず，したがって，その苦しみをカウンセラーが共感的に理解（追体験）することが難しくなり，ひいては，クライエントが新たな道を模索しようとする動機づけは高まらず，問題が克服される可能性は小さくなってしまうだろう。

したがって，スクールカウンセリングにおいても，クライエントの秘密を守ることによって内界表現の安全性が保証されることが非常に大切

である。しかしながら，スクールカウンセリングの場合は，子どもだけでなく，保護者や周囲の子どもたちからの情報，さらには，教員から得られた個人的な情報も含めて，しかるべきことをしかるべき他者に全く伝えないならば，「チーム」のメンバーとしての対応に支障が生じることは明らかである。

　実際，上記の報告書の中にも，スクールカウンセラーには「適切な守秘義務が課せられる」という一文に加えて，「ただし，職務上知り得た情報のうち，学校が児童生徒に指導や支援を行うために必要となる内容は，学校全体で管理することが基本となるため，学校に報告することが必要である」と記されている。

　この文脈では，「学校が支援を行うために必要となる内容」が何かという判断は，心理の専門家としてのスクールカウンセラーにある程度委ねられているように思われる。この点に関連して，平成28（2016）年当時，文部科学省初等中等教育局児童生徒課課長であった坪田知広は，次のように述べている。

　「（スクールカウンセラーには）適切に外部性を保つことが重要であると考えている。完全に校長の部下のようになってしまい，意見しづらくなるようなことがあってはならないし，状況に応じてノーと言えるスクールカウンセラーでなければならないと思っている。また，個人情報の取り扱いについても，これまで守秘義務をきちんと守っていたのに，学校の中に入ることによってそのようなマインドが薄れることのないようにしなければならない。たとえば，校長にどこまで報告し，どこまで指示を受けるのか，あるいは他の教員とどういう情報をどこまでを共有するのかといったルール作りも考えていく必要があると思っている」（坪田，2016）。

　この発言は，スクールカウンセラーには「権力から外れていること」と「内的な権威を持つこと」が大切であるという河合隼雄の言葉を彷彿させる（河合，2008）。

　しかしながら実際場面では，スクールカウンセラーが守秘義務を金科玉条のように掲げて活動することは，チームとしての対処に支障を及ぼ

しかねない。たとえば，スクールカウンセラーにリストカットしていることを告白した女子生徒が，このことは絶対に母親に言わないでほしいと懇願した時，母親が浮気していることに気づいている生徒が，このことは担任には秘密にしてほしいと述べた時，あるいは高校生が妊娠したかもしれないけれど，このことはけっして他の人に知られないようにして下さいと言ってきた時，さらには，虐待が疑われることを担任に伝えたのに校長が児童相談所に通告することを拒否した時などには，スクールカウンセラーはどうすべきであろう。弁護士のように「私は，どんな場合でもクライエントの秘密は守ります」などとは言えないだろう。しかし，こういった状況で誰にも納得できるような答えはないのである。

　多くのスクールカウンセラーは，このような状況下では，子どもについてアセスメントしたことを（診断名ではなく，その子や保護者の特性について）ある程度学校に開示するだろう。たとえば，「あの子は，いくつかの用事を言われると混乱しやすいようです」「あの子は同級生にいじめられたシーンが今でも頻繁に鮮明に想い出されて，とても苦しいようです」「あの子は，自室に閉じこもってゲームすることで，ようやく，基地にいるような安定感を得るのかもしれません」などと，クライエントの内界について専門家として推測した内容を（外的事実は伏せたとしても）教員たちに告げることは，むしろ，積極的に行っているであろう。

　また，言うまでもないことであるが，第5章でも取りあげたように，深刻な自傷他害行為が認められた場合や虐待が疑われた場合などでは守秘義務が解除される。ただ，そのようなケースでも，実際は，臨機応変に，いわば「ハイレベルコモンセンス」を働かせて対応することが肝要であろう。

　では，ここからは，スクールカウンセラーに関する近年の法律や規則整備も踏まえて，小・中学校でどのような実践が展開されているのかを，良原恵子先生に記述していただくことにしよう。　　　　　（倉光　修）

4．スクールカウンセラーとしての活動の実際

（1）外的世界と内的世界の間をつないでいくバランス

　学校の教育機能は，教科（学習）指導と学級活動やホームルーム活動，児童会・生徒会活動，クラブ活動，学校行事を通して行われる教科外指導，この二本柱によって成り立つ。そして，スクールカウンセラーが主に関わる生徒指導・教育相談は両方に関わると考えられている（文部科学省，2010）。

　現代の児童生徒が抱える問題は，学習や進路，自分の身体に対する不安や友人関係等，ほとんどの子どもが感じる不安や悩みだけでなく，不登校やいじめ問題，さらに虐待や貧困問題，また障害や LGBT（Lesbian, Gay, Bisexual, Transgender の頭文字をとり，セクシャルマイノリティの一部の人々を指した総称）[注2]に関することなど多岐にわたり，学校の生徒指導・教育相談における対応や取組みは無限である。とくに不登校は成人後のひきこもりという社会問題につながる可能性があり，また，いじめはときに自殺などの重大事態を引き起こすことがあるので，両者は共に深刻な問題である。

　このような厳しい状況にある学校社会において，スクールカウンセラーが適切に，また学校の役に立つ活動を目指すには，学校社会で生じる現実（外的世界）とそこに通う（あるいは "通うべき" と思っている・思われている）子ども自身の心（内的世界），双方の間をつないでいくための絶妙なバランスが求められる。

　絶妙なバランスというと，まるで職人芸を想起させるような印象を与えるかもしれないが，その実際についてもう少し具体的に述べてみよう。

（2）スクールカウンセラーに対する社会的要請

　スクールカウンセラーの活用やその整備の充実等については，前出の「児童生徒の教育相談の充実について〜学校の教育力を高める組織的な

注2）近年，LGBT に Q（Questioning 疑問を抱いている）などの概念を付け加えて，社会的に性の多様性を認めていこうとする動きがある。

相談体制づくり～（報告）」や改正された学校教育法施行規則だけでな
く，「性同一性障害や性的指向・性自認に係る，児童生徒に対するきめ
細かな対応等の実施について（教職員向け）」(2016)，「いじめ防止対策
推進法のガイドライン（2017)」など，文部科学省が発信したものが複
数ある。また，「第3次犯罪被害者等基本計画」（警察庁，2016）や「自
殺総合対策大綱（厚生労働省，2017)」等，文部科学省以外の省庁が発
した文書にもスクールカウンセラーという文言が記載されている。これ
らを見ても，子どもの問題に対するスクールカウンセラーの活用につい
て，近年驚くほど社会的関心が高くなっていることが分かる。

　さらに，2016年施行の障害者差別解消法などで「合理的配慮」が求
められている事例の中には，スクールカウンセラーが関与すべきものも
少なくない。したがって，チーム学校の一員として活動するためには，
上記のような情報や知識をスクールカウンセラー自身がアップデートし
て，「この学校はスクールカウンセラーに何を求めているか」とともに
「社会が学校に何を求めているか」を知っておくことが重要である。

　ただ，子どもの抱える問題に，教職員とともに取り組む際，筆者（良
原）がいつも心掛けているのは，国民・市民として法律や国・自治体の
考えを遵守することとスクールカウンセラーとしての専門性のバランス
である。

　たとえば，先の節でも取り上げられた，チーム学校における守秘義務
について，具体的な場面を通して考えてみよう。

　2004年の児童福祉法改正によって，要保護児童対策地域協議会が設
置された。この協議会は，虐待を受けている子どもをはじめとする要保
護児童（非行児童を含む）の早期発見や適切な保護を図る体制強化のた
めに，地方公共団体の長が運営の中核となって関係機関等との連絡調整
を行う組織である（厚生労働省，2004）。この会議は，要保護児童等に
対する支援の実施状況の把握や，関係機関における情報共有，連携，協
力を行っている。その際，構成する関係機関全体に対し守秘義務を課す
一方で，参加する関係者関係機関に対して，必要に応じて資料や情報の
提供を求め，相互に意見を述べたり必要な協力を求めたりできるように

なったことは特筆すべきであろう。いわゆる“集団守秘義務”の観点である。

　この観点により，医師や地方公務員等，守秘義務が課せられた者や個人情報の提供に躊躇があった関係者・関係機関からも積極的な情報提供が得られるようになり，ボランティアや民間団体をはじめ，法律上の守秘義務が課せられていなかった関係機関等の積極的な参加や情報交換や連携も従来以上に可能となって，それまで関係機関の狭間で漏れこぼしていた子どもを適切な保護につなげることが期待されている。

　要保護児童対策地域協議会の設置により，虐待等を受けている子どもへの適切な保護が画期的に促進されたことは間違いないだろう。また，学校が主体で開催する校外・拡大ケース会議[注3]や校内ケース会議[注4]等でも“会議内の情報の共有と会議参加者全員による守秘義務”という集団守秘義務の観点が適用されることが多くなった。

　筆者自身，校外・拡大ケース会議や校内のケース会議だけでなく，いじめ・不登校に関する会議や学級担任等へのコンサルテーションにおいても，スクールカウンセラーとして，集団守秘義務に依拠した発言を求められることが増えた。

　しかし，スクールカウンセラーとして，いやその前に臨床心理士として，この法改正を丸ごと呑み込み，会議への参加や発言を求められることを「やっとチーム学校の一員として迎え入れられた」という有用感や充実感とともに単純に歓迎するのはどうであろうか。集団守秘義務があることを踏まえてスクールカウンセラーとして発言する時，筆者は「集

注3）校外・拡大ケース会議は，教育関係者（教育委員会や教育センターの教職員，適応指導教室の指導主事や相談員，スクールロイヤー等），福祉関係者（市区役所等行政の家庭児童相談室等や児童相談所等のケースワーカーや相談員等），医療関係者（主治医，看護師等），司法矯正機関関係者（警察，家庭裁判所，少年鑑別所・法務少年支援センター等），NPO関係者（放課後デイサービス従事者等），地域の関係者（民生委員，主任児童委員等）などがケースに応じて参加する。
注4）校内ケース会議のメンバーは，担任をはじめとして学年主任，生徒指導主事，養護教諭，管理職等の複数の教職員を中心とし，スクールカウンセラー，スクールソーシャルワーカー等で構成される。

団守秘が適用されているから大丈夫」とホッとした安堵感とともに，「役
立つ発言をしなくては」という気負いを生じることがある。しかし，会
議が進みしばらくすると必ず，ふと，面接場面での子どもや保護者の様
ざまな表情や言葉が浮かび上がり，「臨床心理士としてそれでよいの
か？」という一抹の不安が燻ぶり出て，自身の気負い感が減速する。こ
の微妙な感覚が，なんとか個人面接と集団で行う会議，両者の間を潜り
抜ける際にけっこう重要ではないかと思っている。

　医療機関や福祉・心理相談機関における守秘義務と学校における生徒
指導・教育相談活動の一環であるスクールカウンセリングにおける守秘
義務は全く同じではないし，"集団守秘義務"は，実際，（要保護児童対
策地域協議会や校外・拡大会議だけではなく）日常のチーム学校として
の組織による子ども支援においても有効な観点である。また，この概念
は，守秘義務を課せられた者にとって，とても心地よく，便利な言葉と
して使われることもあろう。しかしその一方で，スクールカウンセラー
は，心理の専門職としての倫理的観点を常に吟味することを忘れてはな
らないだろう。

　法や条令は守らねばならないが，スクールカウンセラーとして，それ
らをいかなる形で守るべきか？　子どもにとってその対応は真に役立つ
ことなのか？　筆者は，そういった問いかけに対して，時に生じるジレ
ンマを個人として抱え続けることは，たとえその重みと不自由さを伴う
としても，自身のスクールカウンセラー活動を省察する一助になり，臨
床心理士の専門性を磨く上でも重要な肥やしとなると感じている。

（3）スクールカウンセラーとして成すこと・為せること
―勤務回数・勤務時間と相談件数の限界に関連して

　2020年2月現在，ほとんどのスクールカウンセラーは非常勤職であ
り，週1日の勤務である。多くの学校での1日の勤務は4〜8時間で
あるが，地域や校種によっては，1日2時間の勤務が月に2回しかない
ところもある。一週間のうち，スクールカウンセラーのいない日が大半
を占めるという事実は，子どもや保護者だけでなく教職員も不安にさせ

ることがある。スクールカウンセラーの中にも，その事実を受け入れにくい人がいるに違いない。しかし，だからといって，「勤務時間が少なすぎる」「これでは足りない」といつも超過勤務を行って奉仕するのは，いかがなものだろうか。理想の形をとろうとしたり，できるだけそれに近づくよう長期展望を持って取り組むことは必要だが，むしろ，与えられた週 1 回〇時間の勤務であるという現実の中で，どのようなスクールカウンセラー活動をするのか，自分には何ができるのか，その定まりにくい答えを学校とともにスクールカウンセラーが模索することのほうが大切ではないだろうか。

　仮に 1 日 8 時間，週 5 日毎日勤務したとしても，もし勤務校に不登校の児童生徒が 50 人いれば，スクールカウンセラーが全ての不登校児童生徒に毎週 1 時間の面接を行うことは不可能である。また，スクールカウンセラーは不登校の子どもたちへの対応だけに時間を費やすだけでよいわけではない。他の問題を抱えた子どもたちにも会わねばならないし，授業中等の行動観察や心理教育が求められることもあるだろう。保護者の面接や教職員のコンサルテーション，ケース会議への参加や他の専門家との連携も重要な業務である。

　そのように考えると，週 5 日間，フル活動したとしても成すことにも為せることにも限りがあると言える。しかし，だからこそ，（時間枠や行動の）限界を意識しながら活動するバランス感覚が肝心なのだ。“週 1 回〇時間しか勤務できない”限界を意識すればこそ，連携のあり方や学校へのコンサルテーションに対する工夫の一歩が踏み出せると言えるだろう。

　つまり，週 1 回の勤務形態は，「自分が不在である週 6 日間，自分が関わっている児童生徒や学校にどう過ごしてもらうことが適切か」を自問自答するきっかけになる。その問いかけにより，教職員らへのコンサルテーションに工夫が生じ，積極的な連携の提案を行うことができるだろう。また，目の前の相談者はもちろんだが，自分をスクールカウンセラーとして雇用している自治体がスクールカウンセラーに何を求めているかを把握しておくことも大切であろう（自治体によっては年度当初に

スクールカウンセラーを担当する部署がスクールカウンセラーとの連絡協議会を開催するが，こうした会への出席は非常に重要である）。

次に相談件数の問題を考えてみたい。

たとえば，週1回6時間勤務の中学校に20人の不登校の生徒がいたとしよう。その学校のスクールカウンセラーであるPは，6人の生徒の面接を各自1回50分，毎週丁寧に継続して行い，半年経って一人の生徒が登校できるようになり，さらに10ヶ月たって別の一人が保健室に登校するようになった。新しく面接ができる予約時間枠は2人分増えたが，それでもまだ，一切面接のできていない待機生徒は12人いる。Pは，校内の不登校対策会議には参加しなかったので，この12人の生徒たちがどのような状態なのかは一切知らない。この活動内容が現状に即しているかというとそれは否である。確かに二人の子どもが登校できるようになり，その子どもや保護者は「以前と打って変わって毎日が充実している」と笑顔が増え，学校も喜んでいる。しかし，もし新たに不登校になった子どもが増えたならば，この学校の不登校率は依然として高いままであり，そのことはその市の次年度のスクールカウンセラー雇用の予算請求に影響する可能性もある。ではどうすればよいのだろう。20人の不登校生徒全員にそれぞれ月1回会えば，この学校の不登校率は下がるだろうか。この問題を解くための方程式や誰もが納得できる正解はない。

スクールカウンセラー事業が始まって四半世紀を越えようとしている。筆者自身のスクールカウンセラーの経験も20年を超えたが，初期に比べ，出来ること出来ないこと，分かること分からないことなど，スクールカウンセラーとしての自分の為せることの限界を自らに問うことが増えた。そして，ほどほどのところで折り合いをつける，為せる範囲で成す（時々諦めたり腹を括ったりすることもある）難しさを痛感している。

スクールカウンセラーは，相談者だけでなく社会の情報にも耳を傾け，実践知や経験知も蓄えて研鑽を積んでいく。しかし，そこには自ずから限界もある。多方向，放射状に広がる自身のエネルギーの容量を量りな

がら，中心点でバランスを保つ。エネルギーを滞らせず，しかし放出しすぎず，為せることを成すのはなかなか難しい。

（4）緊急事態における対応

　学校に在籍する子どもたちが大規模な災害や事故の被害に遭った時，あるいは，校内で深刻な犯罪やいじめ事件が起こった時などに，スクールカウンセラー・スーパーバイザーやその地域にいるベテランスクールカウンセラー等，当該校担当ではないスクールカウンセラー等が緊急派遣されることがある。東日本大震災や熊本地震の災害時などにおける全国の臨床心理士会から派遣された臨床心理士の緊急支援活動は，多くの人々の知るところである。このような事態では，もちろん，当該学校のスクールカウンセラーにもいろいろな活動が要請される。

　直近の例をあげると，この原稿を書いている 2020 年 2 月は，新型コロナウィルス感染症（COVID – 19）が世界中に広がっており，日本政府は 28 日，全国全ての小中高校や特別支援学校に対し 3 月 2 日から春休みまで一斉に臨時休校にすることを要請した。

　実は，同日，首相の要請に数時間先立って，筆者の勤務校のある市の市長が「当市の全小中学校を一斉休校にする」と発言し，そのテレビ報道をその勤務校の職員室にたまたま入室した筆者も目にした。職員室にいた教職員らは一瞬，あっけにとられたようであったが，すぐに戸惑う表情になり，それからテレビに釘付けになった。しばらくするとひっきりなしに電話が鳴りだし，職員室内は異様な雰囲気に一変した。

　その中学校では，翌週に，教職員全員が最も細心の注意を配り気を遣う事柄の一つである高校入試の出願を控えており，その次の週には卒業式も予定されていた。

　年度末を意識していたスクールカウンセラーの活動も一変した。卒業を控え終結予定の生徒や保護者の面接，久しぶりに会う生徒のフォローアップ面接などをどうしていくか，まさに臨機応変の対応が求められる。「面接が出来なくなって大丈夫だろうか？　子どもや保護者は不安になっていないだろうか？」と筆者自身が不安になり，「短時間なら休校

中でも会ってもよいのでは？」「せめてこのケースだけでもなんとかならないか」といった思いも起こってきた。

　しかし，ふと，「今の状況は，直下型の地震が起こった時と同じではないか」と気づき，道路や家が壊れ，ライフラインが断ち切られる状況では，まず命の保障が最優先され，心理的な問題はその次になるだろうという考えに至った。これほどの緊急の大きな出来事はめったに起こらないが，日常のスクールカウンセラーの活動においても，様々な制約や限界，予定通りにいかないまどろっこしさを感じることは多い。緊急事態が起こっても冷静さを失わずに適切な対応がとれるよう，日頃から研鑽を積んでおきたいものである。

（5）スクールカウンセラーの専門性

　最後に，いじめ問題を取り上げて，スクールカウンセラーの専門性について，触れておきたい。筆者は今まで，いじめ問題に対して，

① 児童生徒や保護者との個別面接を行うスクールカウンセラー

② スクールカウンセラー勤務校の「いじめ問題対応委員会」の委員

③ いじめ防止対策推進法や各自治体が策定したいじめの防止等のための
　 の対策に関する基本方針の下に設置された「いじめ問題対策連絡協議
　 会」の委員

④ 重大事態案件に係る「第三者調査委員会」の委員

などの立場で関わってきた。

　①は，普段のスクールカウンセラー活動の一つとして他の相談と同様に行いつつも，相談相手が被害者（と言われる・思っている）側であっても加害者（と言われる・思っている）側であっても，事実を確認しつつ相談者の気持ちに沿って話を進めていくことが基本形だと思われる。しかし②③④については，カウンセラーとしてではなく，心理臨床の専門性をもった（事案の調査，つまり事実確認やその認定を行う）委員としての役割が求められ，時としてそこには，「白か黒か」を決めることが目的となり，「子どものためになるかどうか」という視点が第一優先にはならない場合もある。

　また，限られた時間・期間内に，専門用語を使わずに，目に見えず手
に触れることのできない心の様相や曖昧で微妙な心の動きを，さらにそ
れに対する自分の考えや理解を全ての関係者に明確に分かり易くどう伝
え，どう文章にすればよいかについては常に悩んでいるというのが正直
なところだ。この作業は普段の臨床活動とは究極にあり，何回経験して
も慣れることはない。しかし，これらの経験は，自身の言葉による表現
力（相手に分かりやすく説明して，本質を伝える力）に磨きをかけてく
れ，客観的事実―主観的事実，あるいは現実世界―内面の世界，近視眼
的―俯瞰的という対立しあう両方に跨ってバランスをとりながら相談者
に向き合うためのヒントを与えてくれているようにも思う。
　このことに関連して，最後にスクールカウンセラーの専門性について，
一つのエピソードとともに少しだけ述べたい。
　ここ数年，筆者は "こころや臨床心理の専門家とは？　とくにスクー
ルカウンセリングの専門家とはどういう人だろう？" という疑問にしば
しばとらわれてきた。そんなある日，勤務している高校の廊下を歩いて
いると，ある章句について授業でディスカッションしている声が聞こえ
てきた。それは，"Specialists know everything about something. Gener-
alists know something about everything." という言葉である。面白いテー
マだなあと思いつつ通り過ぎたのだが，ふと，以前，村瀬嘉代子先生の
研修を受けた時に，先生が "ジェネラルアーツ" という言葉を使って，
事実に基づいた支援の大切さについて話されたことを思い出した。そこ
からさらにあれこれ思いを巡らし，"スクールカウンセラーとしての専
門性は，学校社会の中でジェネラリストとして活動することにあるでは
ないか" という矛盾を抱えた考えに至った。
　この考えは単なる思いつきに過ぎないので，ここでは問題提起として
述べるに留め，いつかもう少し時間をかけて洗練して表現できるように
したいと思う。　　　　　　　　　　　　　　　　　　　　（良原恵子）

🎸 研究課題 ─────────────────

1．スクールカウンセラーの専門性について，自分なりに考えてみよう。
2．チーム学校と守秘義務について，自分なりに考えてみよう。
3．性的マイノリティの人々の人権について，自分なりに考えてみよう。
4．臨床心理士の資格を持つスクールカウンセラーの緊急支援の実際について調べてみよう。

参考文献

福田憲明（2016）．これからの展開：チェンジエージョンとしてのスクールカウンセラー．子どもの心と学校臨床，15，33-42.

伊藤直文（2020）．守秘と連携　〜記録のありかたを中心に〜．日本臨床心理士会主催　定例職能研修Ⅱ　第9回倫理ワークショップ．

河合隼雄（2008）．河合隼雄のスクールカウンセリング講演録．創元社.

倉光　修（2011）．カウンセリングと教育　─現場に役立つ統合的アプローチ．誠信書房.

倉光　修（編）（2020）．臨床心理学概論．放送大学教育振興会.

文部科学省（2010）．生徒指導提要項.

文部科学省（2020）．令和元年度児童生徒の問題行動・不登校等生徒指導上の諸課題に関する調査結果について.

坪田知広（2016）．スクールカウンセラーへの期待．子どもの心と学校臨床，15，70-74.

良原惠子（2017）．学校組織を守るための倫理とは何か．臨床心理学17（2），201-203．金剛出版.

良原惠子（2017）．ベテランとしての「育ち」．子どもの心と学校臨床，17，pp.26-33．遠見書房.

索 引

●配列は五十音順，＊は人名を示す。

分担執筆者紹介

廣澤　愛子 (ひろさわ・あいこ)

・執筆章→2・11

1974 年	兵庫県に生まれる
1997 年	大阪大学人間科学部卒業
2002 年	大阪大学大学院人間科学研究科博士後期課程単位修得退学
2002 年	愛知教育大学大学院学校教育臨床専攻助手
2005 年	愛知教育大学大学院学校教育臨床専攻専任講師
2007 年	福井大学教育学部附属教育実践総合センター准教授
2014 年	名古屋大学大学院環境学研究科社会環境学専攻心理学講座博士後期課程修了
現在	福井大学学術研究院教育人文社会系部門准教授, 博士 (心理学), 臨床心理士, 公認心理師
主な著訳書	『被虐待体験によるこころの傷とその癒し―イメージを用いた心理療法の支援プロセスモデルの構築―』(創元社, 単著)
	『昔話ケース・カンファレンス』(ナカニシヤ出版, 共著)
	『自閉症とパーソナリティ』(創元社, 共訳)

坂上　頼子（さかがみ・よりこ）

・執筆章→3・13

石川県に生まれる
津田塾大学学芸学部国際関係学科卒業
津田塾大学保健体育教室助手，保健センター勤務を経て
大妻女子大学大学院家政学研究科児童学専攻修士課程修了
玉川聖学院講師，日本社会事業大学講師，東京都スクール
カウンセラーを経て

現在　日野市保育カウンセラー・学芸大学附属幼稚園保育カウン
　　　セラー・ころりん村幼児園保育カウンセラー・聖心女子大
　　　学教育学科非常勤講師・臨床心理士

専攻　学校臨床心理学　保育臨床心理学

主な著書　『動作とイメージによるストレスマネジメント教育』（共著
　　　北大路書房）
　　　『保育カウンセリング』（共著　放送大学振興会）
　　　『現場で役立つスクールカウンセリングの実際』（共著　創
　　　元社）
　　　『子育て知恵袋』（共編著　福村出版）
　　　『社会福祉学習双書　心理学』（共著　全国社会福祉協議
　　　会）
　　　『イライラしたときどうする？』（監修　かけはしストレス
　　　マネジメント研究会）
　　　「学校におけるストレスマネジメント」（『子どもの心と学
　　　校臨床第5号』遠見書房 pp.65-74）
　　　「学校の日常におけるストレスマネジメント」（『子どもの
　　　心と学校臨床第13号』遠見書房 pp.34-40）
　　　『子育て支援のための保育カウンセリング』（共著　ミネル
　　　ヴァ書房）
　　　『保育と心理臨床をつなぐ』（共著　ミネルヴァ書）

中島　正雄（なかしま・まさお）

・執筆章→7・8

1975 年	佐賀県に生まれる
2001 年	東京大学教育学部総合教育科学科教育心理学コース卒業
2005 年	東京大学大学院教育学研究科臨床心理学コース博士課程中途退学
2005 年	東京大学学生相談所助手
2009 年	一橋大学学生支援センター学生相談室専任講師
2015 年〜現在	東北大学高度教養教育・学生支援機構学生相談・特別支援センター准教授
専攻	臨床心理学・学生相談
主な著書	生涯発達心理学（部分執筆　ナカニシヤ出版）
	児童生徒理解のための教育心理学（部分執筆　ナカニシヤ出版）
	発達障害の心理臨床（部分執筆　有斐閣）

香川　克（かがわ・まさる）

・執筆章→ 9・10

1966 年	東京都に生まれる
1989 年	東京大学教育学部教育心理学科卒業
1991 年	東京大学大学院教育学研究科修士課程修了
1994 年	東京大学大学院教育学研究科博士課程満期退学
	千葉県市川市教育センター教育相談員，東京大学学生相談所助手を経て
現在	京都文教大学臨床心理学部教授・臨床心理士
専攻	臨床心理学
主な著書	『自己理解のための青年期心理学』（共著　八千代出版）
	『新臨床心理学』（共著　八千代出版）
	『いじめ臨床』（共著　ナカニシヤ出版）
	『現場で役立つスクールカウンセリングの実際』（共著　創元社）
主な論文	香川　克（2012）不登校の状態像の変遷について—方向喪失型の不登校という新しい型．心理社会的支援研究，第2号　3-15.

佐々木　誠 (ささき・まこと)

・執筆章→12

1968 年	岩手県に生まれる
1991 年	岩手大学教育学部卒業
	中学校教諭として勤務
2007 年	臨床心理士資格取得
2008 年	岩手県立大学社会福祉学部研究科後期課程単位満期退学
	岩手県公立学校スクールカウンセラー，小児科心理士，岩手大学三陸復興・地域創生推進機構特任教授などを経て
現在	岩手大学人文社会学部　准教授
	修士（社会福祉学）
主な著書	「岩手の被災者の長期的なサポートプロジェクト」(『教育と医学』第 61 巻　慶應義塾大学出版会株式会社　pp.40-49)「SC による児童生徒の問題へのアドラー心理学的対応」(『子どもの心と学校臨床』第 14 号　遠見書房　pp.24-33)

伊藤　亜矢子 (いとう・あやこ)

・執筆章→ 14

東京都に生まれる

1995 年	東京大学大学院教育学研究科教育心理学専攻博士課程満期退学
1995 年	北海道大学教育学部助手
1997 年	札幌学院大学人文学部専任講師
1999 年	お茶の水女子大学生活科学部専任講師
2004 年	同助教授
2007 年	お茶の水女子大学発達臨床心理学コース准教授
2020 年より現職	
現在	名古屋市立大学人間文化研究科教授　臨床心理士・公認心理師　博士（教育学）

主な著書・翻訳書

「学校で見立てる，学校を見立てる─援助職のための学校アセスメント総論」（『子どもの心と学校臨床』18　遠見書房　3-10.）

「新版中学生用学級風土尺度（Classroom Climate Inventory; CCI）の作成」（『教育心理学研究』65(1)，91-105.）

『いじめっ子・いじめられっ子の保護者支援マニュアル』（監訳・金剛出版）

「学級風土コンサルテーション」（『臨床心理学増刊5』金剛出版　106-110.）

「私立学校のスクールカウンセリング」（村山正治・滝口俊子（編）『現場で役立つスクールカウンセリングの実際』創元社　pp. 303-216.）

『エピソードでつかむ児童心理学』（編著　ミネルヴァ書房）

『改訂学校臨床心理学』（編著　北樹出版）

「学校現場と臨床心理学とのコラボレーションを目指して─学級風土コンサルテーションの試みから─」（鹿毛雅治（編）『教育心理学の新しいかたち』誠信書房　pp. 132-153.）

「学校コミュニティ・ベースの包括的予防プログラム─スクール・カウンセラーと学校との新たな協働にむけて─」（『心理学評論』47(3)，348-361.）

良原　惠子（よしはら・けいこ）

・執筆章→ 15

1958 年	大阪市に生まれる
1982 年	神戸女学院大学家政学部児童学科卒業
	松田クリニック・健育研究所（大阪市阿倍野区）勤務，国公私立校等のスクールカウンセラーや大阪府スクールカウンセラースーパーバイザーを経て
現在	大阪市スクールカウンセラー，大阪府教育委員会政策アドバイザー，奈良女子大学大学院等の非常勤講師。また，複数の教育委員会等の緊急支援や困難問題解決支援等のチーム・委員会の委員の他に，ADR（公益社団法人民間総合調停センター）の和解あっせん人登録員・研修委員，大阪府公安委員会指定犯罪被害者等早期援助団体特定 NPO 法人大阪被害者支援アドボカシーセンター理事。大阪府臨床心理士会副会長
主な書著	『スクールカウンセラーと教員がともに取り組む問題解決力育成のためのブックレット―いじめや暴力行為等の未然防止と解決に向けて―』大阪府教育委員会巻頭言，エッセイ『臨床心理学第 17 巻第 2 号―特集知らないと困る倫理問題―』金剛出版　201-203.“学校組織を守るための倫理とは何か” 『SNS カウンセリング・ハンドブック』誠信書房　85-99.「いじめに関わるカウンセリングと対応」

編著者紹介

倉光　修（くらみつ・おさむ）　　　　　　　　　　・執筆章→1・4・5・6・15

京都府生まれ
京都大学教育学部卒業，京都大学大学院教育学研究科博士課程修了
京都大学助手・講師，京都府立大学助教授，大阪大学助教授・教授，東京大学教授を経て

現在　　放送大学教授，臨床心理士，東京大学名誉教授　博士（教育学）

主な著書　『臨床心理学』（岩波書店）
　　　　　『カウンセリングの心理学』（岩波書店）
　　　　　『動機づけの臨床心理学』（日本評論社）
　　　　　『心理臨床の技能と研究』（岩波書店）
　　　　　『学校臨床心理学』（編，誠信書房）
　　　　　『カウンセリング・ガイドブック』（共編，岩波書店）
　　　　　『カウンセリングと教育』（誠信書房）　　ほか

訳書　　　『心理療法入門』（共訳　誠信書房）
　　　　　『プラクティカル・ユング　上・下』（共訳　鳥影社）
　　　　　『自閉症とパーソナリティ』（監訳，創元社）
　　　　　『子ども中心プレイセラピー』（共訳，創元社）
　　　　　『トランジション』（共訳　パンローリング社）　　ほか

放送大学大学院教材　8950687-1-2111（テレビ）

学校臨床心理学特論

発　行　　2021 年 3 月 20 日　第 1 刷

編著者　　倉光　修

発行所　　一般財団法人　放送大学教育振興会
　　　　　〒 105-0001　東京都港区虎ノ門 1-14-1　郵政福祉琴平ビル
　　　　　電話　03（3502）2750

Printed in Japan　ISBN978-4-595-14145-4　C1311